푸른 풀밭 쉴 만한 물가에서

이영호 수필집

여호와는 나의 목자시니
내게 부족함이 없으리로다
그가 나를 푸른 풀밭에 누이시며
쉴 만한 물가로 인도하시는도다
(시편 23:1-2)

동양미디어

\<머리말\>

수필집을 내면서

　문학적 감성으로 자연의 아름다움과 사회의 현상이나 인생의 고뇌를 글로 담는 것은 쉽지 않다. 감동을 줄 수 있는 좋은 글을 쓴다는 것은 더욱 어렵다. 그만큼 열정과 진액을 쏟는 노력이 있어야 하기에 때로는 부담이 되기도 하지만 나는 글을 쓰므로 복잡한 심사를 평정하고 위안을 받는다. 글을 쓰는 시간이 하루의 휴식이 되고 유일한 낙이 된다.

　글을 써서 세상을 다독이고 지친 사람들에게 힘을 줄 수 있다면 기꺼이 써야 하지 않을까. 뿐만 아니라 파란만장한 삶의 노정에서 깨닫고 익힌 삶의 지혜를 후손들에게 심어줄 수 있는 유산이 된다면 비록 흙이 묻고 깨어지고 흩어진 구슬일지라도 밤을 새워 꿰어야하지 않을까.

　글은 특별한 사람의 전유물이 아니라 누구나 쓸 수 있는 것이며, 삶을 사랑하는 사람이면, 또 제대로 사는 사람이면 누구나 감당할 수 있는 정신적 노동이다. 내게는 글쓰기가 과로로 쓰러진 후 무기력한 삶에 새로운 전환점이 되었고 희망과 도전이 되었으며 노년의 삶을 지탱해주는 힘이 되고 있다.

기도하고 사색하고 글을 쓰고 다듬다 보면 나의 심성이 따라서 변한다. 투병 중에도 글을 쓰면서 생동감과 희열을 느낀다. 아름다운 글, 훌륭한 글을 쓴다는 것보다 글을 쓰므로 아름다운 마음과 인품을 만들어 갈 수 있을 것 같다.

왜?, 무엇 때문에?, 어떻게? 하는 의문을 가지므로 삶이 보다 의미 있고 진지하게 되고, 지나간 일들을 회상하고 앞으로의 일들을 구상하므로 내 남은 인생이 더욱 알차고 보람 있게 전개되리라 기대한다.

일흔이 넘으면 세월이 곤두박질친다고 하더니 하루하루가 무정하고 야속하게 빠르게 지나간다. 한정된 시간을 조금이라도 더 아끼고 의미 있게 궁글려 보려고 새벽에 일찍 일어나 기도로 하루를 시작하고, 저녁에는 늦게까지 책을 읽거나 글을 쓰며 남은 생애를 뜻깊게 유종의 미를 거두고 싶다.

우리는 인생의 주인이 되시고 목자가 되시는 하나님이 없이는 살 수 없는 유약한 양과 같은 존재다.

여기 모은 글들은 한없이 부족한 사람이 한 마리 양이 되어 생명의 꼴과 생수가 넘치는 푸른 풀밭, 쉴 만한 물가에서 기도하고 감사하고 찬양한 삶의 흔적들이다.

이 글들을 통하여 살아계신 하나님, 천지만물을 주관하시는 하나님을 알고 느끼고 만날 수 있는 기회가 되기를 바라면서 수기집, 설교집, 수상집에 이어 이번에 수필집을 내게 되었다. 글을 쓸 때마다 떠오르는 성경말씀을 한 구절이라도 더 넣는 데 주저하지 않았다. 세상에 어떤 좋은 말, 아름다운 글이 있다한들 진리의 말씀보다 귀한 것이 있겠는가?

또한 글을 쓰고 다듬는 시간보다 기도하는 시간이 몇 배나 더 많았음을 고백하면서 인생의 목자 되신 하나님의 인도와 보호 속에서 부족함이 없는 행복한 양이 되시길 축복한다.

2025. 6. 10

시온동산
푸른 풀밭 쉴 만한 물가에서
牧羊 李永浩

차례

* 머리말 / 수필집을 내면서 (저자)　2

1. 워라밸과 소확행

　　　워라밸과 소확행　　10
　　　비전과 도전　　15
　　　꿈과 희망　　20
　　　우보만리　　25
　　　너는 '글로벌 리더'가 될지어다　　30
　　　'문송하다'고 하지 말라　　35
　　　준비하는 지혜　　39
　　　바보들의 삶　　42

2. 아름다운 만남

　　　물　　48
　　　길　　52
　　　샘　　59
　　　거울　　62
　　　마음　　66
　　　금식　　71
　　　친구　　76
　　　아름다운 만남　　82

3. 아버지 냄새

가족사랑　86
아버지 냄새　89
행복의 조건　94
비는 누구에게나 내린다　100
그렇게 하지 아니하실지라도　107
니가노 없이는 가가와도 없다　111
금혼식　116
팔불출　121

4. 우테크와 휴테크

우테크와 휴테크　127
내 인생의 전환점　132
이것이 인생이다　138
아브라함의 신앙을 본받아　145
내가 글을 쓰는 이유　151
후회하지 않는 삶　158
아름다운 둥지회　163
유종의 미　168

5. 박사보다 높은 학위

말하기와 듣기　173
본질을 회복하자　179
노블레스 오블리주　184
박사보다 높은 학위　188
아픈 만큼 사랑한다　192
건국전쟁을 관람하고　194
두 번째 한강의 기적　200
박수 칠 때 떠나라　207

6. 그치지 않는 비는 없다

약속　212
대장부　216
삼함지계　221
신의 한 수　226
새로운 결단　231
통일 대한민국　234
그치지 않는 비는 없다　240
세계 최고 수준의 의료계　244

7. 푸른 풀밭 쉴 만한 물가에서

갓바위 가을 산행　250
아미산 등산　256
다시 돌아본 토함산 석굴암　261
팔공산 케이블카를 타고　268
불굴사를 돌아보다　273
시온동산　280
동산의 사계절　287
푸른 풀밭 쉴 만한 물가에서　294

* 평론 / **수필과 언어가 빚는 성찬盛饌** (우종상)　297

(1)

워라밸과 소확행

워라밸과 소확행
비전과 도전
꿈과 희망
우보만리
너는 '글로벌 리더'가 될지어다
'문송하다'고 하지말라
준비하는 지혜
바보들의 삶

-수필작가 신인상 당선작-
<수필춘추 96호>

워라밸과 소확행

　워라밸(일과 삶의 균형)과 소확행(소소하지만 확실한 행복)은 최근 삶의 질에 대한 관심이 높아지면서 생긴 신조어다. 요즘엔 신문이나 신간 서적을 읽지 않으면 며칠 새에 그만 뒷방 늙은이가 되어버린다. 하도 신조어가 많이 생기고 사회가 급변하여 시대조류와 뉴스에 소홀하면 당황하기 쉽다.
　워라밸은 워크라이프 밸런스(work-life balance)의 준말이며, '일과 개인의 삶 사이의 균형'을 이르는 말로 좋은 직장의 요건으로 중요시되고 있다.
　소확행小確幸 또한 최근 젊은이들이 직장을 구하는 기준으로 '크고 불확실한 미래보다 작지만 확실한 행복을 선호한다'는 말이다. 요즘 젊은이들은 보수는 많지만 힘들고 언제 퇴출당할지 모르는 기업체보다 보수는 적으나 자신의 적성에 맞고 안정된 공무원을 원하는 추세다. 워라밸과 소확행, 이 두 가지 신조어는 결국 뼈 빠지게 일하고 많이 버는 것보다 적게 벌어도 개인의 행복을 우선시하는 주장이라 할 수 있다.
　요즘은 청년실업이 늘어나고 젊은이들이 취업하기가 어려운 때다. 경북대 전기공학과에 다니던 생질이 졸업도 하기 전에 대기업체에 합격했다. 주위 사람들이 좋아하고 축하했다. 그런데 3개월 연수도 끝나기 전에 사표를 냈다. 늘 칭찬을 하며 아끼고 기대했던 외삼촌인 나는 궁금하여 그의 어머니에게 진지하게 물어보았다.
　첫째는 갓 입사했는데 연구 과제를 부여하여 개인 프로젝트를 제출하라고 하며, 무엇을 어떻게 해야 하느냐고 물으면 스스로 알아서 하라고 하니 막연하고 황당했다고 한다. 둘째는 앞으로 중국에 진출하여 해외 근무를 해야 한다고 했다. 너무 바쁘고 모든 게 불안하여 조카는 전공을 살려 한전 공무원으로 일하려는 생각이 들었다고 한다.

그러나 '한전'은 원자력 발전을 점차 중단함에 따라 그쪽의 인원을 흡수하는 바람에 신규사원을 거의 채용하지 않았다. 어려운 형편에 계속 기다리고 있을 수만 없어 졸업 후 1년이 넘도록 아르바이트를 하면서 공부를 하여 다시 대기업 두 곳에 동시 합격했다. 이번에는 어디를 선택하느냐가 고민이라 했지만, 옆에서 조언하기도 쉽지 않았다. 생질은 L사 울산지부 전기 분야에 근무한다.

요즘 젊은이들은 소확행小確幸의 삶을 원하는 추세라고 한다. 젊은이들이 큰 뜻을 품고 진취적인 기상으로 도전하는 삶을 살아야 하는데, 개인의 취향을 우선시하고 안정된 삶을 추구한다는 말에 나는 실망감이 들었다. 최근 경제침체와 실업 문제로 청년 일자리를 늘린다면서 정부가 공무원을 대대적으로 채용함에 따라 수많은 공시생이 생겨난 것도 하나의 원인이라 볼 수 있다.

청년실업이 늘어나는 것은 단순히 일자리가 없어서가 아니라, 요즘 청년들의 삶의 철학과 자세 그리고 안일 무사의 소극적 사고방식에 더 큰 원인이 있다고 생각한다. 긍정적이고 도전적인 삶의 철학이 청년실업을 근본적으로 해결하는 방안이 아닐까. 어려운 시대에 직면한 청년들이 미래에 대한 꿈을 잃지 말고 적극적이고 진취적인 자세로 극복해 나가길 간절히 바란다.

소소하지만 확실한 나만의 행복도 좋지만, 국가 사회를 위하여 큰 꿈을 가지고 도전한다면 거기에 진정한 삶의 보람과 행복이 있을 것이다.

-제88회 수필작가 추천작-
<신인상 심사평>

낯익음을 낯설게 하기

　수필은 그 소재를 생활 속에서 찾아낸다. 따라서 생활이 곧 수필이고 수필이 곧 생활이 되는 셈이다. 그러나 우리의 일상 생활이란 너무도 낯익어서 무심히 지나쳐버리는 일이 허다하다. 무심한 눈에는 아무 것도 띄지 않는다. 그러므로 생활 속에서 소재를 찾으려면 익숙하고 낯익은 것들을 '낯설게' 바라 볼 수 있어야 한다. 그러면 어느 순간, 그 낯익은 것들이 낯설게 보이고, 그 낯설음이 자기 마음속에 어떤 느낌을 안겨주게 된다.
　시각적 관습에 사로잡힌 이들의 눈으로는 세계의 모든 사물이 늘 동일하게 느껴진다. 구름에서 구름을 보고, 바위에서 바위를 풍경에서 풍경을 본다. 이런 지각의 상투성에 사로잡히면 사물을 제대로 인식해내기 어렵다. 따라서 우리에게 때로는 어린이와 같은 상상력의 시선이 필요하다. 세계 자체가 거대한 숨은 그림인데, 그 안에 진실을 보는 눈이 필요한 것은 말할 나위도 없다.
　그러므로 수필작가는 창작현장에서 특별히 선택된 어떤 제재를 통해서 인간과 우주의 본성을 깨달음의 형태로 인식하여 형상화하고자 한다. 이 과정에서 애매하거나 종잡을 수 없는 다양한 제재의 본성들을 물리학이나 생물학 등에서 찾아낸 법칙과 원리를 활용할 경우 의외로 대상의 본질을 쉽게 암시받을 수 있다. 한마디로 좋은 수필은 소재와 제재, 그리고 주제의 참신성이 있어야 한다. 작가는 늘 이런 참신성에 착안하여 창작에 임해야 할 일이다.

금번 신인상에 응모한 작품 중에서 이영호의 <워라밸과 소확행>을 신인당선작으로 선정한다.

이영호의 **<워라밸과 소확행>**은 최근에 유행하고 있는 신조어를 화제로 하여 존재사태에 대한 사유의 깊이를 보이는 작품이다. '언어는 존재의 집'이라는 언명에 충실한 이 작품은 시대적 변화와 함께 현재적 삶과 유관한 존재인식에 대한 다소 낯선 인식의 변화에 초점을 맞추고 있다.

과거의 인식과 달리 '일과 삶의 균형', '소소하지만 확실한 행복'은 현대인의 소망이 되고 있다. 이런 의식의 변화는 우리들 삶의 근간이 되다시피 하였고, 우리는 지금 그런 변화의 시대를 살고 있다. 이런 시의적 요구가 이 수필을 낳지 않았나 싶다.

워라밸과 소확행의 삶을 희원하는 요즘 젊은이들의 삶의 태도에 대한 화자의 삶의 통찰과 사유의 깊이가 이 수필의 진정성을 더하고 있다.

또한 "소소하지만 확실한 나만의 행복도 좋지만, 국가 사회를 위하여 큰 꿈을 가지고 도전한다면 거기에 진정한 삶의 보람과 행복이 있을 것이다."라는 결미의 진술이 설득력을 지니고 있다.

무엇보다 이 수필은 일상성과 유관하면서 그 유의미화에 초점을 맞추고 있다는 데에서 장점을 취할 수 있다. 정련된 문장, 사유의 깊이가 앞으로 더욱 좋은 수필을 낳으리라 판단하여 선에 넣는다.

심사위원 : 한상렬 · 임정원

<수상 소감>

문학에의 꿈을

이 영 호

  초·중·고 학창시절에 글짓기대회에서 여러 번 수상했으며 고등학교 때는 문예반에서, 대학교에선 '로고스'란 문학 서클에서 활동했습니다. 책읽기와 글쓰기를 좋아하던 문학 소년의 추억으로 교사와 목사 생활을 하면서 교지나 회지 등 책을 발간하면 편집을 도맡아왔습니다. 최근에 수기집과 설교집, 수상집 등도 몇 권 출간했습니다. 그러나 전문가의 체계적인 지도나 평가를 받아본 적이 없어 글을 쓰면서도 늘 마음 한구석이 쑥스럽고 불안했습니다.

  그런 중에 대경상록아카데미 수필창작반 김정호 교수님의 권유를 받고 용기를 냈습니다. 부족한 글을 받아주시고 신인상에 당선시켜주시고 등단의 기회를 열어주신 심사위원님들께 진심으로 감사드립니다. 늦게나마 문학에의 꿈이 이루어진 것 같아 기쁘기도 합니다.

  글쓰기에 도움을 주시고 용기를 주심에 감사를 드리며, '수필춘추'의 무궁한 발전을 기원합니다. 좋은 글 열심히 쓰도록 노력하겠습니다.

이영호: 대구교육대학, 영남대 법학과, 총회신학교 신대원 졸업.
    초중고 교사 20년, 목사 20년. 현 시온동산(전원교회,수양원)원장
    제1회 남강교육대상 수상, 국민일보에 교육수기(역경의 열매)연재
    저서 : <역경의 열매>, <우리의 사명>, <가슴 뛰는 세상> 등

비전과 도전

'비전이 없는 민족은 망한다.' 수없이 들어온 말이다. 이 말은 "묵시가 없으면 백성이 방자히 행하거니와 율법을 지키는 자는 복이 있느니라"라고 한 성경 말씀 잠언 29장 18절에 근거를 두고 있다. '묵시默示'는 '하나님의 말씀', '계시', '비전vision' 또는 '꿈'을 의미하고, '방자히 행한다'는 말은 '제멋대로 행한다', '망할 짓을 한다'는 뜻이다.

모든 백성, 특히 청소년들이 창조주 하나님을 모르고 묵시 곧 하나님의 말씀을 알지 못하면 매인 데가 없어 제멋대로 행하여 어그러진 길로 갈 수 밖에 없다. 젊은이들에게 꿈이 없고 삶의 목표가 없으면 게으름과 방종에 빠져 방황하게 되고 방탕에 빠져 귀한 젊음을 낭비하게 되고 반항과 비행과 자살 등 패망의 길을 가게 된다. 그러므로 오늘 기성세대들이 해야 할 가장 중요한 일은 후세대들의 가슴속에 하나님의 말씀을 심는 일 곧 그들에게 비전을 제시하고 꿈을 심어주는 일이다.

나는 비전vision이란 말을 제일 좋아한다. 청소년 전문 목회자로서 청소년들에게 한 설교 중에 가장 많이 한 말도 꿈과 비전이다. 비전이란 말을 하거나 비전에 대한 생각만 해도 가슴이 뛴다. 비전을 가슴에 품고 사니 늘 가슴이 뛰기 마련이다. 가슴이 뛴다는 것은 가슴이 두근거린다, 부푼다, 심장이 떨리고 마음이 설렌다는 말이다. 그래서 하나님이 주신 비전을 품고 살면 신이 나고 힘이 나고 기쁘고 즐겁고 행복하다. 때문에 나는 비전에 살고 비전에 죽는 사람이다.

'비전'은 우리 인생이 살아가는 삶의 목적 또는 목표와 방향의 설정에 대한 것이기 때문에 성공적인 삶에 있어 가장 우선적이며 필수적인 요건이다. 따라서 비전이 없는 사람의 삶은 암울하다. 비전은 앞날을 향해 품은 꿈, 맘속에 그린 이상, 미래를 향한 목표, 가치관, 이념 등을 통칭하는 개념이다.

일본의 삿포로 농과대학의 윌리엄 클라크 교수는 성경에 입각한 신앙교육으로 많은 청년을 변화시켰고, 본국으로 돌아가는 길에 학생들을 향하여 "Boys be ambitious!"라고 외친 한마디 고별사가 오랫동안 일본 청소년들에게 지대한 영향을 미쳤다고 한다. 1963년 미국의 흑인 인권운동가 마르틴 루터 킹 목사는 워싱턴의 링컨 기념비 앞에서 "I have a dream."을 선포했다. '백인 아이들과 흑인 아이들이 같이 먹고 같이 노는 평등한 미국이 되기를 바란다'는 인권의 평등에 대한 소박한 꿈이었다. 그 후 45년 뒤 2008년에 버락 오바마가 미국의 44대 대통령에 당선되어 미국 땅에서 흑인이 대통령이 되는 기적이 일어났다. 꿈이 이루어졌다.

여러분은 어떤 꿈을 가지고 있는가? 오늘 한국 젊은이들은 꿈이 있는가? 그 꿈이 무엇인가? 학, 박사인가? 취업인가? 출세인가?

젊은이들이 왜 탄식을 하고 있는가? 일자리가 없어 탄식인가? 꿈이 없어 탄식인가? 꿈이 있어도 너무 하찮아서 탄식인가?

도산 안창호 선생은 <한국 청년에게 고하는 글>(1981, 청목문화사)에서 하고 싶은 말도 많고 해야 될 말도 많지만, 민족적으로 어려운 시기에 무엇보다 먼저 청년들의 정신적 각성을 촉구했다. 김동길 교수는 <다시 청년에게 고함>(1985, 동광출판사)이라는 책의 프롤로그에서 "분단된 조국 땅에 한국인으로 태어난 오늘의 젊은이들이 만일에 민족의 통일을 꿈으로 삼지 않고 자기 한 몸의 성공 따위나 꿈꾼다면 한반도의 장래는 무엇이 되겠는가! 한국의 젊은이들이 민족의 통일을 최고의 가치, 유일의 꿈으로 삼게 된다면 그들 앞에 얼마나 보람 있는 미래가 전개되겠는가! 그 꿈을 생각만 해도 가슴이 뛴다."고 했다.

거창고등학교 전영창 교장은 낙후된 시골 학교에서 이 땅의 바른 교육을 위해 수많은 밤을 기도로 지새웠다고 한다. 나라와 민족의 미래가 달려있는 후세대를 위하여 20여 년을 '누가 그들에게 갈 것인가?' 하며 올바른 교사를 구하려고 전국을 쫓아다녔으며 새로운 교육혁명을 일으켰다. 또한, 그는 '대망을 품어라'는 설교와 강연을 통해 가난한 시골 땅에 진리와 사랑과 정의가 살아 움직이는 새로운 학교를 일으켜 청소년들에게 꿈을 심는 데 일생을 바쳤다.

거창고등학교 '직업 십계명'에 보면 "월급이 적은 쪽으로 가라. 내가 원하는 곳이 아니라 나를 필요로 하는 곳으로 가라. 모든 조건이 갖춰진 곳을 피하고 처음부터 시작해야 하는 황무지를 택하라. 앞 다투어 모여드는 곳보다 아무도 가지 않는 곳으로 가라" 등 신앙과 개척정신으로 진취적이고 도전적인 삶을 제시하고 있다.

사람들의 공통적인 소원은 성공과 행복이다. 국어사전에서는 성공은 '뜻을 이루는 것'이라 했고 행복은 '생활 속에서 충분한 만족과 기쁨을 느끼어 흐뭇한 상태'라고 했다. 일반적으로는 '원하는 일(꿈)이 이루어지면' 성공이라 하고 '자기 꿈을 실현하고 현재보다 더 나은 삶을 추구하는 가운데서 얻는 보람과 만족'을 행복이라고 한다. 그러나 자기의 목표를 성취하여 성공을 이루었다 해도 그것이 인류사회에 공익이 되지 않을 수가 있고 또 세월이 흐르면 무너질 수도 있다. 행복도 내가 잠시 행복하다 했으나 금방 슬픔이 되고 불행으로 변할 수 있다. 그렇다면 진정한 성공과 행복은 어떤 것인가? 뜻을 이루되 그것이 창조주 하나님이 기뻐하시고 또 인류사회에 유익이 될 때 진정한 성공이 되는 것이며, 행복 또한 꼭 크고 위대한 일이 아니더라도 자기의 삶에 변화와 발전이 일어나므로 보람과 만족을 느끼며 그것이 일시적이 아니라 지속이 될 때 진정한 행복이 되는 것이다.

또 성공한 사람들의 공통점을 찾아보면 첫째는 꿈을 가지고 살았고, 둘째는 그 꿈을 이루기 위해 도전을 하고 열심히 노력했기 때문이다. 꿈(vision)이 없으면 진취적인 도전의 용기가 나지 않고 따라서 적극적으로 노력하지 않으므로 성공하기가 어렵다.

크게 성공한 사람은 큰 꿈을 가진 사람이다. 그래서 꿈은 클수록 좋다. 특별한 삶을 살려면 특별한 길을 가야 한다. 남이 보지 못하는 것을 보고, 남이 생각지 못하는 것을 생각하며 남이 가지 않는 길을 가야 한다. 이것이 개척자의 삶이다. 개척은 어렵고 힘이 든다. 그러나 개척자의 삶은 가장 빛나고 값진 것이며 큰 보람을 얻고 행복을 누리게 된다. 작고 확실한 나만의 행복보다 국가 사회 구성원 모두가 함께 행복을 누릴 수 있도록 큰 꿈을 가지고 멀고 험한 내일을 향해 위대한 도전을 하는 젊은이가 될 때 거기에 진정한 삶의 멋과 보람과 행복이 있지 않을까?

나는 거듭해서 청년들에게 꿈을 향한 도전을 권하고 싶다.
왜 가슴이 뛰지 않는가? 꿈이 없어 그렇다.
왜 열정과 힘이 없는가? 꿈과 비전과 야망이 없어 그렇다.
왜 도전을 하지 않는가? 성공과 행복에 대한 열망이 없어서 그렇다.
왜 '할 수 있다'는 자신감과 '하면 된다'는 확신이 없는가? 삶의 철학과 신념이 없어서 그렇다.

이 모든 문제의 근본적인 원인은 창조의 근원 되시는 하나님을 모르기 때문이다. 창조주 하나님을 모르면 근본과 질서를 모르고 공허와 혼돈과 어둠에 갇혀있게 된다. 따라서 삶의 목표와 방향과 방법 곧 무엇을 위해, 어디를 향하여, 어떻게 살아야 하는가를 바로 알지 못한다. 청소년뿐만 아니라 인생들의 모든 문제의 원인은 그에게 하나님이 없거나 하나님을 모르기 때문이다. 그러므로 모든 인생의 삶의 문제 해결은 하나님을 바로 아는 데서부터 시작된다.

하나님의 뜻과 계획은 하나님의 말씀 속에 다 들어있다. 하나님의 말씀을 통해 비전을 갖게 되면 올바른 삶의 목적과 가치관을 갖게 되고, 삶의 용기와 힘을 얻어 도전을 하게 되며 확신과 자신감이 생겨 현실에 충실하게 된다. 그리하여 날마다 가슴이 뛰고 신이 나고 힘이 나고 기쁘고 즐거워 행복을 느끼게 된다. 그래서 꿈과 소망을 가지고 긍정적이고 적극적인 자세로 진취적이고 낙관적인 삶을 살게 된다.

부모나 지도자의 가장 중요한 일은 후세대에게 하나님을 알게 하고 하나님의 말씀을 심는 일이다. 나는 교사생활 20년, 목회생활 20년을 청소년들에게 하나님의 말씀을 통하여 꿈과 비전을 심고 가꾸는 비전 메이커 Vision maker로서의 삶을 살아왔다. 이제 앞으로 남은 마지막 꿈 또한 이 땅의 청소년들이 꿈과 비전을 갖고 미래를 향한 도전을 하여 진정한 성공과 행복을 누리는 것이다.

<수필춘추 101호>

꿈과 희망

　꿈이 있는 사람은 희망을 가진 사람이다.
꿈과 희망은 우리가 살아가는 목적과 방향을 늘 새롭고 분명하게 해주며, 삶을 의미 있고 보람 있게 해준다. 또 꿈과 희망은 누구에게나 용기와 힘을 주는 삶의 원동력이다. 새벽이슬 같은 청소년들에겐 신선하고 강한 무기가 있다. 그것은 바로 젊음과 꿈이다. 젊다는 것은 꿈을 꾼다는 것이요 이 꿈이 미래를 향한 도전과 열정을 불러일으킨다. 나이 든 사람도 꿈이 있는 한 늙지 않는다. 꿈은 어떤 상황에서든지 의욕과 생기와 활력을 샘솟게 하기 때문이다.
　꿈을 가진 사람은 뜨거운 가슴, 설레는 마음으로 하루하루를 살아간다. 꿈 때문에 힘이 나고 신이 난다. 매사가 즐겁다. 꿈을 가지면 어떤 고난과 역경도 참고 이길 수 있다. 꿈이 있는 사람은 미래가 있다. 미래를 바라보며 살아가기 때문에 꿈만큼 자랄 수 있다. 꿈이 사람을 만든다. 꿈은 반드시 이루어진다. 꿈을 이루기 위해선 어떠한 대가도 지불할 수 있다. 세상에서 가장 가난한 사람, 가장 불행한 사람은 돈이 없는 사람이 아니라 꿈이 없는 사람이다. 미래를 향한 꿈을 가지고 그 꿈을 성취하기 위해 열심히 살아가는 사람보다 더 멋있고 아름다운 사람은 없다. 그보다 더 행복한 사람도 없다.
　요즘은 청년실업이 늘어나 젊은이들이 취업하기가 참으로 어렵다. 계속되는 경기침체, 청년실업 등과 관련하여 청년들의 힘든 현실을 나타내는 말로 '이생망'(이번 생은 망했다)이라는 신조 유행어가 있는가 하면 인터넷 신조어로 '헬 조선'(Hell+조선 : 지옥 같은 한국 사회)이란 말이 유행하면서 한국을 전혀 희망이 없는 사회로 여겨 청년 60%가 이민을 희망하는 탈조선脫朝鮮 현상이 생겨나기도 했다. 뿐만 아니라 사회·경제적 상황으로 인해 연애, 결혼, 출산을 포기하는 '삼포세대'에서 집과 직업을 포기하는 '오포세대'로, 이제는 꿈(희망)과 인간관계까지 포기하는 '칠포세대'七拋世代란 유행어까지 돌고 있다. 거기다가 얼마 전 할로윈(Halloween)데이를 앞두고 그동안 코로나 팬데믹으로 갇혀있던 많은 젊은이들이 이태원 거리에 밀집하여 압사 사고가 일어났다. 참으로 기가 막히는 청년수난 시대를 맞은 것 같다. 이렇게 최근에 일어나는 현상들을 보노라면 아마도 한국 청년들은 미래에 대한 희망을 잃어버린 것 같다.

비관적이고 절망적인 말들이 유행하고, '할 수 있다'는 자신감과 '하면 된다'는 확신이 없다. 따라서 미래를 향한 도전과 열정이 없는 것은 단순히 일자리가 없어서가 아니라 요즘 청년들의 삶의 철학과 자세, 그리고 안일무사의 소극적 사고방식에 더 큰 원인이 있다고 생각한다.

청년들의 신조 유행어를 유심히 살펴보면 처음엔 현실적인 벽에 부딪치므로 물질적인 것들을 포기하는 듯하나, 결국은 심적으로 자신을 지탱해 줄 꿈과 희망 또는 삶의 철학과 신념 같은 정신적인 기둥들이 뽑혀나가는 것을 느낄 수 있다. 'N포세대'란 말 자체가 몇 가지 행복들을 포기한다는 말과 같다. 그러나 행복을 위해서 행복을 포기한다는 것이 말이 되는 일인가? 그들이 쫓는 것이 미래의 행복함이 아니라 현재의 안도감이란 말이다. 쓸쓸함을 감출 수가 없다. 이것이 곧 현실이고 앞으로도 이어질 미래란 사실을 말해주고 있다.

가장 안타까운 것은 우선 취업하고 먹고 사는 문제보다 청년들이 미래에 대한 꿈과 희망을 포기하는 것이다. 청년들에게 있어 가장 무섭고 해독이 큰 것은 낙망, 절망, 포기다. 키에르 케골은 '절망'은 죽음에 이르는 병이라고 했다. 꿈과 희망을 포기하는 것은 삶을 포기하는 것 곧 인생을 송두리째 잃는 것이다. 따라서 오늘날 모든 것이 어렵고 불안한 시대를 살고 있지만 청년들에게 가장 중요하고 시급한 것은 희망을 회복하는 것이다.

또 한 해가 가고 새해가 밝았다. 각종 언론에서는 새해를 위한 새 프로그램을 만들고, 유명 인사들은 새해 포부를 개진하고, 기업들은 새해 계획을 발표한다. 또 한두 달이 지나면 춘삼월 새봄이 온다. 봄은 희망의 계절이다. 세상은 특별한 일이 없어도 희망적인 분위기로 바뀐다. 시간은 그냥 이어질 뿐이고 여건은 그대로이지만 어둔 밤이 지나면 광명의 새벽이 오듯 우리는 희망이 있기 때문에 가슴이 설렌다. 희망이란 앞으로 잘 될 수 있는 가능성을 말한다. 그것이 사람의 마음과 세상을 바꾼다.

<인생은 아름다워>란 영화가 있다. 2차 세계대전이 끝나갈 무렵 유대인 수용소에서 벌어지는 이야기다. 끝없는 굶주림, 구타, 죽음으로 한없는 고통과 두려움이 짓누르는 상황에서 주인공은 사랑하는 아들에게 유머와 재치로 희망을 잃지 않게 한다. 너무도 참담하고 혹독한 현실에서도 희망을 가졌기에 고난과 공포를 이길 수 있었다. 이스라엘 백성들이 70년의 바벨론 포로생활을 이겨내고 귀환을 할 수 있었던 것은 그토록 비참한 현실 속에서도 예레미야 선지자를 통한 '미래에 대한 희망'의 메시지를 들었기 때문이다. 또 그들은 나라를 잃고 2천년 넘게 유랑을 하면서 고난을 겪었지만, 대를 이어가며 희망을 간직했기에 다시 나라를 세울 수 있었다.

제2차 세계대전 때 가시철망에 갇힌 연합군 포로들이 원인

을 알지 못하는 병으로 시름시름 앓다 죽어갔다. 의사들은 이런 증세를 '가시철망병'이라 불렀다. 다 같이 가시철망에 갇혀 있으나 위기 가운데 절망하는 사람과 끝까지 소망을 잃지 않는 사람이 있다. 정신분석학자 칼 매닝거는 "우리 인생에서 사실보다 중요한 것은 태도"라고 했다. 똑같은 상황이지만 어떤 태도와 자세를 가지느냐에 따라 삶은 달라진다.

김대중 대통령과 남아공화국의 넬슨 만델라 대통령은 오랜 세월 죽음의 공포 속에서 감옥에 갇혀 있었다. 그러나 감옥을 인생대학으로 바꾸어 많은 공부를 했고 한 나라의 최고 지도자가 되었다. 좁은 방과 쇠창살이 그들의 마음마저 가둘 수는 없었다. 그들은 담 너머의 희망을 보았다. 쇠창살 너머의 푸른 하늘을 본 것이다. 그들은 어두운 먹구름 너머에 태양이 빛나고 있음을 믿었던 것이다.

모세가 보낸 열두 명의 정탐꾼 중에 열 명은 "그 땅은 거민을 삼키는 땅이요 거주민은 강하고 성읍은 견고하고 네피림 후손인 아낙 자손은 심히 장대하여 우리는 그들에 비하면 메뚜기 같으니 절대 정복할 수 없다"고 하였으나 여호수아와 갈렙은 "그 땅은 젖과 꿀이 흐르는 심히 아름다운 땅이라 여호와께서 기뻐하시면 우리를 그 땅으로 인도하여 들이시고 그 땅을 우리에게 주시리라 그들은 우리의 먹이라"고 하였다. 하나님의 약속에 근거한 믿음이 있었기에 좌절하지 않았다. 사실보다 믿음의 태도가 더 중요하다. 사실 그 너머에 살아계신 하나님을 믿었고, 믿은 그대로 그 두 사람은 후세대들과 함께 가나안 땅에 들어갔다.

아무리 현실이 암울하고 미래가 암담해도 절대로 놓아서는 안 되는 것이 있다면 그것은 바로 희망이다. 절망을 극복한 헬렌 켈러는 "희망은 사람을 성공으로 이끄는 신앙이다. 희망이 없으면 아무 것도 성취할 수 없다"고 했다. 현대그룹 정주

영 회장은 "가장 중요한 것은 긍정적인 생각이다. 가능하다고 생각하는 것이 모든 것을 해결한다"고 하면서 "희망을 가지고 열심히 하면 세상에 안 되는 일이 없다"고 하였다. 그리고 "좋은 날이 올 것이라는 희망에 차 있기 때문에 불행한 적이 없다"고도 하였다.

 개인이나 국가나 희망이 없으면 행복도 없고 발전도 없다. 희망은 모든 고난도 전화위복으로 만든다. 위기危機(위태로운 시기)는 잘 대처하면 위기偉機(위대한 기회)가 될 수 있다. 요즘 겪고 있는 미증유未曾有의 고난도 해결할 수 있는 비장의 무기가 있다. 나폴레옹이 말한 대로 '그것은 희망이다.' 유일한 장애물은 스스로가 만드는 절망이다. 새해에는 어려운 시대에 직면한 청년들이 미래에 대한 희망을 가지고 재도약의 발판을 마련하여 진취적인 자세로 극복해 나가길 간절히 바란다.

<수필춘추 107호>

우보만리

　삼 남매와 여섯 손孫들을 위해 매일 기도하고 가끔 권면의 말씀을 보낸다. 주로 성경 말씀을 보내지만, 독서 중에 좋은 말이 있으면 보내기도 한다. 외손자가 미국에서 고등학교와 대학교를 졸업한 후, 군 복무와 대학원 과정을 곁들여 한 학기라도 공백이 없도록 하려고 고심하는 것을 보았다. 나는 "너무 빨리하려고 서두르지 말라, 너무 잘하려고도 하지 말라. 하루하루 감사한 마음으로 즐겁게 하라. 무엇이 중요하며 무엇을 먼저 해야 하는가? 우선순위를 지켜 조금씩 천천히, 꾸준히 하라"면서, '우보만리牛步萬里'(우직한 소처럼 천천히 걸어서 만 리를 간다. 곧 포기하지 않고 꾸준히 하면 목표하는 바를 이룰 수 있다)란 말로 권면했다.
　그런데 군 복무를 마치고, 대학원 석사과정을 미국에서 하느냐 독일에서 하느냐를 놓고 또 고민하는 것 같다. 시카고 대학원에 합격했으나 철학은 독일에서 공부하는 것이 좋다고 하며, 학비가 들지 않는 석사과정을 독일에서 하려는 모양이다. 미국에서 대학을 다니며 독일에 교환학생으로 간 것이 계기가 된 것 같다. 나는 이미 찾아온 기회(명문대)를 포기하지 말라고 했다가 딸에게 책망을 들었다. 자기 스스로 판단하고 선택하도록 가만히 두라는 것이다. 그래서 오늘은 '호시우보虎視牛步'(범처럼 노려보고 소처럼 걷는다. 곧 예리한 통찰력으로 꿰뚫어 보며 성실하고 신중하게 행동하라)라는 말을 해

주었다.

 소와 관련된 말을 하다 보니 어릴 때 소와의 추억이 생각난다. 산골 마을에서 태어난 나는 소년 시절에 학교에 갔다 오면 오후에 소를 먹이러 다녔다. 동네 아이들과 함께 소를 몰고 뒷산 고개를 넘으면 큰 골짜기가 있고 양쪽에 높은 산이 있다. 그 가운데 소를 풀어놓아 소들이 함께 떼를 지어 자유로이 풀을 뜯어먹게 하다가 해가 질 무렵에 집으로 데려온다. 우리 집 소는 동네에서 제일 크고 늙은 순한 암소였다. 다른 아이들은 고삐를 풀거나 뿔에 감아 그냥 놓아둔다. 그러나 우리 소는 아버지께서 풀어놓지 말고 고삐를 길게 하여 풀밭에 매어두라고 하셨다.

 나는 소 먹이러 가는 것이 너무 즐거웠다. 왜냐하면, 소 등에 올라타고 산비탈 길을 오르는 것이 너무 멋있고 재미있었기 때문이다. 우리 소는 뛰거나 나를 내동댕이치지 않고 천천히 조심스럽게 걸었다. 다른 친구들은 소를 타다 떨어져 다치기도 하고, 어떤 아이는 소가 어리거나 길이 들지 않고 사나워 아예 탈 엄두가 나지 않으므로 나를 부러워했다. 늙은 암소는 순하고 착하여 사람의 말을 잘 들었다. 뛰거나 사납게 굴지 않았다.

 십 이삼 년 전, 은퇴하고 지금 사는 산골로 들어왔을 때 눈 내리는 어느 겨울밤에 아내와 함께 TV에 방영되는 <워낭소리>란 다큐멘터리 영화를 재미있게 보았다. 이 영화는 오지인 경북 봉화의 청량산 자락에 사는 팔순 할아버지와 40년 된 소의 실화에 근거해 만들었다. 일하는 소의 평균 수명은 보통 15년이라고 하니 40년이면 정말 늙은 소다. 소는 평생 충직하게 주인을 위해 일하다 숨을 거두었고 할아버지는 소를 사람처럼 땅에 묻어 주었다.

 워낭은 소의 귀에서 턱밑으로 늘여 단 방울이다. 워낭을 단

소는 움직일 때마다 투박하고 느린 방울 소리를 내는데, 이것을 워낭소리라고 한다. 여든 살 노인과 마흔 살 소의 무르익은 우정과 사랑과 희망을 전하는 워낭소리! 요즘처럼 속도전에 길들어 **빠름**의 미학을 숭배하는 현대사회에서는 듣기 어렵다. 이제는 내 마음속에서 워낭소리를 들을 수 있어야 한다.

성경에 '벧세메스로 가는 암소'에 관한 말씀이 있다. 하나님의 임재를 상징하는 여호와의 궤(언약궤, 법궤)가 블레셋 지방에 있었는데, 이 언약궤를 벧세메스로 옮겨 올 때 새 수레를 만들어 거기에 싣고 젖 나는 암소 두 마리를 끌어다가 수레를 메웠다. 두 마리 암소는 울어대는 송아지를 떼어놓고, 한 번도 메어보지 않은 수레의 멍에를 메고 대로로 가며 뒤돌아보거나 치우치지 아니하고 서로 조화를 잘 이루었다. 수레가 벧세메스 사람 여호수아의 밭에 이르자 무리가 수레의 나무를 패고 그 암소들을 번제물로 여호와께 드렸다. 임무를 다한 후에 결국 번제로 하나님께 바쳐졌다. 꾀를 부리지 않고 우직하게 묵묵히 자신의 임무를 올곧게 해내는 소에게서 깊이 감동하고 눈시울이 붉어지는 이유는 무엇일까? 그 소가 바로 십자가를 지고 골고다 언덕에 올라 우리를 위하여 화목제물이 되셨던 예수님이 아닐까?

소에게는 배울 점이 많다. 소걸음은 느림의 상징이다. 그러나 그 느림이 게으름은 아니다. '우보만리'라는 말처럼 소걸음으로 만 리를 걸어내는 우직한 뚝심을 배울 수 있다. 또 소의 눈은 참으로 선하다. '눈은 마음의 창'이라는 말대로 눈은 마음에 담긴 생각을 나타낸다. 그래서 예전엔 소를 도축할 때 그 눈빛을 차마 볼 수가 없어 보자기를 씌워 눈을 가렸다고 한다. 소는 가죽에서 **뼈**에 이르기까지 우리에게 모든 것을 주고 간다. 요즘처럼 경제가 어려워지면 사람들의 마음이 더욱 각박해져 성급하고 흉악한 범죄가 자주 생긴다. 이럴 때일수록 넓은 아량으로 양보하고 나누며 선하게 살아야 한다. 그리고 때로는 느릴지라도 성실하고 정직하게 정도正道를 걸어가는 사람이 되어야 한다.

  소는 서두르는 법이 없다. 우생마사牛生馬死란 말이 있다. 급류가 흐르는 강에 소와 말이 빠지면 소는 살고 말은 죽는다고 한다. 소는 급히 빠져나오려고 발버둥을 치지 않고 물의 흐름에 자신을 맡기면서 떠내려가다 살아난다. 그러나 말은 성질이 급하여 빨리 나오려고 물살에 맞서 헤엄치다 체력이 고갈되어 익사하고 만다.

  음식도 천천히 잘 씹어 먹어야 한다. 그래야 소화가 잘되어 영양을 공급받을 수 있다. 독서도 천천히 하는 것이 좋다. 천천히, 꾸준하게 해야 한다. 독서의 효과는 보약처럼 단시간에 나오지 않는다.

  마하트마 간디는 "큰 뜻을 품고 우보만리로 걸어가라. 오, 인간이여! 그대가 약하든 강하든 쉬지 마라. 혼자만의 고투를 멈추지 마라. 계속하라 쉬지 말고. 세상은 어두워질 것이고 그대는 불을 밝혀야 하리라. 그대는 어둠을 몰아내야 한다. 오, 인간이여! 생이 그대를 저버려도 멈추지 마라."는 명언을 남겼다.

  수많은 역경을 뚫고 노벨상 2관왕의 빛나는 업적을 이룬 퀴리 부인도, "일단 일에 참여하면 목표로 한 모든 것을 성취할 때까지 손을 떼지 말라. 우리는 무엇이든 재능을 가지고 있다는 것, 그리고 무엇인가 어떠한 희생을 치를지라도 도달해야 할 목표가 존재한다는 사실을 명심해야 한다."며 멈추지 말고 정진하라고 했다.

  내겐 올해 94세인 '독보獨步'란 아호를 가지신 훌륭한 멘토가 계신다. 이분은 '독보獨步'란 아호의 뜻대로 혼자 생각하며 걷는 것이 취미요 보람이며, 여간한 방해와 힘든 일이 있어도 소처럼 우직하게 걸어간다는 신념으로 사시는 분으로 나의 목회 생활에 많은 가르침을 주셨다. 또 양을 치는 사람 '목양牧羊' 또는 꿈나무를 기르는 사람 '목양木養'이란 뜻으로 나의 아호를 지어주시고, 나를 대할 땐 항상 '목양'이라고 부르셨다.

교사와 목사로 40여 년 청소년 사역을 하면서 청소년들에게 꿈을 심고 가꾸는 비전 메이커로서 목양의 삶을 살아왔다. 이제 앞으로 남은 때에 후손과 제자 중에서 글로벌 리더를 양육하는 마지막 꿈을 이루기 위해 나 또한 우보만리로 걸어가야겠다고 다짐을 한다.

너는 '글로벌 리더'가 될지어다

　의과대학을 나온 딸과 사위가 아이를 낳아 우리 부부에게 맡겼다. 인턴을 하느라 집에도 못 오고 잠도 제대로 잘 수 없을 만큼 일과가 바빠 어쩔 수가 없었다. 영리하고 잘 생긴 아이는 건강하게 잘 자랐다. 2년 후 둘째도 함께 맡아 키웠다. 아이들은 키와 지혜가 자라가며 하나님과 사람들에게 사랑스러워갔다. 큰 아이는 계성초등과 국제학교를 거쳐 미국에서 고등학교와 대학을 다니게 되었다. 큰 꿈을 가진 아이가 어느 계열로 진로를 정하느냐 하는 것은 아주 중요한 문제였다.

　목회를 하면서 교회 안에서 키운 외손자 시온이는 내가 기도하고 바라는 이상형으로 자라갔다. 그러나 우리 생각보다 하나님이 원하시는 대로 빚으시고 다듬으셔서 하나님 마음에 합한 자로 만들어지기를 바랐다. 이름도 성경에 나오는 시온 施溫(사랑을 베푼다)으로 지었고 어려서부터 목사 할아버지 밑에서 늘 성경말씀을 듣고 자라서인지 남을 잘 도우고 봉사에 앞장서며 친구들을 잘 사귀었다. 지능이 뛰어나고 성실하여 학력이 우수하고 성품도 원만했다.

　내 소망은 줄곧 목사가 되어 하나님의 일을 하는 영적 지도자가 되기를 바라지만 그의 부모는 다른 생각을 하고 있는 것 같아 속으로만 바라고 조심스러워 말을 하지 않았다. 사람들은 똑똑한 아이가 목사가 되는 것이 아깝다고 생각할지 모르나 똑똑하고 영리할수록 주의 종이 되어야 한다. 인간의 지혜는 하나님 앞에선 아무 것도 아니다. 하나님의 작은 지혜가 인간의 큰 지혜보다 더 귀하다. 사실은 하나님 마음에 합당한 종이 되는 것이 제일 귀한 일이며 그것이 제일 어려운 일이다. 세상에서 목회보다 더 어려운 일은 없다. 인간관계뿐 아니라 영혼까지 다루는 영적인 일이기 때문이다. 따라서 사람의 마음대로 되는 것이 아니라 하나님의 뜻대로 되어야 한다. 부모가 다 의사이지만 시온이가 의사가 되기를 바라진 않았고 또 이과 계통으로 가서 빨리 취업을 하는 것도 바라지 않는 것 같았다. 가족들은 모두 그의 성향을 보며 서로 약속이라도 한 듯 은연중에 아마도 학자가 되기를 바라고 기도하고 있는 것 같다.

그러는 새 시온이는 미국에서 Choute 고등학교를 졸업하고 Notre Dame 대학교 PLS(Program of Liberal Study) 과정을 밟았다. 인문사회계열로 진학을 했고 대학에서 인문학과 독일어 복수 전공을 하였다. 또 미국에서 독일에 교환학생으로 간 것이 계기가 되어 군복무를 마친 후 지금 독일에서 철학을 전공하며 대학원 석사과정을 밟고 있다. 또 다른 언어(독일어)를 공부하며 한 고개 더 어려운 길을 가고 있다. 생각지도 못한 일이다. 이것은 우연이 아니라 하나님의 손이 강력하게 이끌고 계심이라고 믿는다. 지금은 어렵지만 언젠가 필요해서 주신 과정일 것이다. 감사함으로 받으면 버릴 것이 없다고 하지 않았는가. 친구들 중에는 자격증을 따고 취업을 한 자도 있어 오랜 유학의 경비문제로 심적 부담도 느끼겠지만 부모의 뒷받침과 배려가 있으니 걱정 말고 묵묵히 나아갔으면 좋겠다.

장차 무엇이 되어 무슨 일을 해도 좋다. 하나님이 기뻐하시고 사람들에게 유익을 주는 일이면 상관이 없다. 다만 그 일이 쉽거나 어려울지라도 언제나 즐거운 일이 되어야 지속적인 행복을 누릴 수 있다. 보람 있고 행복한 삶은 나중에 언제부터 시작하는 게 아니고 현재 지금 그렇게 사는 것이다. 계성과 국제학교에서 친구들을 잘 사귀고 전도를 했듯이, 쵸우트와 노트르담에서 열심히 공부하며 봉사하고 군대에서 교회를 섬기며 상담활동을 했듯이 그리고 지금 밤베르크에서 신앙생활과 학업에 충실하듯이 그때그때 주어진 삶의 현장에서 최선을 다하는 것이다.

입이 무거워 말은 안 해도 자기의 장래 희망은 젊은이들을 가르치는 교사나 대학교수가 되는 것이라고 알고 있다. 이왕 교수가 되려면 지도자(목사)를 길러내는 신학교수가 되는 것이 좋을 것 같다. 그렇다면 앞으로 철학박사 학위를 따느냐 신학박사 학위를 따느냐 하는 문제가 있고 박사학위를 독일에서 하느냐 미국에서 하느냐 하는 문제도 결정해야 한다. 의사나 변호사가 되는 길과 이과 쪽으로 가서 취업을 하는 길은 비교적 빠르지만 철학이나 신학은 길이 멀다. 책속에 파묻혀 있고 동서양 고전을 많이 읽는 것 같은데 요즘같이 속도전을 하는 물질주의 시대에 젊은이가 고전을 읽는다는 것은 흔한 일이 아니다. 고상하고 귀한 일이다.

인문학은 어느 단계에 오르기까지 오래 걸리고 또 대부분의 사람들이 말하는 출세가 매우 늦다. 그러나 멀리를 보고 학문을 깊이 연구하여 통찰력과 안목을 넓혀 인간의 내면의 세계와 모든 세상을 함축적으로 볼 수 있는 소양을 갖추고 지도자로서의 자질을 연마하는 데는 유익하다고 생각한다. 나무가 튼튼하고 충실하여 좋은 나무가 되면 좋은 열매가 열리기 마련이다. 때가 되어 언젠가 지성과 인성과 영성을 골고루 갖춘 글로벌 리더가 되면 귀한 일을 하게 될 줄 믿고 기도로 응원하며 기다리고 있다.

　사립명문 계성초등의 전교회장, 쵸우트 고등학교에선 봉사왕, 노트르담 대에선 스터디 왕, 군대에서는 상담자로 활동하며 군 교회를 섬겼고, 지금 밤베르크에선 한인교회 교사와 설교 번역을 하는 등 신앙훈련을 쌓으며 학업에 매진하고 있다.

　가난하고 어려운 친구를 돕는데 앞장서고 국제적으로 친구를 사귀며 자기 일보다 남을 먼저 챙기고 믿음제일주의로 사는 모습을 지켜보며 내 나름대로는 보람을 느끼고 있다.

　국제학교에 다니던 소년시절에 쓴 <Challenges toward Dream>이란 글에는 그의 비전과 도전에 대한 의지가 잘 나타나 있다.

"신앙 깊은 가정에서 하나님의 말씀을 토대로 자라온 저는 어릴 때부터 남다른 큰 꿈을 가지고 있었습니다. 제 꿈은 세계를 이끌어가는 Global leader가 되어 하나님께 영광을 돌리는 것이었습니다. 이 꿈을 위해서는 끊임없는 도전을 계속해야 함을 알고 있습니다.

　저의 첫 번째 도전은 대구의 명문 크리스천 사립학교인 계성초등학교에 입학하여 지혜와 키가 자라고 하나님과 사람들에게 사랑받는 균형 잡힌 성장을 하는 것이었습니다. 두 번째 도전은 6학년 때 대구 국제학교에 조기 입학하여 세계무대로 나아가는 길을 열게 되었습니다. 세 번째 도전으로 미국 명문 사립 Boarding school인 Choute Rosemary Hall에 합격하여 유학을 가게 되었습니다. 앞으로도 땀과 눈물의 열정으로 도전을 계속하여 제 목표를 이루어내고 말 것입니다.

　그 동안의 작고 큰 성공이 있었던 것은 세 가지가 있었기 때문이라고 생각합니다. 먼저, 하나님의 은혜가 있었기 때문이며, 다음으로, 가족들의 기도와 성원이 있었기 때문이며 셋째로는 신앙으로 다져온 저의 투지와 끈기가 있었기 때문입니다. 특별히 시온동산 할아버지께 받은 하나님의 말씀과 비전은 힘든 때에도 제가 포기하거나 지치지 않도록 해준 원동력이었습니다.

성실함과 부단한 노력으로 세계평화에 공헌한 반기문 UN 사무총장, 인류의 삶에 혁신을 가져다 준 과학자 스티브 잡스, 한 나라의 위대한 대통령 케네디, 명문대학을 이끌어가고 어려운 사람들에게 도움의 손을 내민 김용 총장(세계은행 총재)같은 훌륭한 사람이 되어 가정과 교회를 빛내고, 나라를 빛내며 하나님께 영광을 돌리는 세계적인 리더가 되겠습니다."

그래! 비전을 갖고 도전을 하며, 꿈대로 자라고 이름대로 살기를 바란다. 믿음은 바라는 것들의 실상이라고 했다. 믿음은 능치 못함이 없다. 믿는 대로 된다. 준비된 자에게 기회가 오고, 준비하는 대로 쓰임을 받는다. 소망은 반드시 이루어진다. 살아계신 하나님, 그 하나님을 믿고 기도하는 일, 그 하나님의 영광을 위한 일이라면 반드시 이루어질 줄 믿는다. 언젠가는 이루어지게 되어있다. 하나님이 말씀하셨기 때문이요 하나님이 함께 하시기 때문이다.

믿음의 주요 온전케 하시는 예수님의 이름으로 선언하노니 "너는 글로벌 리더가 될지어다.""세상의 빛과 소금으로 살지어다."

'문송하다'고 하지 말라

"여러분의 자녀가 인문학이나 철학을 전공하셨다면 근심이 클 것입니다. 자녀분이 졸업장을 들고 정당하게 취직하려면 고대 그리스에나 가야 할 테니까요"

이 말은 미국의 명 코미디언 코넌 오브라이언이 2011년 다트머스 대학 졸업식장에서 한 축사의 일부로서 요즈음 전설처럼 회자되고 있다. 오브라이언 자신도 하버드대에서 역사·문학을 전공했다. 문과생의 취직난은 이미 오래전부터 한국을 넘어 전 세계의 뿌리 깊은 고민이었던 셈이다.

'문송하다(문과생이어서 죄송하다)'라는 말이 우리 사회를 지배하는 유행어가 된 지도 10년가량 됐다. 그간 문과생들은 적지 않은 굴욕과 수난을 당해왔다. 2014년 버락 오바마 대통령은 "사람들이 역사학이 아닌 상거래나 제조업을 택하면 돈을 더 벌 수 있을 것"이라고 했다가 사과했다. 영국에선 최근 정부가 STEM(과학, 기술, 공학, 수학) 인재를 기르겠다는 기치 아래 인문학 예산을 삭감하면서 A레벨(수능시험과 비슷함)의 영어 과목을 선택해서 듣는 학생이 20% 가량 줄었다고 한다.

문과생은 정녕 21세기의 불가촉천민不可觸賤民(접촉할 수 없을 정도의 천민이란 뜻으로 인도의 카스트 제도에서 가장 낮은 신분의 사람들)이 되어 가는가. 몹시 우울한 상황에서도 최근에 단비가 내렸다. 얼마 전 우리나라 한강 작가가 노벨문학상을 받았다. 요즘 며칠 소셜미디어엔 '문밍아웃(문과생커밍아웃)'이 넘실거렸다.

"국문과를 나오면 무엇을 하는가? 노벨문학상을 타는 것이다!" "문송합니다, 금지!" "문과는 결국 승리한다!"라고 한

이들의 환호성을 보며 인문학도들의 오랜 설움이 노벨상 수상을 기점으로 한꺼번에 터져 나왔다는 생각을 했다. 문과생이 서러운 것은 전 세계적 현상이라지만, 대한민국에선 유독 심했다. 우리나라에서 지난 10년간 인문학 연구 자금은 3000억 원에 묶여 오르질 못했다. 2019-2021년 사이 서울에선 인문·사회계열 대학에서만 학과 17개가 사라졌다. 반면 공학 계열 학과는 23개가 새로 생겼다.

이런 상황에서도 콤플렉스 많기론 어디 가서도 지지 않는 우리나라 사람들이 넘을 수 없는 벽으로 여겼던 노벨상을, 1970년생 국문과 출신의 여성이 받아버린 것이다. 투자를 많이 하며 기대했던 이과보다 문과에서 먼저 장원급제를 한 셈이다. 대한민국 문과생들이 "문과란 이런 것!"이라고 함성을 토한 건, 이번 노벨문학상 수상이 장기간의 투자와 연구 끝에 빛을 발하는 인문학의 가치를 경시해온 시대 풍토에 경종을 울린 사건이라고 받아들였기 때문일 것이다.

문과생들에게 몇 가지 사실을 더 알려주고 싶다. 작년 영국 옥스퍼드 대학교가 21-54세 인문대 졸업생 9000명의 경력을 조사했을 때 이들의 직업 만족도는 국민 평균을 훨씬 뛰어 넘었고, 소득도 국가 평균보다 훨씬 높았다고 한다. 보고서는 또한 인터뷰에 응한 기업 CEO의 대부분이 인문학 전공자들의 위기 대처 능력이 기술 전공자들보다 뛰어나 채용했다고 했다.

책, '놀라운 힘'을 쓴 조지 앤더슨 역시 비슷한 이야기를 한다. 그는 미국 실리콘밸리 기업들이 과학 기술 전공자만을 찾는 것처럼 보이지만 그러지 않는다고 했다. 가령 우버사社가 고객 불만족 개선을 위해 찾아 나선 것은 심리학 전공자였고, 레스토랑 플랫폼 업체 오픈 테이블이 서비스 혁신을 위해 채용한 이들은 영문학 전공자들이었다. 앤더슨은 "사람과 소통하는 능력, 다른 사람을 이해하는 능력이 결국 어떤 직업 기술보다 필요하다는 것을 알게 됐다"고 썼다.

마지막으로 하나 더 소개하면 빅테크 기업의 CEO들이 우상처럼 떠받드는 고故 스티브잡스도 알고 보면 문과생이다. 그는 오리건 주 포틀랜드의 리더 대학교에서 철학을 공부했고, "소크라테스와 점심 한 끼를 할 수 있다면 애플이 가진 모든 기술을 맞바꿔도 좋다"고 말한 바 있다. 그러니 문과생들이여, 어깨를 펴라. 그대들은 더는 '문송하다'고 말하지 않아도 된다.

꿈을 심고 키우고 가꾸어 온 vision maker로서 기도하고 응원하며 거듭해서 나의 사랑하는 손자, 새벽이슬 같은 청년학도 시온에게 권고한다. 또 한해가 가고 나이가 들고, 다른 또래 친구들이 취업을 했다는 말을 들어도 조급해 하거나 미안해하거나 위축되지 말고, 묵묵히 가던 길을 가거라. 할 수 있다는 확신과 자신감을 가지고 조금도 흔들리지 말고 너의 목표를 향하여 네 길을 걸어가거라. 우보만리牛步萬里(우직한 소처럼 천천히 걸어서 만 리를 간다. 포기하지 않고 꾸준히 하면 목표하는 바를 이룰 수 있다), 호시우보虎視牛步(범처럼 노려보고 소처럼 걷는다. 곧 예리한 통찰력으로 꿰뚫어 보며 성실하고 신중하게 행동하라)로 멀리를 바라보고 때를 기다리며 준비하라. 천천히 꾸준히 끈기 있게 한걸음 한걸음 전진하라. 대기만성大器晚成이라고 했다. 꿈은 반드시 이루어진다.

'문송하다'란 생각은 하지도 말라. 인문학도의 긍지를 가지고 성현들의 가르침을 새기며 고전을 읽으며 진리를 터득해 나가라. 수많은 철학적 질문에 신학적 답을 찾으며 실천적 봉사의 삶으로 사회생활에 이바지하는 미래의 글로벌 리더가 되어라. 창조주 하나님이 찾으시고 인류사회가 필요로 하는 사람, 하나님과 인류사회에 쓰임 받는 일꾼이 되어라. 눈에 보이는 세상조류에 현혹되지 말고 보이지 않는 살아계신 하나님을 바라보며 어떤 고난이 있어도 땅끝까지 가라는 주님의 말씀을 붙잡고 기도하며 오직 성령의 인도를 따라 세상을 변화시키며 미래를 개척하라. 가슴 뛰는 세상을 열어가라. 꿈은 반드시 이루어진다.

끝으로 '내가 새벽을 깨우리로다'라는 표제로 수십 년간 방송설교를 하며 민족을 일깨운 기독교 지도자 김진홍 목사님의 '내 평생의 최고의 선택'이라는 간증을 하나 소개한다.

"나는 계명대학교 철학과를 졸업하고 박사 학위를 받기 위해 미국으로 유학을 갈 준비를 하고 있었다. 그러다 언제까지 질문(철학 공부)만 해야 하나? 해답을 찾아야지 하고 기도하고 고민하다 1968년 12월 4일 에베소서 1장 7절의 말씀을 통해 정답을 찾았다. 예수님이 정답임을 찾은 후 철학공부를 하기 위해 미국에 가는 것을 중단하고 신학을 공부하여 목사가 되었다. 이것은 '내 평생의 최고의 선택'이었다. 지금 84세가 되었으나 아무 제재 안 받고 열심히 목회를 하고 있다. 평생 천국 갈 때까지 즐겁게 할 수 있다. 얼마나 축복된 인생인가"

(2024. 10. 30)

준비하는 지혜

아라비아 속담에 돌아오지 않는 것 네 가지가 있다고 한다. 첫째는 화살이다. 활시위를 떠나 과녁을 향해 날아간 화살은 되돌아오지 않는다. 둘째는 급하게 뱉어 낸 말이다. 한번 내뱉은 말은 다시 돌이킬 수 없다. 셋째는 과거의 생활이다. 이미 지나가 버린 세월 속에 흔적으로 남아있는 과거는 절대로 다시 돌아오지 않는다. 넷째는 황금과 같은 기회다. 한번 지나가버린 좋은 기회는 다시 잡기 어렵다.

우리가 세상을 살아갈 때 이렇게 한번 지나가면 다시 돌이킬 수 없는 것은 이 외에도 수없이 많다. 그때 그때를 놓치지 않고 잘 대처하여 후회하지 않는 성공적인 삶을 살려면 무엇보다도 매사에 미리 준비하는 것이 중요하고 필요하다.

"하나님의 하시는 일의 시종始終을 사람으로 측량할 수 없게 하셨도다"(전 3:11)라고 한 성경 말씀대로 우리는 미래에 대한 예측은 할 수 있으나 미래에 이루어질 일에 대하여 정확하게는 알 수 없다. 한 치 앞도 제대로 알 수 없는 것이 인생이다. 이것이 인간의 한계다. 때문에 우리는 겸손하게 하나님을 경외하고 앞날을 준비하며 살아가야 한다.

성경에는 준비하라는 말씀이 많다. 하나님은 노아에게 홍수를 대비하여 방주를 준비하라고 하셨고(창 6:9-22), 요셉에게 7년 흉년이 임하기 전에 식량을 준비하라고 하셨다.(창 41:29-36) 당시 사람들은 멀쩡한 날 산 위에서 배를 만든다고 비난하고 조롱했지만, 노아는 120년 동안 묵묵히 준비를 하므로 천지개벽의 홍수심판에서 구원을 받았다. 또 요셉은 7년 풍년 때에 많은 곡물을 저장하여 기근 때에 백성들을 구하였다. 예수님도 '열 처녀 비유'를 통하여 천국은 준비하는 자의 것이라고 가르치셨다.(마 25:1-13) 열 명의 처녀가 다 같이 신랑을 기다렸지만 등과 기름을 준비한 슬기로운 다섯 처녀만 혼인 잔치에 들어갔고, 준비하지 못한 다섯 처녀는 문이 닫혀 들어가지 못했다. "그런즉 깨어 있으라 너희는 그날과 그때를 알지 못하느니라."(마 25:13)라고 하셨다. 또 노아 때에 사람들이 홍수가 임할 때까지 깨닫지 못한 것같이 인자의 임함도 그러하리니 "이르므로 너희도 준비하고 있으라 생각지 않은 때에 인자가 오리라."(마 24:44)라고 하셨다.

공자의 제자가 스승에게 "왜 힘들여 공부를 해야 합니까?" 하고 묻자 스승은 다음과 같이 대답했다. "공부란 태평할 때 군인이 칼을 가는 것과 같다. 태평할 때 칼을 갈아 두지 않으면 갑자기 적군이 쳐들어 온 후에 칼을 갈 수는 없다. 학문이란 앞으로 닥칠 세상살이에 슬기롭게 대처하자는 것이다. 또한 공부는 어부가 항구에서 배와 그물을 손질하고 식량과 연료를 준비하는 것과 같이 미리 사회생활의 준비를 하는 것이다. 공부에는 때가 있다. 어려서 기회를 놓치면 돌이키기 어렵다."

미국의 클래식 음악계에 일대 파란을 몰고 온 '레너드 번스타인'이라고 하는 세계적인 지휘자가 있었다. 그는 원래 뉴욕 필하모닉의 부지휘자였는데 한번은 지휘자 '브루노 발터'가 독감으로 앓아눕자 리허설도 없이 지휘대에 올라 갑자기 지휘를 하게 되었다. 이 연주가 방송을 통해 전국으로 전파되고 성공을 거두면서 그는 일약 스타로 부상하였다. 그는 평상시 지휘를 할 수 있는 기회가 없었지만 항상 연습을 하고 있었다. '기회는 준비하는 자에게 온다'라는 말이 있듯이 우리는 가끔 이런 경우를 보게 된다. 그러나 기회가 주어졌다고 할지라도 평상시에 준비를 하지 않은 사람은 번스타인과 같은 행운을 차지하지 못한다.

우리는 한국의 축구 국가대표 선수 중에 명성을 날린 차범근, 박지성, 손흥민 선수를 잘 알고 있다. 이들은 다 치열하게 열심히 연습하고 준비를 했다는 이야기가 전해진다. 박지성은 아시아인으로서는 처음으로 챔피언서 리그 결승전에 출전하여 큰 화제가 된 적이 있다. 그는 작은 키에 평발이라는 결점도 있었으니 그런 영광이 결코 하루아침에 온 것이 아님을 알 수 있다. 그는 어린 시절부터 날씨가 아무리 추워도 연습을 게을리 한 적이 없고, 다른 선수들이 쉬는 날에도 혼자서 연습을 했다고 한다. 이러한 철저한 자기관리와 준비가 세계적인 선수로 성장하는데 원동력이 된 것이다.

'준비準備'는 어떤 일을 행동으로 옮기기 위한 마음가짐이나 주변 조건 등을 미리 채비하는 것이다. 여행을 하거나 어떤 시합을 할 때는 만반의 준비가 필요하다. 준비가 바로 되지 않으면 차질이 생긴다. 공평하신 하나님께서는 우리가 세상을 살아갈 때 알던 모르던 누구에게나 공평하게 기회를 부여하시고 또 하나님은 준비된 자를 쓰신다고 한다. 기회는 언제 올 지 알 수 없기에 항상 준비를 하고 있어야 한다. 준비된 자만이 기회를 놓치지 않고 잡을 수 있고, 쓰임 받을 수 있기 때문이다. 그러므로 후회하지 않는 성공적인 삶을 위하여 우리는 늘 깨어 준비하는 지혜를 가져야 하겠다.

바보들의 삶

　신앙서적을 뒤적거리다 우연히 <그래도 Anyway>란 글을 보게 되었다. 이 글은 정치적 격동기였던 1960년대 당시 세상을 좀 더 나은 곳으로 만들자는 데 큰 관심을 가졌던 미국의 켄트 케이스(Kent M. Keith)가 하버드 대학교 2학년 때 썼다고 한다. 역설적 십계명이라 불리는 <그래도>는 지난 수십 년간 하버드 대학생들의 인생지침이 되었고, 테레사 수녀의 영혼을 감동시켰던 역설의 진리를 말해준다.
　그가 이 에세이를 통해 우리에게 주고자 한 교훈이 있다면, 그것은 어떠한 절망적인 순간에도 미래에 대한 희망을 놓으면 안 된다는 것일 터이다. 상실과 절망에 처하더라도 실망하지 않고 꿈과 희망의 사과나무를 심으면, 새싹이 돋아나고 언젠가 누군가는 반드시 그 열매를 얻게 되는 것이 아닐까.
　예수님의 대표적 가르침인 산상보훈에는 "악한 자를 대적하지 말라. 누구든지 네 오른뺨을 치거든 왼편도 돌려 대며 또 너를 고발하여 속옷을 가지고자 하는 자에게 겉옷까지도 가지게 하며 또 누구든지 너로 억지로 오 리를 가게 하거든 그 사람과 십 리를 동행하고 네게 구하는 자에게 주며 네게 꾸고자 하는 자에게 거절하지 말라."(마 5:39-42) 라는 말씀이 있다.
　예수님의 삶과 가르침, 그것은 분명 역설의 진리다. 역설적 逆說的이란 말은 어떤 내용이 겉으로는 모순되고 부조리하게 보이지만, 그 속에 진실을 담고 있는 것을 의미한다. 예수님은 분명 세상을 거꾸로 사신 분이다. 그리고 자신을 따르는 사람들에게도 그렇게 살라고 말씀하셨다. 그러나 예수님의 기준대로 그렇게 사는 사람을 세상에서는 바보라고 부르기도 한다. 하지만 흥미로운 사실은 바보 예수님을 따랐던 많은 바보들이 세상을 바꾸었다. 예수님의 가르침은 세상적으로 이해하기 어렵고 따르기도 쉽지 않아 보인다. 그러나 영적인 사람은 세상을 거꾸로 보고 사는 사람이다.

우리나라에도 이렇게 바보라 불리던 사람들이 더러 있었다. 이 바보들에 의해 차가운 세상이 조금 따뜻해졌고 암울한 사회에 한줄기 빛이 되었으며 어려운 사람들에게는 큰 위로가 되었다.

거창고등학교를 설립한 전영창 교장은 기독교 신앙과 개척정신을 가지고 진취적이고 도전적인 삶으로 교사들과 학생들에게 모범을 보였다. 시골 명문학교로 이름난 거창고등학교에는 바보처럼 살라는 '직업 10계명'이 있었다. 오늘 이 시대 이 나라의 소확행을 꿈꾸는 청년들에게는 미친 소리로 들릴 것이다. 그러나 이것이야말로 요즘은 듣기 어려운 청년들의 잠을 깨우는 새벽종 소리가 아닐까.

"돈이 없어서 의사의 진료를 받지 못하는 가난한 사람들을 돕는 의사가 되겠다"고 하나님 앞에 한 약속을 평생 지키려고 노력한 장기려 선생은 어느 날 돈이 없어 퇴원을 못하는 환자에게 "뒷문을 열어놓았으니 도망을 가라"했다가 사무직원에게 바보소리를 들었다고 한다. 또 윗사람과 동료들로부터 바보취급을 받으면서도 언제나 환자 편에 서서 정성껏 사랑을 실천하다 예수님처럼 33세에 세상을 떠난 '그 청년 바보 의사 안수현'은 의료대란으로 힘든 요즈음 이 나라에 환자를 떠나는 의사들에게 경종警鐘이 되고 아프고 어려운 사람들의 위로가 되며 많은 사람들의 그리움의 대상이 되고 있다.

자신을 스스로 바보라고 칭하면서 가장 낮은 곳에 서려했던 김수환 추기경은 전 생애를 통해 사랑과 나눔을 실천하며 살다 갔다. 그는 한국 최초의 추기경이며 당시 세계 최연소로 추기경이 되었다. "내가 잘났으면 뭘 그렇게 크게 잘났겠어요. 다 같은 인간인데 안다고 나대고. 어디 가서 대접받길 바라는 게 바보지. 그러나 내가 제일 바보스럽게 살았는지 몰라요."라고 한 김 추기경은 <바보가 바보들에게>하는 5권의 잠언집을 남겼다. 이는 거룩한 바보 김 추기경이 겉으론 잘난 척하지만 외로운 바보들, 매일매일 정신없이 달리고 있지만 어디로 가고 있는지 조차도 모르고 있는 미련한 바보들에게 전하는 희망의 메시지로 채워져있다. 그의 평생을 통해 들려준 사랑과 나눔, 지혜와 깨달음, 삶과 신앙, 신뢰와 화합에 대한 메시지는 힘든 시대를 살아가고 있는 많은 이들에게 따뜻한 격려와 위로, 그리고 용기를 전해준다.

대구시 군위군 용대리 238-10에 있는 김수환 추기경을 기리는 「사랑과 나눔 공원」에 세 번을 가 보았다. 그 안에는 생가와 추모 공원, 경당, 기념관, 평화의 숲, 십자가의 길 등으로 구성되어 있다. 기념관은 옹기를 테마로 삼아 설계를 하여 '빚다, 질박하다, 견디다, 품다, 비우다, 숨 쉬다' 등 6가지 이야기로 추기경을 소개하고 있다. 1922년 옹기장수의 아들로 태어난 김 추기경의 평생의 삶을 돌아볼 수 있는 공간이다. 옹기는 한국 천주교사에서 박해와 신앙의 상징이었다. 옹기는 음식을 담고 오물도 담는다하여 김 추기경은 옹기를 아호로 삼았다고 한다. 한 해를 더 살다 간 법정 스님은 2009. 2. 16 김 추기경 선종에 이렇게 시를 바쳤다.

"우리 안의 벽/ 우리 밖의 벽/
그 벽을 그토록 허물고 싶어 하던 당신/
다시 태어난다면/ 추기경이 아닌/
평신도가 되고싶다던 당신/
당신이 그토록 사랑했던/ 이 땅엔 아직도/

싸움과 폭력/ 미움이 가득 차 있건만/
봄이 오는 이 대지에/ 속삭이는 당신의 귓속말/
살아 있는 것은/ 다 행복하라/
사랑하고 또 사랑하라/ 그리고 용서하라"

　사회가 어려울수록 많은 사람들은 사회를 바꾸려고 바보처럼 살다 간 바보를 그리워한다. 세상은 우리를 바보라해도 그럼에도 불구하고, 우리는 그래도, 그 길을 가야 한다. 그 길이 진리와 생명의 대로大路이기 때문이다.

「그래도」
켄트 케이스((Kent M. Keith)

1. 사랑하라 - 사람들은 논리적이지 않고 이성적이지도 않다. 게다가 자기중심적이다. 그래도 사랑하라.
2. 착한 일을 하라(1) - 당신이 착한 일을 하면 사람들은 다른 속셈이 있을 거라고 의심할 것이다. 그래도 착한 일을 하라.
3. 성공하라 - 당신이 성공하게 되면 가짜 친구와 진짜 적들이 생길 것이다. 그래도 성공하라.
4. 착한 일을 하라(2) -오늘 당신이 착한 일을 해도 내일이면 사람들은 잊어버릴 것이다. 그래도 착한 일을 하라.
5. 정직하고 솔직하라 - 정직하고 솔직하면 공격당하기 쉽다. 그래도 정직하고 솔직하게 살아라.
6. 크게 생각하라 - 사리사욕에 눈먼 소인배들이 큰 뜻을 품은 훌륭한 사람들을 해칠 수도 있다. 그래도 크게 생각하라.

7. 약자를 위해 분투하라 - 사람들은 약자에게 호의를 베푼다. 하지만 결국에는 힘 있는 자 편에 선다. 그래도 소수의 약자를 위해 분투하라.
8. 공들여 탑을 쌓아라 - 몇 년 동안 공들여 쌓은 탑이 하루 아침에 무너질 수도 있다. 그래도 탑을 쌓아라.
9. 도움이 필요한 사람을 도와라 - 물에 빠진 사람을 구해주면 보따리 내놓으라고 덤빌 수도 있다. 그래도 도움이 필요한 사람을 도와라.
10. 젖 먹던 힘까지 다해 헌신하라 - 젖 먹던 힘까지 다해 헌신해도 칭찬을 듣기는커녕 경을 칠 수도 있다. 그래도 헌신하라.

「직업 십계명」

거창고등학교

1. 월급이 적은 쪽으로 가라.
2. 내가 원하는 곳이 아니라 나를 필요로 하는 곳으로 가라.
3. 승진의 기회가 거의 없는 곳으로 가라.
4. 모든 조건이 갖춰진 곳을 피하고 처음부터 시작해야 하는 황무지를 택하라.
5. 앞 다투어 모여드는 곳에는 절대로 가지마라. 아무도 가지 않는 곳으로 가라.
6. 장래성이 전혀 없다고 생각되는 곳으로 가라.
7. 사회적 존경을 바라볼 수 없는 곳으로 가라.
8. 한가운데가 아니라 가장자리로 가라.
9. 부모나 아내나 약혼자가 결사반대하는 곳이면 틀림없다. 의심치 말고 가라.
10. 왕관이 아니라 단두대가 기다리고 있는 곳으로 가라.

(2)

아름다운 만남

물
길
샘
거울
마음
금식
친구
아름다운 만남

<수필춘추 106호>

물

　인간을 비롯해 모든 생물은 물이 없으면 살 수가 없다. 인체의 70%가 물(수분)이고 지구표면의 70.8%가 물(바다)이다. 물은 생명과 풍요를 상징한다. 물이 있는 곳에 사람들이 살았고 물가에서 문명이 발생했다.

　오늘날 환경보존은 지구를 공유하는 모든 생명체에게 매우 중요한 문제다. 해가 거듭할수록 환경오염, 지구 온난화, 물 부족, 생태계 파괴, 원전 문제 등 수많은 환경문제가 인류사회를 위협하고 있다. 특히 물 문제는 현재 수많은 사람이 직면하고 있는 문제로써 지구 표면의 3/4이 물로 덮여있지만 인간이 사용할 수 있는 물은 0.7%에 불과하다. 인간의 생존에 직접 영향을 미치는 물 부족은 자연적 현상이 아니라 인간의 욕심과 이기주의의 결과다. 우리에겐 깨끗하고 맑은 물이 흔하지만 아프리카와 동남아의 많은 지역에선 마실만한 물이 없어 노천 우물의 더러운 물을 마셔 수인성 전염병에 감염이 된다고 한다. 한국교회에서는 월드비전을 통해 세계적으로 우물 파는 일을 하고 있다.

　우물은 만남의 장소다. 옛날부터 여인들은 우물가에서 만나 삶의 얘기를 나누었다. 예수님이 영혼의 갈증과 삶에 지친 사마리아 여인을 만난 곳도 수가성의 우물가였다.(요한복음4장) 예수님은 "이 우물의 물은 마셔도 다시 목마르려니와 내가 주는 물을 마시는 자는 영원히 목마르지 아니하리라" 하시며 갈급한 영혼들에게 생수가 되어 주셨다.

물은 인간의 삶에 있어 필수적이고 매우 유익한 것이지만 때로는 재난을 일으키는 아주 무서운 힘을 가지고 있다. 그래서 옛날 중국에서는 물을 잘 다스려야 훌륭한 지도자가 될 수 있었다. 중국의 삼황오제三皇五帝 가운데 요순堯舜은 성군의 대명사로 일컬어진다. 황하 문명이 발생한 황하강 유역에 강물이 자주 넘쳐 백성들의 삶을 위협했는데 요임금과 순임금이 치수治水를 잘하여 태평성대를 이룸으로 백성들로부터 존경을 받았다고 한다.

노자의 <도덕경>에 상선약수上善若水란 말이 있다. '가장 훌륭한 것은 물처럼 되는 것이라'라는 의미다. 그 이유는 물은 온갖 것을 위해 섬길 뿐 그것들과 겨루는 일이 없고, 모두가 싫어하는 낮은 곳을 향하여 흐르기 때문이다. 그러기에 물은 도道에 가장 가까운 것이다. 또 노자는 물의 위력에 대해 이렇게 말했다.

"세상에 물보다 더 부드럽고 여린 것은 없다. 그러나 단단하고 힘센 것을 물리치는데 이보다 더 훌륭한 것은 없다. 이를 대신할 것이 없다. 약한 것이 강한 것을 이기고 부드러운 것이 굳센 것을 이기는 것, 세상사람 모르는 이 없지만 실천하지는 못한다."

사실 물은 아주 약한 것 같아도 물처럼 강한 것은 없다. 우리는 쓰나미나 홍수, 태풍과 같은 자연재해를 통해서 물의 엄청난 위력을 잘 알고 있다. 물은 바위도 옮기고, 배도 들어올리고, 산도 무너뜨린다. 그러면서 살아있는 모든 것에 생수가 되고 더러운 것을 깨끗이 씻어주며 아무리 깊은 곳이라도 스며든다.

물은 언제나 낮은 곳으로 흐른다. 작은 골짜기의 물이 시내를 이루고, 시내의 물이 강을 이루고, 강물이 흘러 바다로 간다. 대해가 가장 넓어 모든 물을 품을 수 있는 이유는 가장 낮은 곳에 있기 때문이다. 물은 언제나 겸손하게 낮은 곳을 향해 간다. 어떤 방해물이 막아도 그것을 넘거나 돌아서 유유히 말없이 낮은 곳으로 흘러간다.

예수님은 마치 물과 같으신 분이다. 그분은 하나님의 아들이시다. 말씀으로 천지를 창조하시고 죽은 자를 살리실 수 있는 능력을 가지셨지만, 세상 모든 인류의 죄를 담당하시고 십자가에 죽으셨다. 손수 제자들의 발을 씻기시며 섬김의 본을 보여주셨고 언제나 가장 낮은 곳에 계셨다. 예수님이 이 세상에 오신 목적은 왕으로 섬김을 받으러 오신 것이 아니다. "인자의 온 것은 섬김을 받으려 함이 아니라 도리어 섬기려 하고, 자기 목숨을 많은 사람의 대속물로 주려 함이니라"(막 10:45) 또 "너희 중에 누구든지 크고자 하는 자는 너희를 섬기는 자가 되고 너희 중에 누구든지 으뜸이 되고자 하는 자는 모든 사람의 종이 되어야 하리라"(막 10:43-44)라고 하셨다. 남의 발을 씻기려면 낮아져야 하듯이 섬기기 위해서는 낮아져야 한다.

이 세상 사람들은 가능한 한 높은 곳으로 올라가려고 한다. 정상에 있는 사람에게 성공했다고 칭찬한다. 그러나 우리는 물처럼 예수님처럼, 자신을 비우고 낮은 곳을 찾아가는 도道를 배워야 한다. "하나님이 교만한 자를 물리치시고 겸손한 자에게 은혜를 주신다 하였느니라"(약 4:6)라고 하셨다.

한국 기독교의 등불로 추앙을 받는 주기철 목사님은 신사참배를 거부하며 일사 각오의 신앙을 견지하다 일제의 핍박으로 순교의 제물이 되었다. <저 높은 곳을 향하여>란 영화는 그의 일대기를 엮은 다큐멘터리다. 못이 총총히 솟아 있는 판자 위를 맨발로 걸어가는 고문을 받을 때 피를 흘리며 쓰러지고 또 쓰러지며 눈물과 땀으로 찬송가를 부르는 장면이 나온다.

'저 높은 곳을 향하여 날마다 나아갑니다.~
빛나고 높은 저곳을 날마다 바라봅니다.~'

영화를 본 지 아주 오래되었지만 아직도 이 하이라이트 장면이 생생하게 떠오르며 이 찬송가가 들려오는 것 같다.

예수님은 낮은 곳을 향하시는데 찬송가는 왜 저 높은 곳을 향하여 날마다 나아간다고 했는가? 이 찬송가는 "위의 것을 생각하고 땅의 것을 생각하지 말라"(골 3:2)는 말씀대로 땅의 것, 세상 것보다 영원한 하늘나라를 소망하고 거룩한 삶을 살아야 한다는 의미다. 그러므로 이제 우리는 세상사는 동안에 소망은 하늘나라에 두고, 삶은 주님처럼 자신을 비우고 내려놓고 또 물처럼 낮은 곳을 찾아 겸손하게 살아야 하겠다.

길

 '인생'이 무엇인가? 국어사전에서는 '사람이 세상을 살아가는 일'이라고 한다. 다시 말하면 '사람이 태어나서 죽을 때까지의 삶'을 의미한다.
 사람들은 흔히 인생을 나그네에 비유한다. 나그네는 '길을 가는 여행 중인 사람'으로 현재 머무는 곳은 임시 처소요, 언젠가는 가야 할 목적지가 따로 있다.
 성경에도 '나그네 인생'과 '하늘 본향'에 대한 말씀이 있다.

 "이 사람들은 다 믿음을 따라 죽었으며 약속을 받지 못하였으되 그것들을 멀리서 보고 환영하며 또 땅에서는 외국인과 나그네임을 증언하였으니 그들이 이같이 말하는 것은 자기들이 본향 찾는 자임을 나타냄이라~그들이 이제는 더 나은 본향을 사모하니 곧 하늘에 있는 것이라"
(히 11:13-16)

 또 이 땅의 삶을 바람 같은 인생, 안개 같은 인생이라고 표현한다. 바람같이 왔다가 안개와 이슬처럼 사라지는 너무도 짧은 순간에 불과한 시간을 살다 가기 때문이다. 어떤 사람은 목적지를 향하여 똑바로 부지런히 달려가기도 하지만 어떤 사람은 정처 없이 떠돌기도 한다. 그러나 필경 "너는 흙이니 흙으로 돌아갈 것이니라"(창 3:19)라고 하신 말씀대로 왔던 곳으로 돌아간다. 또 "다윗이 죽을 날이 임박하매 그의 아들 솔로몬에게 내가 이제 세상 모든 사람이 가는 길로 가게 되었노니"(왕상 2:1-2)라고 한 것처럼 누구든지 언젠가는 세상 모든 사람이 가는 길로 가게 된다.

　대구 남산성당 성직자의 묘지 입구엔 '오늘은 나, 내일은 너(Hodie Mihi, Cras Tibi)'라는 글이 새겨져 있다. 이 세상에 올 때는 순서가 있지만 갈 때는 순서도 없다. 우리는 누구나 하나님이 부르시면 언제라도 가야 하는 한시적인 삶을 사는 존재다.
　또 인생은 마땅히 걸어가야 할 길이 있다. 그래서 '인생길'이라고 한다. 성경에는 우리 인생만이 아니라 하나님이 창조하신 모든 우주 만물, 예컨대 해와 달, 바람도 길이 있고, 비구름에도 하나님이 정하신 길이 있다고 했다.

　"그가(하나님이) 땅끝까지 감찰하시며 온 천하를 살피시며 바람의 무게를 정하시며 물의 분량을 정하시며 비 내리는 법칙을 정하시고 비구름의 길과 우레의 법칙을 만드셨음이라."
　　　　　　　　　　　　　　　　(욥 28:24-26)
　연어는 아무리 먼 곳에 있어도 자신이 태어난 모천母川으로 돌아가서 산란을 하고 죽는다. 이것을 연어의 모천회귀母川回歸라고 한다. 그런데 사람들은 자신이 마땅히 가야 할 길을 가지 않고 어그러진 길로 가다가 패망에 이르는 경우가 있다. 유다 백성들은 하나님이 명하신 길을 떠나 앗수르와 애굽을 의지하다가 수치와 버림을 당했다. 하나님을 떠나 길을 바꾸면 모든 길이 불통不通이 된다. 반면에 어떤 상황에서도 하나님이 기뻐하시는 공의의 길을 지키면 만사가 형통亨通하게 된다.
"네가 어찌하여 네 길을 바꾸어 부지런히 돌아다니느냐 네가 앗수르로 말미암아 수치를 당함같이 또한 애굽으로 말미암아 수치를 당할 것이라 네가 두 손으로 네 머리를 싸고 거기서도 나가리니 이는 네가 의지하는 자들을 나 여호와가 버렸으므로 네가 그들로 말미암아 형통하지 못할 것임이라."
(렘 2:36-37)

'모든 길은 로마로 통한다 (All roads lead to Rome)'는 속담이 있다. 이 말은 어떤 일을 하는데 선택, 방법 또는 행위는 결국 똑같은 결과를 이룬다는 것을 의미한다. 로마는 한때 세계의 정치 경제 문화의 중심지였다. 그러므로 삶에 관련된 모든 기능과 활동은 로마에 집중되었으며 누가 무엇을 한다고 할지라도 그것은 로마에 관련되거나 로마를 통해서 해결할 수 있었다는 역사적 배경으로부터 유래되었다. 예전의 모든 길은 로마로 통했지만, 현대의 모든 길은 인터넷으로 통한다는 말도 있다.

이 세상에는 어디든지 길이 있고, 길의 종류도 여러 가지다. 땅에는 육로, 바다에는 해로, 공중에는 비행기가 다니는 하늘길 곧 항공로가 있다. 육로에는 인도, 차도, 철도, 자전거 전용도로 구분이 되어 있다. 또 인생들의 삶의 길을 크게 나누면 하늘의 길과 땅의 길, 의인의 길과 악인의 길, 생명의 길과 사망의 길, 성공의 길과 실패의 길이 있다. 길의 선택은 각자가 하지만 그 선택은 자신의 운명을 좌우한다.

하나님께서는 "내 길은 너희 길과 달라서 하늘이 땅보다 높음같이 내 길은 너희 길보다 높으며 내 생각은 너희 생각보다 높으니라"(사 55:8-9)라고 하셨다. 우리가 생각지 못하고 알지 못하고 우리 맘에 맞지 않는 일도, 길도 있을 수 있다. 그러나 그분의 생각이나 하시는 일은 틀린 적이 없다. 그러므로 그분만 바라보고 그분의 말씀대로 따라가는 길이 곧 생명길이고 성공길이다.

또 하나님은 언제나 우리가 바른길을 택하여 한눈팔지 않고 그 길을 가기를 원하신다. 예수님도 자신이 가셔야 할 길을 가셨다. "오늘과 내일과 모레는 내가 갈 길을 가야 하리니 선지자가 예루살렘 밖에서는 죽는 법이 없느니라"(눅 13:33)라고 하셨다. 예수님은 예루살렘으로 가셔서 결국 십자가를 지고 골고다 언덕길로 올라가셨다. 그리고 인류의 죄를 사하시기 위해 하나님의 뜻대로 죽으셨다가 부활하시고 승천하셨다.

사도 바울도 성령에 매여 예루살렘으로 갔다. 결박과 환난이 기다리고 있었지만, 자신의 달려갈 길과 주 예수께 받은 사명 곧 하나님의 은혜의 복음을 증언하는 일을 마치기 위해 생명조차 조금도 귀한 것으로 여기지 않고 주어진 길을 달려갔다.(행 20:22-24) 마치 벧세메스로 가는 암소가 언약궤를 실은 수레의 멍에를 메고 대로로 가며 뒤돌아보거나 치우치지 아니하고 우직하게 묵묵히 자기 임무를 수행한 것처럼(삼상 6:7-15) 사명을 감당했다. 그는 또 선한 싸움을 싸우고 자신의 달려갈 길을 마치고 믿음을 지키는 자에겐 의의 면류관이 예비되었음을 알았다. (딤후 4:7-8)

그러나 가룟 유다는 제자로서 믿음의 길을 가지 않고 배신의 길을 가다가 목을 매었고, 몸이 곤두박질하여 배가 터져 창자가 흘러나와 비참하게 죽었다. (행 1:18) 베드로도 주님을 부인하고 제자의 길을 떠나갔지만 회개하고 다시 돌아오므로 새롭게 사명을 감당하고 수제자답게 유종의 미를 거두었다.

예수님은 "내가 곧 길이요 진리요 생명이니 나로 말미암지 않고는 아버지께로 올 자가 없느니라"(요 14:6)라고 하셨다. 이 말은 예수님을 믿지 않고는 하나님의 나라에 들어갈 수 없다. 다시 말하면 예수님만이 하나님께로 갈 수 있는 유일한 길이 되신다는 것이다. 또 "다른 이로써는 구원을 받을 수 없나니 천하 사람 중에 구원을 받을 만한 다른 이름을 우리에게 주신 일이 없음이라"(행 4:12)라고 하셨으니 예수님을 믿지 않고는 구원을 받을 길이 없다는 것이다.

우리는 언제나 정도正道를 택해야 한다. '길이 아니면 가지를 말라'고 했다. '모로 가도 서울만 가면 된다.'라는 말도 있으나 이것은 우리가 취할 삶의 자세가 아니다. 또 '군자君子는 대로행大路行'이라 했다. 여기서 '군자'는 형식과 권위를 가진 왕의 아들 같은 지위가 높은 사람이 아니라 행실이 점잖고 어질며 학식과 덕이 높은 사람을 뜻하고, '대로'란 권세 있고 눈에 보이는 인정받는 길이 아니라 떳떳하고 당당한 길을 의미하며, '대로행'은 넓고 큰길을 간다는 드러난 뜻과 술수를 부리지 않고 원칙을 지키는 올바른 길을 간다는 숨은 뜻이 있다. 그러므로 신뢰받고 존경받는 사람이 되려면 작은 이익을 위해 약삭빠른 짓을 하지 않아야 한다. 옹졸하고 편협한 사람이 가면 넓고 큰길도 좁고 불편하지만, 공명정대한 사람이 가면 좁은 샛길도 더없이 넓고 편안할 수 있다.

살다 보면 어려운 난관에 부딪혀 길이 없는 것 같은 막막할 때도 있다. 그러나 '뜻이 있으면 길이 있다.'라고 했으니 꿈과 목표를 놓지 않아야 한다. 또 '책 속에 길이 있다'라고 했으니 읽어야 찾을 수 있다. 두드려야 문이 열리고, 열어야 길이 된다.

천생연분天生緣分, 천직天職, 천수天壽란 말은 다 하늘과 연관이 있다. 하늘이 주는 것에는 우리가 걸어가야 할 존엄한 길이 있다. 나만이 걸을 수 있는 길, 두 번 다시 걸을 수 없는 소중한 길이 있다. 오르막길일 수도 있고 때로는 내리막길도 있다. 평탄한 길도 있고 가시밭길도 있다. 밝은 길일 수도 있고 캄캄한 밤길일 수도 있다. 가다 보면 갈림길도 있다. 중단하거나 포기하고 싶을 때도 있다. 그러나 가지 않고 서 있어봐야 길은 조금도 열리지 않는다. 길은 걸어야 열린다. 마음을 다잡고 열심히 걸어야 한다. 끝까지 가야 한다. 우보만리牛步萬里'(우직한 소처럼 천천히 걸어서 만 리를 간다. 포기하지 않고 꾸준히 하면 목표하는 바를 이룰 수 있다.)라고 했다. 알프스산맥을 넘기 위해 나폴레옹은 지친 군사들에게 '고지가 바로 저긴데', '저 산등성만 넘으면 포도주와 미녀들이 기다리고 있다'라는 말로 격려를 했다. 그렇다. 힘을 내어 걸어야 한다.

세계 최초로 산악그랜드슬램을 달성한 박영석 대장은 "내 힘으로는 어쩔 수 없는 자연재해는 두렵지 않다. 20여 년간 산山 사람으로 살면서 내가 가장 두려워한 것은 내 자신이다. 몸 컨디션이 안 좋거나 자연재해를 걱정하면서 산행을 늦추거나 자신과 타협하는 순간 원정은 여지없이 실패했다. 멈추면 앉고 싶고, 앉으면 눕고 싶은 것이 사람의 심리다. 그렇게 자신과 타협하기 시작하면 한 걸음도 뗄 수 없다."라고 했다.

요즘 사람들의 최대 관심은 건강이다. 노년의 최대 행복도 단연코 건강이다. '움직이면 살고 누우면 죽는다'라는 말이 있다. 움직여야 한다. 운동을 해야 한다. 운동 중에 가장 보편적이고 대중적인 운동은 걷기운동이다. 가장 하기 쉽고 몸에 유익한 운동도 걷는 것이다.

길을 걷는 것은 위대한 행동이며 가슴 벅찬 일이다. 걸으면서 생각하고, 생각하며 걷자. 요즘은 걷는 것이 대세다. 너도, 나도 걷는다. 이른 새벽에도 늦은 밤에도 걷는다. 땀이 나도록 걷는다. 고급 차를 두고도 걷는다. 웬만한 사람은 만보를 걷는다. 그래서 만보기가 많이 팔린다고 한다. 만보기를 아예 손목에 차고 다니기도 한다.

예로부터 내려오는 말 중에 하루에 꼭 실천해야 할 다섯 가지를 일일(一日), 일선(一善), 십면(十面), 백서(百書), 천독(千讀), 만보(萬步)라고 표현했다. 하루에 한 가지씩은 착한 일을 하고, 적어도 열 사람을 만나 덕담을 나누고, 백자 이상 글자를 쓰고, 천자 이상의 글을 읽고, 하루에 만보를 걸어야 한다는 것이다. 이것이 건강하고 복된 삶을 살아가는 지름길이 될 수 있고 그래야 천수를 누릴 수 있다고 했다. 천수天壽란 백세百歲란 뜻도 있지만, 하나님이 정해놓은 수명을 자연스럽게 다 살고 죽는다는 것이다.

생사 수명 生死 壽命은 하나님께(하늘에) 달렸다.
그러나 우리에게 허락하신 천수의 비결이 있다면 그것은 노력이다. 천릿길도 한 걸음부터라 했다. 작은 것 한 가지라도 실천하는 것이 중요하다.

한 걸음 한 걸음 걷자. 날마다 길을 걷자,
오늘부터라도.
힘이 있을 때, 기회가 있을 때, 지금.
천천히 그리고 꾸준히.

앞이 캄캄하고 고난이 겹칠지라도
뚜벅 뚜벅 걸어가자.
마땅히 가야할 길, 나에게 주어진 길,
세상길뿐 아니라 인생길을-

샘

 어릴 때 고향인 시골 마을에서 물동이를 이고 다니는 여인들을 자주 보았다. 모두가 마을 복판에 있는 큰 공동우물을 이용했으나 우리 집엔 다행히 집 안에 샘(우물)이 있었다. 마당 어귀 장독간 앞에 있는 샘물을 먹고 자랐고, 맑은 샘물을 들여다보면 거울처럼 내 얼굴이 물속에 선명하게 비쳤다.

 마을에서 조금 떨어진 곳에 소를 먹이러 가거나 꼴을 베러 가던 '갈골'이라 부르는 작은 골짜기가 있었다. 골짜기 밑에는 작은 논밭도 조금 있었다. 골짜기 중간 쯤 언덕에 소나무 숲이 있고 그 밑에 큰 바위틈에서 솟아나는 옹달샘이 하나 숨겨져 있었다. 어릴 때부터 그 마을에 살았거나 그 산을 자주 가본 사람이 아니면 찾기가 힘든 샘이었다.

 옹달샘은 산골짝이나 산골의 길가에 있는 작고 오목한 샘을 이른다. 은빛처럼 맑은 물이 계속 솟아남으로 고인 웅덩이 물과는 달리 작지만 언제나 마르지 않는다. 특별히 인적이 드문 곳에 있기에 공해가 없는 청정의 샘이다. 고요하고 은은하고 맑고 깨끗한 옹달샘은 보기만 해도 탐스럽고, 맛도 좋고 예뻐서 참 신선해 보였다. 쉬지 않고 솟아나는 물은 옹달샘에 가득 고인 후 넘쳐서 작은 도랑을 이루며 졸졸 나직이 흘러 내렸다.

 나는 소를 먹이거나 풀을 베야 할 때면 으레 갈골로 갔다. 옹달샘을 보고 물도 마시고 노래도 부르고 놀고 쉬기도 했다. '깊은 산속 옹달샘'으로 시작되는 동요 가사에는 토끼가 새벽에, 노루는 달밤에 찾아와 물을 먹고 간다고 했다. 어릴 때부터 자주 찾아가 정이 들어 항상 그리워진다. 지금도 그 옹달샘을 생각하면 동심이 화닥닥 불붙는다.

산속의 옹달샘은 근원이 마르지 않고 언제나 솟아나는 복된 샘물이다. 그러나 아무리 맑아도 육신의 목을 추겨주는 세상의 물은 마시고 마셔도 또 목이 마른다. 이토록 좋은 무공해, 청정 옹달샘보다도 더 깨끗하고 맑은 샘물이 있다. 목마름을 영원히 해결해주는 영생하도록 솟아나는 생명수가 있다.

하나님께서는 "너희 모든 목마른 자들아 물로 나아오라"(사 55:1)라고 하셨고, 예수님은 사마리아 우물가에서 만난 여인에게 "내가 주는 물을 마시는 자는 영원히 목마르지 아니하리니 내가 주는 물은 그 속에서 영생하도록 솟아나는 샘물이 되리라"(요 4:14)라고 하셨다.

우리 인생들은 목마른 사슴과 같이 영혼의 목마름을 가지고 있다. 영혼의 갈증은 세상의 좋은 물을 아무리 마셔도 해갈이 안 된다. 주님이 주시는 영생하도록 솟아나는 영생수를 마셔야 한다. 이 생명수 샘물을 마신 자만이 다시 목마르지 않는다.

이스라엘 백성들이 출애굽하여 신광야 가데스에서 목이 말라 다투어 원망 불평을 할 때 모세가 지팡이로 반석을 두 번 쳐 물이 나오게 했다. 이 물을 므리바(다툼) 물이라 불렀다. 감사와 은혜의 물이 아닌 원망 불평의 물은 하나님의 진노를 받아 백성들에게도 유익하지 못했고 모세는 이 일로 인하여 가나안에 들어가지 못하게 되었다. (민 20:3-13, 시 95:8)

양은 푸른 풀밭, 쉴 만한 물가에서 목자의 인도와 보호를 받을 때 부족함이 없이 제일 행복하다. 양과 같이 연약하고 어리석은 우리 인생도 목자 되신 하나님의 생명의 말씀과 성령의 임재가 있을 때 어디서든지 평안과 기쁨을 누리며 행복한 삶을 살 수 있다.

고교시절 마산 제일여고에서 있었던 경남 학예경연회 백일장에서 고향마을을 생각하며 단숨에 쓴 시가 입상을 했었다.

<옹달샘>

누나의 가슴처럼 잔잔한
소녀의 동공처럼 마알간

바람아 휘몰아
후중거릴 것 같아도

밤이면 별들의 유혹을 무리치고
낮마다 구름의 황홀한 입김에

외로운 혼은 메아리가 되어
바위마다 겹겹이 이끼로 굳어져도

미친 듯 화닥닥 불붙는 동심이야
한 모금 들이켜 달래볼거나

암만 보아도
마음은 물속을 떠나지 않는

갈골
옹달샘

수필춘추 105호>

거울

거울은 우리 생활에 없어서는 안 될 소중한 발명품이다. 나는 잠자리에서 일어나면 불을 켜고 먼저 거울을 본다. 얼굴이 부스스하고 때로는 눈곱이 끼어 있다. 세수를 하고 헝클어진 머리를 빗고 옷을 갈아입는다. 그리고는 다시 거울을 보며 얼굴과 몸을 가다듬은 후에 기도로 하루를 시작한다. 만약 거울이 없다면 어떠할까? 자신의 모습을 제대로 볼 수 없으니 바른 몸가짐을 하기 어렵고, 따라서 다른 사람에게 단정하고 아름다운 모습을 보이지 못하여 실수하기 쉽다.

어느 집이나 관공서에도 잘 보이는 곳에 거울이 있다. 화장실은 물론, 지하철 역 등 곳곳에 거울이 있지만, 손거울을 갖고 다니는 사람도 있다. 우리 집 1층 현관에 있는 큰 거울은 이곳으로 이사 올 때 친구들이 선물한 것으로, 아래쪽에 '푸른 하늘 교실에서 젊음을 불태우던 삼총사'라는 글귀가 새겨져 있다. 현관에 들어설 때마다 거울에 비치는 내 모습과 글귀를 동시에 보게 된다. 젊음을 불태운다 했는데 희끗희끗한 머리에 검버섯이 여기 저기 피어있는 주름진 얼굴과 구부정한 허리를 보노라면 한눈에 세월의 흐름을 실감한다. 마치 청년과 노인이 만나는 기분이다.

78세에 <청춘>이란 시를 쓴 사무엘 울만은 "청춘이란 인생의 한 기간이 아니라 마음가짐이요. 씩씩하고 늠름한 의지력, 풍부한 상상력, 불타는 열정을 말한다. 나이를 먹었다고 사은 늙지 않는다. 이상을 잃었을 때 비로소 늙는다. 세월은 피부에 주름을 더하지만, 정열을 잃으면 마음이 주름진다."라고 했다. 그렇다. 세월은 흐르고 나이를 먹어도 열정과 이상은 잃지 말아야지. 몸은 비록 늙어도 마음의 주름은 없도록 해야겠다.

'수필춘추'에 등단할 때 심사위원으로 심사평을 해주신 한상렬 선생님의 수필집을 읽다가 <다작多作과 과작寡作>이라는 글에서 다음과 같은 글귀를 보았다. "습관처럼 거울을 본다. 낯선 사람의 얼굴이 보인다. 어디선가 보았음직한 낯익은 얼굴, 그러나 찬찬히 챙겨보니 생소하기 그지없다. 젊음은 어디로 가고 흰 머리 터럭이 주름진 얼굴과 합세하고 있다. 이게 아니지 싶다. 하지만 어찌하랴. 그게 세월인 것을."

거울을 볼 때의 느낌은 비슷한 것 같다. 거울을 통해 우리의 외면은 볼 수 있으나 내면은 볼 수 없다. 내 마음을 비춰 볼 수 있는 거울이 있다면 어떠할까? 어수선한 마음, 온갖 욕심으로 가득찬 마음, 거짓된 마음, 미워하는 마음 등, 마음이 환하게 보이면 기절할지 모른다. 다행히 마음을 육안으로는 보지 못하고 살아간다. 그러나 마음을 들여다 볼 수 있는 '마음의 거울'도 있다.

간디는 "얼굴은 마음의 거울이다. 그러므로 눈에 보이는 겉모습보다 내면에 우러나는 인생의 진실한 단면에 더 큰 의미와 가치가 있다. 모든 진리, 단지 진실한 생각뿐 아니라 진실한 얼굴, 그림이나 노래는 매우 아름답다."라고 했다. 거울이 있는 그대로를 보여주듯이, 마음의 거울인 자기 얼굴에 자기 마음이 그대로 드러난다.

링컨은 "나이 40이면 자기 얼굴에 책임을 져야한다."라고 했다. 유전적인 요인에 의해서 얼굴은 타고나지만, 살아온 흔적이 축적된 얼굴은 삶을 대하는 개인적인 태도에 절대적인 영향을 받는다. 얼굴 모습을 인위적으로 조작하는 성형, 외모지상주의가 판을 치는 현대사회지만, 세월의 풍화작용을 완전히 외면할 수는 없기 때문이다. 표정뿐만 아니라, 말과 행동을 통해서도 마음 상태를 알 수 있다.

우리는 보이는 것만 보는 게 아니라, 보이지 않는 것도 볼 수 있다. 눈에 보이는 것은 육안肉眼으로 보지만 눈으로 볼 수 없는 것은 심안心眼이나 영안靈眼으로 볼 수 있다. 심안이나 영안은 육안으로 보는 것보다 더 깊이, 더 멀리 볼 수 있다.

중국 역사상 가장 위대한 군주로 인정받는 당 태종은 경청의 능력이 탁월했다고 한다. 그는 신하들의 간언을 듣고 흔들림 없이 판단해 물 흐르듯 자연스럽게 선을 따랐다고 한다. 당 태종 주위엔 충성스러운 신하가 많이 있었는데 그중에도 위징은 바른말 잘하기로 유명했다고 한다. 그가 세상을 떠났을 때 당 태종은 "구리로 만든 거울을 보면 의관을 정제할 수 있고, 옛일을 거울로 삼으면 흥망성쇠를 알 수 있고, 사람을 거울로 삼으면 자신의 잘못을 알 수 있다. 나는 항상 이 세 가지 거울을 보며 자신을 다스렸는데 이제 위징이 죽었으니 거울 한 개를 잃었다"라고 했다.

부모는 자녀의 거울이고 스승은 제자의 거울이며, 어른은 아이의 거울이다. 그 반대로 아이가 어른의 거울이 될 수도 있다. 집안에 거울이 여러 개 있듯이 우리의 삶에는 수많은 거울이 있다. 사방에 거울이 있다. 날마다 일어나는 크고 작은 수많은 사건도 다 거울이 될 수 있다. 주위의 모든 사람도 다 나의 거울이 될 수 있다. 온 종일 이리저리 거울을 보며 자신의 모습을 보고 가다듬고 아름답고 진실하게 살아가야겠다. 나 역시 다른 사람에게 거울이 될 수 있으니 언제나 깨끗하고 맑게 닦아야겠다.

시인 윤동주는 <참회록>에서 "밤이면 밤마다 나의 거울을 손바닥으로 발바닥으로 닦아보자"라고 했다. 여기 '거울'은 자아성찰의 상징적 의미인 동시에 민족공동체와 역사에 대한 성찰이라 할 수 있다. 욕된 역사 앞에 선 지식인의 부끄러움과 과거의 참회를 뛰어넘는 실천적 삶에 대한 강한 의지가 나타나 있다. 녹이 낀 구리거울과 그 속에 비친 자신의 얼굴을 보고 느끼는 부끄러움은 아마도 그의 삶과 시를 지탱해 주는 원동력이 아니었을까.

탈무드에 보면 굴뚝 청소를 하고 나온 두 청년이 서로 상대방의 얼굴을 보며 '너 얼굴이 왜 그렇게 더러우냐'며 비웃고 있는 내용의 이야기가 있다. 자기 얼굴을 못 보았다고 해서 나는 깨끗하다고 생각하는 것은 잘못된 것이다. 진정 자기를 보기 원한다면 다른 사람을 통해서 자신을 비추어 볼 수 있어야 한다. 그와 같은 마음가짐이 바로 거울을 보는 마음이다.

거울은 어디까지나 그 목적이 자신을 보자는 데에 있다. 다른 사람이나 책이나 역사적 사건을 보면서 나를 보는 것이 거울이다. 하나님은 이스라엘 백성들에게 40년간의 긴 훈련과정을 만들어 가나안으로 인도하셨다. 이스라엘 백성들은 광야 노정에서 악을 즐겨 행했다. 어떤 사람들은 우상을 숭배하고, 어떤 사람들은 음행하다 하루에 이만 삼천 명이 죽고 또 어떤 사람들은 주를 시험하다가 뱀에게 멸망을 당했다. 그들에게 일어난 이런 일은 우리의 거울(본보기)이 되고 우리를 깨우치기 위하여 기록되었다고 했다. (고린도전서 10:1-11)

우리를 깨우치기 위해 기록해 주신, 이 성경말씀을 다시 한 번 거울로 삼아 그 속에서 언제나 내 모습, 내 믿음, 내 운명을 보며 더욱이 나를 사랑하시는 하나님을 볼 줄 알아야겠다.

마음

 열매를 보면 그 나무를 알 수 있고 말과 행동을 보면 그 사람을 알 수 있다. 성경에도 "선한 사람은 마음에 쌓은 선에서 선을 내고, 악한 자는 그 쌓은 악에서 악을 낸다."(눅 6:45)라는 말씀이 있다. 마음속에 있는 것이 밖으로 드러나는 법이다. 그러므로 사람은 마음속 생각대로 말과 행동을 하고, 그 말과 행동은 습관을 낳고, 습관은 그 사람의 인격을 만들고 운명을 결정짓는다.

 또 사람의 마음은 무엇이든 담을 수 있는 그릇과 같다. 병에 물을 담으면 물병, 꽃을 꽂으면 꽃병이 되듯 선하고 감사한 마음을 가지면 아름다운 인생이 되고 악하고 부패한 생각을 가지면 더러운 인생이 된다. 그러므로 마음이 바로 되어야 바른 삶을 살 수 있다. 인생 삶의 모든 것이 마음에서 비롯되기 때문이다.

 사람을 대할 때 외모는 다 볼 수가 있지만 내면은 볼 수가 없다. 그 사람과 오래 사귀면 그 사람을 어느 정도는 알 수 있다. 그러나 알 것 같아도 다 알 수 없고 언제 변할지 모르니 믿을 수 없는 것이 사람의 마음이다. 그래서 예부터 "사람의 마음은 조석으로 변한다." "열 길 물속은 알아도 한 길 사람 속은 알 수 없다."라고 했다. 성경에도 "만물보다 거짓되고 심히 부패한 것은 마음이라"(렘 17:9), "모든 지킬 만한 것 중에 더욱 네 마음을 지키라 생명의 근원이 이에서 남이니라"(잠 4:23)라고 했다.

시인 김동명은

"내 마음은 호수요 그대 노 저어 오오
내 마음은 촛불이요 그대 저 문을 닫아주오
내 마음은 나그네요 그대 피리를 불어주오
내 마음은 낙엽이요 잠간 그대의 뜰에 머무르게 하오"

라고 노래했다. 마음은 여러 가지 주체도 될 수 있고 다양하게 변화하며 작용할 수도 있다. 마음을 호수라 했는데 호수는 잔잔하지만 그 깊이를 알 수 없다. 또 시인 정지용과 고은은 호수를 '임을 향한 그리움'이라 했다. 겉으로 보기엔 있는 듯 없는 듯하나, 그 마음의 그리움은 깊이를 알 수 없는 호수와도 같기 때문이리라.

인기 가수의 노래 가사도 생각난다.

"마음이 고와야 여자지 얼굴만 예쁘다고 여자냐
한 번만 마음 주면 변치 않는 여자가 정말 여자지"

여기서 진정한 여자의 조건은 겉으로 예쁘고 아름다운 것보다 마음이 곱고 부드럽고 유순해야 하지만 그 중에서도 가장 중요한 것은 '변하지 않는 마음'이라고 했다.

신약성경에 나오는 고린도 교회는 교인들이 각종 은사를 많이 받았지만 여러 계파로 나뉘어 분쟁을 했다. 어느 집단이든지 역사가 오래되고 뛰어난 재능과 열심이 있어도 구성원들끼리 시기와 분쟁이 있으면 그 집단은 발전이 없고 불행하다. 공동체 안에서 서로 마음의 생각이 다르니 가끔씩 일어나는 갈등이야 어찌할 수 없지만 시기와 분쟁이 끊이지 않으면 결국은 무너진다. 그 주된 원인은 마음이 좁아서 그렇다.

　마음이 좁아지는 것은 분주 복잡한 세상에서 갖가지 생활고生活苦에 시달리다보니 마음에 여유가 없고 따라서 편협하고 인색하기 때문이다. 또 물질중심의 생활과 사랑이 메마른 인간관계속에서 이기적인 독선과 고집과 불목이 자라고 시기와 경쟁으로 심히 지쳐있기 때문이다. 거기다 지나친 욕심과 범죄로 마음들이 어두워지고 있다. 이렇게 마음이 좁아지고 어두워지면 판단이 흐려져 일을 그르치고 자기도 남도 불행하게 된다.

　사울왕은 다윗의 인기가 올라갈수록 마음이 점점 좁아지면서 악신에 사로잡히고 시기와 질투심에 마음이 어두워져 다윗을 죽이려고 군사를 거느리고 쫓아다녔다. 충성스런 신하요 사위인 그를 품지 못하고 칭찬을 하거나 상을 주기는커녕 시기하고 미워하여 죽이려고 하였다. 그러나 다윗은 오히려 마음을 넓혀서 사울을 죽일 수 있는 기회가 여러 번 있었으나 죽이지 않고 용서했다. 결국 마음이 좁아지고 어두워진 사울은 전쟁터에서 사로잡히자 자살해 죽었고 다윗은 왕이 되었다. 이와 같이 마음이 점점 좁아지는 자는 작아지고 망하고, 마음이 점점 넓어지는 자는 커지고 흥하는 것이다.

　어떤 사람이 대인大人인가? 키가 큰 사람, 주먹이 큰 사람인가? 부와 권력을 가진 사람인가? 남을 이해하고 용서하고 사랑하며 관용을 베풀어 포용할 줄 아는 사람 곧 마음이 넓은 사람이 대인이요, 좁은 마음, 인색한 마음, 옹졸한 마음으로 남을 비방하고 시기하는 사람은 소인小人이다. 또 강자한테 아부하고 약자를 괴롭히며 이간질 하는 사람은 소인배小人輩

다. 마음을 넓히면 사람이 커지고 세계가 넓어진다. 마음의 생각을 바꾸면 세계도 바꿀 수 있다. 그러므로 마음을 넓혀야 한다.

 마음을 넓히려면 어떻게 해야 할까? 성경에는 첫째로 예수님의 마음을 품으라고 했다. 사도 바울은 "너희 안에 이 마음을 품으라 곧 그리스도 예수의 마음이니"(빌 2:5)라고 했다. 예수님의 마음은 온유하고 겸손한 마음이다. 예수님은 하늘 보좌를 버리시고 사람의 몸으로 세상에 오셔서 자기를 비우시고 낮추시고 모든 사람의 죄를 대신하여 십자가에 죽으셨다. 그는 또 "아무 일이든지 다툼이나 허영으로 하지 말고 자기보다 남을 낫게 여기라"(빌 2:3)고 했다. 그러므로 이기심과 시기심과 교만을 버리고 온유하고 겸손한 마음을 가져야 한다. 둘째로 예수님의 사랑으로 용서해야 한다. 예수님은 당시 사람취급도 못 받는 세리와 창기도 용납하시고 심지어 자기를 십자가에 못 박아 죽이는 로마 군인이나 강도도 용서하셨다. 우리의 죄를 용서해주신 예수님의 사랑을 생각하면 용서 못할 사람이 없다. 셋째로 마음을 다스려야 한다. "자기의 마음을 다스리는 자는 성을 빼앗는 자보다 낫다"(잠 16:32)라고 했다.

 또 마음을 변하지 않게 하려면 첫째는 매사에 항상 삼가 조심을 해야 한다. 조심操心은 말이나 행동에 실수가 없도록 마음을 다잡아 신중을 기하는 것이다. 둘째는 심지心志가 견고해야 한다. 작심삼일作心三日이라는 말대로 사흘도 못갈 만큼 굳지 못한 것이 사람의 마음이다. 마음이 흔들리지 않도록 단단한 결심決心과 지조志操가 있어야 한다. 셋째는 마음을 넓히고 다스리는 훈련을 끊임없이 해야 한다. 훈련 없이 훌륭한 군사가 될 수 없다. 참 제자는 태어나는 것이 아니라 훈련을 통하여 만들어지는 것이다.

우리는 악한 세상에서 서로 속고 속이며, 언제 무슨 일이 일어날지 모르는 불안과 공포 속에서 살아가고 있다. 그러나 마음을 넓히고 바른 마음을 가지면 모든 것을 이해하고 용서하게 되어 시기와 분쟁이 없어지고 근심걱정이 다 물러가므로 마음의 평안을 누리게 된다. 또 마음을 넓혀 다른 사람을 포용하면 대인관계가 원만해지고 많은 사람을 얻게 된다. 뿐만 아니라 마음을 넓혀 세상 것에 얽매이지 않으니 어떠한 환경에서도 기쁘고 즐거운 삶을 누리게 된다. 더욱 귀한 것은 마음을 다스려 맑고 깨끗하고 아름다운 마음을 가지면 지혜롭고 총명하여 매사에 뛰어나고 만사가 형통하게 된다.

지난날 마음을 넓히지 못하여 저지른 잘못된 일들, 부끄러운 일들을 다 떨쳐버리고 이제는 넓은 마음으로 평안하고 아름답고 행복한 삶을 살아야겠다. 적어도 부모라면 자녀가 부족하거나 속 썩이는 일을 하더라도 품을 수 있어야 하고, 교사라면 어떻게 애를 먹이고 비뚤어진 일을 하는 제자라도 품을 수 있어야 하고, 어른이라면 아이들의 부족함과 잘못을 용서하고 품고 기다릴 수 있어야 하지 않겠는가.

우리가 서로 더불어 세상을 살아갈 때 원만한 인간관계를 유지하려면 다른 사람의 부족함을 품어주고 이해할 수 있어야 한다. 오늘 이 땅에 목자 없는 양같이 고민 갈등 속에 방황하는 수많은 영혼들, 무너진 가정과 무너진 교실에서 울고 있는 저 청소년들, 날이면 날마다 머리에 붉은 띠를 두르고 쇠파이프를 휘두르며 절규하는 저 노동자들, 그리고 가난과 고독과 질병에 허덕이고 있는 저 소외된 노인들을 품어줄 수 있는 넓은 가슴을 만들고 넓은 마음을 가져야겠다고 다짐해 본다.

금식

　학습이나 경험에 의하지 않고 세상에 태어나면서부터 이미 갖추고 있는 행동 양식이나 능력을 본능이라고 한다. 인간의 3대 본능은 식욕, 성욕, 수면욕이며 이 중에서도 식욕은 가장 강한 본능이라고 한다. 이 본능을 억제하는 것 곧 음식 섭취를 중단하고 굶는 행위를 일반적으로 단식斷食이라고 하며 다른 말로 금식禁食(일정한 계율을 지키기 위해서나 어떤 결심을 보이기 위해 얼마동안 음식을 먹지 않는 경우), 절식絶食, 벽곡辟穀(곡식은 피하고 과일이나 채소만 먹을 경우)이라고도 한다.
　사람들은 치료나 종교적인 이유 등으로 일정 기간 금식을 하는 경우가 있다. 금식은 사람의 가장 기본적 본능인 식욕을 자제하는 것이기 때문에 정신적 육체적 고통이 따르므로 결코 쉬운 것이 아니다. 그러나 몸에 질병이 있거나 또는 위급하고 중요한 일이 있을 때 정신을 집중하고 힘을 모으기 위해 금식을 한다. 때로는 어떤 특별한 문제 해결과 투쟁을 위한 결단의 표시로 금식을 하고 삭발을 하거나 머리에 띠를 두르기도 한다.
　기독교엔 새벽기도, 저녁기도, 철야기도, 산기도, 금식기도 등 기도의 종류가 다양한데 그 중에도 금식기도에 대한 말씀(가르침)이 많이 있다. 대표적으로 구약성경 이사야 58장 6절에 "내가 기뻐하는 금식은 흉악의 결박을 풀어 주며 멍에의 줄을 끌러 주며 압제 당하는 자를 자유하게 하며 모든 멍에를 꺾는 것이 아니겠느냐"(사 58:6)라고 말씀하셨다.

여기서 하나님이 기뻐하시는 금식은 단순히 음식만 단절하는 행위가 아니라 주린 자를 먹이고 벗은 자를 입히고 어려운 자를 돕는 등 적극적인 선행들로 나타나야 함을 강조한다. 다시 말하면 형식에 치우치거나 이기적 욕심에 치우친 금식은 하나님께서 기뻐하시지 않는다는 것이다.

신약성경 마태복음 6장 16-18절에는
"금식할 때에 너희는 외식하는 자들과 같이 슬픈 기색을 보이지 말라 그들은 금식하는 것을 사람에게 보이려고 얼굴을 흉하게 하느니라 내가 진실로 너희에게 이르노니 그들은 자기 상을 이미 받았느니라 너는 금식할 때에 머리에 기름을 바르고 얼굴을 씻으라 이는 금식하는 자로 사람에게 보이지 않고 오직 은밀한 중에 계신 네 아버지께 보이게 하려 함이라 은밀한 중에 보시는 네 아버지께서 갚으시리라"고 하셨다.

이 말씀에서 예수님은 사람에게 보이려고, 또는 드러내기 위해 얼굴을 흉하게 하고 슬픈 기색으로 하는 금식기도는 잘못된 외식기도라고 지적하시며 머리에 기름을 바르고 얼굴을 씻고 은밀한 중에 계시는 하나님 아버지께 기도하라고 가르치셨다.

성경에는 주로 어려운 일(나라와 생명의 위기 또는 환난과 핍박이 있을 때))이나 중대한 일(말씀을 받거나 선교사를 파송할 때)이 있을 때 힘 있는 기도를 하기 위해 금식기도를 한 예가 많이 나와 있다. 특수한 사례로 모세가 시내산에 올라가

십계를 받을 때, 또 예수님이 마귀의 시험을 이기기 위해 40일을 금식기도하셨다.

하나님은 "너는 내게 구하라 내가 응답하겠고 네가 알지 못하는 크고 은밀한 일을 네게 보이리라"(렘33:3)고 말씀하신대로 기도하면 응답해 주신다. 특히 금식기도는 본능을 제어하고 고통을 겪으면서 때로는 생명을 내놓고 간절히 하는 기도로서 영적 권능이 강해지고 마음과 몸이 평강해지고 빠르게 응답도 받는 효과가 있다.

아내는 금식기도의 명수다. 목회자들에게 새벽기도는 평생 필수적이지만 특별히 아내는 20여 년이 지나도록 저녁을 금식하며 기도해 왔다. 사모로서 교회와 가정을 위해 매일 밤 성전에서 기도하던 훈련이 쌓여서 습관이 되었다. 예수님도 습관을 좇아 새벽 미명에 한적한 곳에 가셔서 기도하셨고 안식일엔 습관을 좇아 회당에서 성경을 읽으시고 가르치셨다.

아내는 가난한 개척교회에 경제적으로 어려움이 있거나, 신앙문제로 핍박이 있거나 자녀문제, 건강문제 등 힘든 일들이 있을 때마다 하나님께 기도했다. 외롭고 슬플 때 힘들고 아플 때마다 지친 몸을 이끌고 그것도 식음을 전폐하고 하나님께 엎드려 눈물로 간구했다. 아내가 걸핏하면 금식기도와 철야기도를 하며 고생을 한 것은 어려운 청소년 교회를 운영하면서 청소년제자훈련원을 건축하고, 교회가 안정되고 자립할 때가 되면 또 새로운 교회를 계속 개척하였기 때문이다. 목회는 영혼을 구원하기 위해 기쁨으로 감당해야 할 귀한 사역이지만 개척교회의 사모들은 60%가 우울증에 걸릴 만큼 고난이 따른다.

나는 목사지만 금식기도를 잘 못한다. 금식은 정말 어렵다. 부끄럽지만 나는 식사시간만 조금 늦어도 배가 고파 짜증날 때도 많고 한 끼만 걸러도 참기가 어렵다. 저녁으로는 배가 고프면 잠이 오지 않아 군것질을 많이 한다.

그런데 아내는 허다한 날들을 저녁을 금식한다. 저녁 6시부터는 아예 아무 것도 먹지 않는다. 저녁금식은 긴 밤이 있기 때문에 아침이나 점심을 금식하는 것보다 어렵다. 다른 가족들을 위해 저녁식사를 챙겨주고도 자기는 아무렇지 않게 금식을 한다. 저녁식사를 하지 않는 아내 때문에 우리 가정에는 저녁식사 모임은 없다. 그렇게 20여 년을 저녁금식을 해오면서 금식기도에 단련이 되어 이제는 아예 저녁 식사를 안한다. 하면 몸에 이상이 생기므로 못한다. 하루 2식을 한다. 작은 체구에 깡마르고 가녀린 여인, 나이가 들어 흰 머리에 굽은 등을 보면 참 가엾고 불쌍하고 애석한 생각이 든다. 지난번에 미끄러져 허리와 어깨를 다쳐 깁스를 하고 잘 움직이지 못할 때 씻기거나 눕히고 일으키면서 등이나 어깨를 만져보면 그냥 앙상하게 뼈만 남아 너무 애처로워 혼자 울기도 하고 자책도 많이 했었다.

그러나 아내는 달랐다. 여리고 약하지만 믿음으로 무장이 되고 금식으로 단련이 되어 그런지 하나님의 능력을 덧입어 그런지는 모르지만, 강한 의지와 그 정신력은 무서울 정도로 굳세고 영이 맑아 지혜롭고 판단력이 예리하다. 눈빛이나 말 한 마디에도 그 위엄이 대단하다. 우리 가족들은 문제를 처리하는 아내의 처단에 꼼짝을 못한다. 왜냐하면 하나님의 말씀과 성령의 은혜로 사리를 분별하여 확실하게 해결하기 때문이다. 말과 기도로만 하는 것이 아니라 정성을 다해 온 몸으로 하기 때문이다.

아내는 매일 새벽기도와 Q.T를 빠뜨리지 않으며 독서를 많이 하는 편이다. 교회에서는 노인을 잘 섬기고 젊은 부인들을 잘 돌본다. 늘 뒤에 숨어서 조용히 말없이 자기 일에만 충실하다. 때문에 교회에서나 집안에서 어떤 사소한 것이라도 문제를 일으키는 적이 없었다. 오히려 내가 실수를 하거나 문제를 일으키면 뒤에서 다 수습을 해주는 해결사였다. 그와 함께 살아오면서 터득한 것은 '아내 말을 들으면 다 잘 되고 뒤탈이 없다'는 것이다.

집안 친척들이 어떤 문제가 생겨 상담을 해오면 성경말씀을 들려주고 함께 기도하면 된다고 하면서 자기는 금식으로 매달려 중보기도를 한다. 항상 기도하고 말씀을 묵상하며 성령으로 충만하여 영적으로 민감하고 지혜롭고 분별력이 탁월하다. 나는 이 모든 것이 하나님의 은혜라고 생각한다. 현숙한 여인을 만난 것도, 여러 개척교회에서 목회를 하면서 부딪친 수많은 위기에서 아내의 도움으로 일어선 것도 다 하나님의 은혜였다. 하나님의 은혜는 참으로 놀랍다. 나와 내 자녀들은 하나님의 은혜로 복을 많이 받아 복 받은 남편, 복 받은 자녀가 되었고 또 복 받은 가정이 되었다.

오늘도 다시 한 번 다짐하고 새기는 것은 배후에서 숨어서 작용한 두 손길을 언제나 잊지 않고 감사하는 일이다. 오늘이 있기까지는 눈에 보이지 않는 하나님의 손길과 눈에 보이는 아내의 손길이 있었다. 첫째는 내 힘으로 감당할 수 없는 일들을 크고 강한 하나님의 손길이 무섭게 역사하였고 둘째는 아내의 역할 곧 불철주야 피나는 헌신과 눈물겨운 기도와 깊은 영성에서 나오는 비판과 조언, 알뜰한 돌봄과 묵묵한 희생이 있었기 때문이다.

친구

"그가 어떤 사람인가를 알려면 그의 서재와 친구를 보라"는 말이 있다. 우리의 삶은 한계가 있어 모든 분야를 직접 다 체험할 수는 없다. 하지만 독서에 의한 간접 경험을 통해 다방면으로 수많은 것들을 배울 수 있다. 따라서 어떤 책을 읽고 어떤 지식을 습득하느냐에 따라 그의 인생과 삶이 달라질 수 있다. 또 어떤 친구를 만나고 사귀느냐에 따라 그의 삶이 많은 변화를 받을 수 있다. 그러므로 "책과 친구가 그 사람을 만든다." 해도 과언이 아니다.

어떤 책을 얼마나 많이 가지고 있으며 그 책을 얼마나 많이 읽었는가? 또 어떤 친구를 얼마나 사귀고 있으며 그와 얼마나 아름다운 관계를 맺고 있는가? 책도 친구도 수가 많다고 반드시 좋은 것은 아니다. 그러나 좋은 책, 좋은 글 하나가 인생을 변화시키고, 자기 일생에 진정한 친구 하나가 많은 재산보다 귀할 수가 있다. 그만큼 책과 친구는 그 사람의 생애에 중대한 영향을 미치는 귀중한 자산資産이다. 책은 읽을수록, 친구는 깊이 교제할수록 무한한 힘과 효력을 가져온다.

"친구를 갖는다는 것은 또 하나의 인생을 갖는 것이다."

지금은 '고령화 사회-100세 시대'를 맞아 재테크(財 tech)에 쏟는 시간과 노력의 몇 분의 일 만이라도 세상 끝까지 함께 할 친구를 만들고 인간관계의 폭을 넓히고 관리하는 일에 정성을 쏟아야 할 때다. 친구, 곧 사람을 사귀는 일에 관심을 두고 시간과 노력을 투자하는 "우테크(友 tech)야말로 행복의 공동체를 만드는 기술이요 행복하게 사는 전략"이라 할 수 있다.

　노인의 삶은 '상실의 삶'이라고 한다. 사람은 늙어가면서 건강, 돈, 일, 친구, 꿈 등을 잃게 되는데 그중에 건강이 가장 으뜸 과제다. 노인의 건강을 춘한노건春寒老健 곧 봄추위와 노인의 건강을 비교하여 별일 없는 존재라고 했다. 인간의 노화는 어떤 의학으로도 막을 길이 없다. 그러나 무기력하게 늙어가지 않고 아름답고 우아하게 잘 가꾸면 청춘보다 더 아름다운 황혼을 만들 수 있다.

　괴테는 노년의 친구에 대하여 다음과 같이 말했다.

　"노년의 가장 큰 적敵은 외로움과 소외감인데 이를 해소하는 데는 친구와의 만남이 제일 좋다. 만남은 기쁨이요 만날 수 있는 사람을 기다림은 행복이다"

　장수하는 사람의 공통점은 친구의 수에 비례한다고 한다. 인생의 희로애락을 함께 나눌 수 있는 친구들이 많고 친구들과 함께 보내는 시간이 많을수록 스트레스가 줄어 건강한 삶을 유지할 수 있다.
　나는 옛적 학창시절의 수많은 친구를 잃었다. 초등학교 때부터 대학교까지 회장이나 대표를 지내 많은 동기생에게 잘 알려졌지만, 결혼 후 아내의 전도를 받아 기독교 신앙생활을 하느라고 일요일(주일날)에 하는 동창회에 한 번도 참석지 못했고, 주경야독하며 목사가 되어 목회하느라고 너무 바빠 만나질 못하다 보니 "보지 않으면 멀어진다"는 말대로 하나 둘 점점 멀어져 이제는 연락도 안 된다.

다행히 교육대학에 다닐 때 신앙동아리에서 만난 친구 3총사는 지금까지 50여 년이 되도록 계속 만나며 밀접하게 교제를 하고 있다. 한 번도 다투거나 사이가 멀어진 적이 없다. 서로를 인정해주고 벽을 허물고 모든 것을 뛰어넘어 오랜 세월 속에서 진정한 친구가 되었다.

그러나 초임지서 만난 이후 47년째 가까이 지내고 있는 친구 하나는 한참 동안 멀어져 있다가 또 만나길 여러 번 하였다. 전도도 하고 결혼도 주선하고 처음엔 같은 교회에 다녔고 같은 학교 근무도 하였지만 모든 면에 라이벌 관계라 경쟁도 많이 했다. 그는 신앙과 지성과 교직에 정년퇴임한 경륜도 있지만, 교회를 많이 옮기고 술을 좋아하기에 교회 직분을 스스로 피했다. 오래된 친구지만 어딘지 모르게 늘 거리감이 있는 것은 술과 신앙문제도 있지만, 더 포용하지 못하고 낮아지지 못한 나 때문인 것 같아 마음이 안타깝다.

'무소유'의 철학과 가치관으로 유명한 법정 스님은 '좋은 친구'란 시에서 다음과 같이 말하고 있다.

"좋은 친구를 만나려면/
먼저 나 자신이 좋은 친구감이 되어야 한다/
왜냐하면 친구란/ 내 부름에 대한 응답이기 때문이다/
끼리끼리 어울린다는 말도 여기에 근거를 두고 있다."

또 한국의 석학 이어령 교수는 이런 고백을 하였다.

"남들은 나에게 성공한 삶을 살았다며 존경한다지만 실제로 나는 흉금을 나눌 수 있는 친구를 갖지 못했다. 또 친구라고 가깝게 하여 지내고 보니 그는 경쟁자였다. 진실한 친구가 없어 내 삶은 실패했다. 늙어갈수록 후회스럽기만 하다"

내게도 몹시 부끄러운 것이 있다. 동료 목사들끼리 주의 일을 한다면서도 예수님의 제자들처럼 시기와 경쟁이 심했었다. 그러나 밀접한 관계를 맺고 있는 장로님은 많이 있다. 존경하며 모시던 아버지 같은 장로님, 스승 같은 장로님, 많은 사랑을 받은 형님 같은 장로님, 친구 장로님, 그리고 나의 목회에 손발이 되어준 정말 고마운 장로님도 있다.

또 남강 교육상 1회 수상자로서 수상자동우회를 조직하여 간사 또는 회장으로서 30여 년간 회를 운영해오면서 교제를 해온 교육 동지들이 많이 있다. 한 해에 4명씩 늘어나 전국에 흩어져 있는 120여 명의 회원을 관리하며 해마다 행사를 주관하기는 쉽지 않았다. 이 일을 해 오면서 오랫동안 마음과 뜻이 맞는 분들과의 깊은 사귐은 참으로 소중했다. 덕망 높고 재능 있고 열성적인 교육 동지들을 만나 서로 존경하고 사랑하면서 나라의 미래를 세워나간다는 긍지와 보람에 세월 가는 줄도 몰랐다. 서로 힘을 모아 시온 동산에 남강 교육관을 건립하고 남강 기념관과 동우회관을 마련하였다. 참으로 즐거웠고 많은 것을 배웠으며 귀한 일을 할 수 있었다.

교사 20년과 목사 20년 공직에서 은퇴한 후 몇 개의 모임을 매월 한 번씩 계속하다 보니 매주 다양한 친구들을 만난다. 대학 시절에 만난 '3총사'(나는 은퇴 후 경산 와촌에서 시온 동산을 운영하고 두 친구는 경주와 군위에서 농장을 경영함)는 매월 한 번씩 돌아가면서 가정을 방문하고 서로가 하는 일들을 돌아보며 가꾸고 재배한 작물이나 꽃이나 화분 등을 주고받는다. 또 산행을 하거나 문화재 답사 또는 관광지 여행을 한다.

'4남회'는 남강 교육상 동우회 핵심멤버로서 나 외에는 다 교장을 지낸 장로님이다. 매월 전국에 흩어져 있는 회원들을 차례로 방문하면서 그곳의 명승지를 둘러보며 신앙과 교육에 관한 대화를 나누고 함께 기도한다.

와촌 지역 봉사단체인 '둥지회'는 생필품과 음식물을 준비하여 독거노인들을 돌아보고 보살피며 가끔 등산이나 체육행사를 통해 단합을 도모한다. 영천과 와촌 지역의 노인들 모임인 '사랑방'에선 취미활동과 강변 걷기를 하고 식사를 나누며 친목을 도모한다.

'3총사'는 50년 지기 친구로서 혼연일체가 되었고 '4남회'는 다 기독교 신자들이라 활동이 자연스러우나 '둥지회'와 '사랑방'에는 대부분 불신자나 종교가 다른 사람들이라 신경이 많이 쓰인다. 천주교 신자와 스님도 있다. '둥지회'는 10명의 회원 외에 수혜 대상자인 독거노인 20명, 후원회원 30여 명, 모두 합해 60여 명을 관리해야 하고, 찾아보고 면담하고 보살피는 봉사활동을 해야 한다. 그 때문에 보다 효율적인 운영을 위해 목사로서의 전문적인 경험과 회장을 지낸 최고 연장자로서 이 모임과 활동에 열정을 쏟지 않을 수가 없다. 또 '사랑방'에는 농사나 각종 사업을 하는 등 별별 사람이 다 모인다.

아내는 목사가 세상적인 모임에 자주 나간다고 우려를 하나 그냥 놀기만 하는 것이 아니라 서로 친구가 되어주고 무엇인가 베풀고 나누는 일이 그렇게 쉬운 것은 아니다. 사실상 이들은 다 함께 일하는 동역자요 목사로서 내가 사랑하고 섬겨야 하는 나의 양떼들이라고 생각한다.

요즘 나는 기도하고, 책보고, 글 쓰고, 동산 가꾸고, 친구들 만나는 일로 매우 바쁘다. 친구 중에는 서로 먼저 밥을 사려는 '밥사'들이 많다. 철 따라 각종 먹거리도 나눠주고 내가 힘들 때 동산의 일도 가끔 도와준다. '진정한 친구 한 사람이 있다면 그 사람은 성공적인 삶을 산 사람이요 행복한 사람'이라고도 하는데 나는 노년에 전원에 살면서 여러 친구를 통하여 보람과 행복을 느낀다. 그리고 나름대로 좋은 친구들을 많이 가졌다고 감히 장담을 해본다.

성경에는 창조주 하나님과 친구가 되어 사신 분이 있다. 믿음의 조상 아브라함은 하나님의 벗이라 칭함을 받았고(약 2:23), 이스라엘 민족의 지도자 모세는 사람이 친구와 이야기함같이 하나님과 대면하여 말씀을 나누었으니(출 33:11) 얼마나 귀하고 복된가.

예수님은 사랑에 대하여 이렇게 말씀하셨다.

"내가 너희를 사랑한 것같이 너희도 서로 사랑하라.
사람이 친구를 위하여 목숨을 버리면 이보다
더 큰 사랑이 없나니"(요 15:12-13)

나는 내가 사랑하고 섬겨야 할 내 주변의 이웃들, 소자 하나에게도 목숨을 바치긴커녕 무엇 하나도 제대로 해준 것이 없어 부끄럽기 짝이 없다. 그런데 예수님은 이 못난 죄인을 위해 목숨을 버리시기까지 사랑을 베푸셨으니 나의 구원의 주시오, 참 친구이시며, 날마다 나를 푸른 초장 쉴 만한 물가로 인도해주시는 나의 목자시다. 세상 친구도 귀하지만 임마누엘 예수님이 이토록 좋은 친구, 변함없는 친구, 영원한 친구가 되어주신 것이 내 생애의 가장 큰 은혜요 축복이며 행복이다.

아름다운 만남

인생은 만남으로 시작된다. 만남이 이루어지면 관계가 형성되고 그 관계 속에서 상호작용을 하면서 살아간다.

만남에는 운명적 만남과 선택적 만남이 있다. 부모 형제와의 만남은 선천적 운명적 만남이며, 배우자나 친구와의 만남은 후천적 선택적 만남으로 우리 스스로가 선택할 수 있는 만남이다. 또 상담학에선 만남이 지속적으로 유지되지 않는 우연적 일시적인 만남을 '스쳐가는 만남'이라 하고, 한 번 만난 이후 반복적 지속적으로 교제가 이루어지는 만남을 '참 만남'이라고 한다.

정재봉은 에세이 <만남>에서 여러 가지 만남을 소개하면서 만남을 통해 삶의 의미와 인간관계의 소중함을 이야기하고 있다. 그는 가장 잘못된 만남은 생선 같은 만남이라고 하였다. 이러한 만남은 만날수록 비린내가 묻어나기 때문이라고 했다. 가장 조심해야 할 만남은 꽃송이 같은 만남으로 피어있을 때에는 환호하지만, 시들게 되면 버리기 때문이라고 했고, 가장 시간이 아까운 만남은 지우개 같은 만남으로 금방의 만남이 순식간에 지워져 버리기 때문이라고 했다. 만남 중에 가장 아름다운 만남은 손수건과 같은 만남이라고 하였다. 힘이 들 때는 땀을 닦아주고, 슬플 때는 눈물을 닦아주기 때문이다.

만남이 인생의 행복과 불행을 결정한다. 우리 인생에 있어서 제일 중요한 축복은 만남의 축복이다. 그러나 모든 만남이 행복을 주는 아름다운 만남이 되지는 않는다. 역사적으로나 주변을 살펴보면 아름다운 만남을 통해 성공적인 삶을 산 사람들이 있는가 하면 서로 만남으로 인해 불행해진 사람들도 있다. 갈릴리 바닷가에서 고기를 잡던 베드로는 예수님을 만나 사람 낚는 어부가 되었고, 사마리아 수가성의 실의에 빠진 한 여인은 우물가에서 예수님을 만남으로 물동이를 버려두고 예수님을 증거하는 사람으로 변화되었으며, 혼혈인이며 병약하고 소심한 디모데는 바울을 만남으로 훌륭한 목회자가 되었다.

스승이나 배우자나 친구 등 사람 하나를 잘 만나도 인생이 바뀌는데 길과 진리가 되시는 예수님을 만나면 어떻게 되겠는가? 만남 중에서 최고 귀한 만남은 단연코 구원의 주가 되시는 예수님을 만나는 것이다. 우리의 육은 부모로부터 태어나지만 예수님을 만나면 영이 살아난다. 이 영적 탄생을 거듭남(중생重生)이라고 한다. 중생된 사람은 가치관이 변하여 삶의 목적과 방향, 살아가는 방법과 자세까지 모든 것이 바뀌게 된다. 그러므로 예수님과의 만남은 인생 삶의 전환점이 된다.

아름답고 귀한 만남에는 공통점이 있다.

첫째는 서로를 세워주는 만남이다. 사람은 불완전한 존재이므로 누구나 단점이 있다. 좋은 만남은 단점보다 장점을 보고 서로 돕고 격려하며 인격을 존중하고 세워준다. 예수님은 허물 많고 변덕스런 베드로를 용서해 주시고 넘어질 때마다 번번이 붙들어 주시고 세워주셨다.

둘째는 창조적 만남이다. 상대방에게 상처를 주고 열등감에 빠지게 하는 등 좋지 못한 영향을 주면 이는 파괴적인 만남이 되어버린다. 그러나 꿈과 희망을 심어주고 창조적 비전을 제시해주며 새로운 힘과 용기를 북돋워주는 만남은 만날수록 발전적이며 행복해진다. 고기만 생각하며 세상에만 관심이 있던 베드로는 예수님을 만남으로 물질중심에서 사람중심으로, 세상중심에서 천국중심으로 삶의 관심과 초점이 바뀌었다. 눈이 열리고 가치관이 바뀌니 인생이 바뀌었다.

셋째는 끝이 아름다운 만남이다. 때로는 어려움과 갈등이 있어도 진정 축복된 만남은 지속적이며 끝이 아름다워야 한다. 사람은 오늘만 보아서는 모른다. 세월이 흘러봐야 안다. 겪어보고 사귀어봐야 알 수 있다. 베드로는 죽을지언정 주님을 떠나지 않겠다고 장담해놓고 세 번이나 부인했고, 주님이 십자가에 못 박혀 죽자 결국 떠나갔다. 그러나 예수님은 변질되어 떠나간 베드로를 버리지 않고 찾아가셔서 용서해 주시고 끝까지 붙들어 주셨다. 이에 베드로도 주님의 그 사랑을 깨닫고 마지막엔 주님의 사랑에 감격하여 회개하며 십자가에 거꾸로 매달려 죽으므로 수제자로서의 아름다운 자취를 남겼다.

최고의 전도자 사도 바울이 복음사역을 할 때 많은 동역자들이 있었다. 그러나 데마는 가치관이 변질되어 삶의 목적과 방향이 바뀌었다. 주와 복음보다 세상을 더 사랑하여 떠나버렸고, 마가는 고난과 시련을 견디지 못하여 중도에서 돌아가 버렸다. 그러나 누가는 처음과 끝이 한결같았다. 초지일관, 시종여일한 아름다운 삶을 살았다. 귀한 의사의 직업도 버리고 그보다 더 가치 있고 귀한 영혼구원을 위해 바울과 함께하며 그를 돕고 치료하고 선교일지도 기록하며 끝까지 고달픈 전도자의 길을 걸어갔다. 풍랑이 그칠 새 없는 바다와 같은 세상을 살면서 누가는 세월이 가고 환경이 바뀌어도 변함없는 백향목같은 인생을 살았다.

"누가만 나와 함께 있느니라"(딤후 4:11) 이 얼마나 가슴 찡한 노老 사도의 고백인가? 모든 것을 다 내어놓고 주님만을 위해 달음질하던 바울 곁에 있는 그가 얼마나 장하고 귀한가? 한 번 만난 사람과 끝까지 함께하는 이러한 만남이야 말로 진정 빛나고 아름다운 만남이요 소중하고 값진 만남이라 할 수 있을 것이다.

(3)

아버지 냄새

가족사랑
아버지 냄새
행복의 조건
비는 누구에게나 내린다
그렇게 하지 아니하실지라도
니가노 없이는 가가와도 없다
금혼식
팔불출

<수필춘추 97호>

가족사랑

　가족은 혼인과 혈연에 의하여 맺어지는 유기적 공동체다. 오늘도 내가 살아가는 이유는 내가 지켜야 하고 또 나를 지켜주는 가족이 있기 때문이다. 요즘같이 코로나 대유행으로 힘든 현실에서도 살아갈 힘을 얻고 행복을 느끼는 것은 사랑하는 가족이 있기 때문이다.

　어머니는 6·25 피란 중에 나를 낳으셨다. 산후 조리를 못하셔서 늘 병으로 앓으셨다. 그래서 나는 할머니 품에서 자랐으며, 어머니의 사랑과 정을 별로 느끼지 못했다. 내가 대학을 졸업하고 직장생활을 시작하자 어머니는 돌아가셨다. 효도는커녕 살아계실 때 제대로 가까이하지도 못했다. 시간은 기다려주지 않았다.

　어머니가 떠나신 후, 농촌에 사시던 아버지를 대구로 모시고 와서 함께 살았다. 3년 정도 지났을 무렵이었다. 어느 날부터 아버지는 식사를 잘 못하시고 점점 여위어가셨다. 병원에서 위암말기라고 했다. 하늘이 무너지는 것 같았다. 수술을 시도 했으나 암이 온몸에 퍼져 그대로 닫게 되었다. 결국 열흘 만에 돌아가셨다. 우리 가족은 아버지가 돌아가실 때까지 찬송과 기도를 하며 위로할 뿐 아무 것도 할 수 없었다. 나는 곁에서 함께 자며 사랑을 나누었다. 아버지를 계속 부르고 힘없는 손을 잡고 주물러 드렸다. 아버지 얼굴에 내 얼굴을 대고 한탄의 눈물을 하염없이 흘리며 하루에도 몇 번씩 껴안았다. 어릴 때부터 그토록 싫어하던 술주정 모습도 떠오르지 않았다. 술 냄새, 흙냄새, 마늘 냄새도 나지 않았다.

왜 더 일찍 안아드리지 못했는가, 고달픈 어깨와 다리를 자주 주물러 드리지 못했는가, 내 생명의 근원인 아버지 어머니! 그 무거운 이름과 고귀한 사랑을 미처 깨닫지 못했다. 부끄럽고 죄송한 마음으로 용서를 빌 뿐이다. 그러면서 믿음직한 삼남매와 여섯 손들이 있음에 위안을 삼는다. 내 자녀들은 아버지 어머니란 이름을 알고, 그 사랑을 깨닫기를 바라니 못나고 한심하다.

우리 한국인에게 가족이란 식구(食口) 곧 한집에서 한솥밥을 먹는 식사공동체였다. 한집에 살아도 한상(床)에서 밥을 먹지 않거나 식사할 기회가 없다면 핏줄이기는 해도 식구랄 수는 없다. 오늘날 가정에서 온 식구가 같이 식사하는 경우가 얼마나 있는지. 최근 한국 가정의 위기는 가족 간에 식사를 같이 하지 않는 풍조가 늘고 있기 때문은 아닌지. 식구가 얼굴을 맞대고 대화하는 유일한 기회가 밥상머리뿐인데 식사를 같이 하지 않으니 대화가 없고 밥상머리 교육이 사라지고 있다. 시대가 변해도 식구들과 지지고 볶으며 한 식탁에서 음식을 나누며 대화하는 것이 진정한 식구이며, 진정한 삶의 행복이 아닌가 생각해 본다. 가정은 가족을 위해 예비된 생명과 영혼의 터전이며 휴식처다. 가족은 함께 먹고 대화를 나누며 서로 아끼고 사랑해야 한다. 이러한 행복을 누리는 곳이 가정이다.

노벨 평화상을 수상한 테레사 수녀는 "어떻게 하면 세계에 평화가 오겠습니까?"하는 신문기자의 질문에 "가정으로 가서 가족을 사랑하십시오"라고 한마디로 대답했다. 세계평화는 가족들이 서로 사랑하며 살아가는 평화로운 가정에서 시작되기 때문이다.

그동안 살아오면서 잘한 것이 하나 있다면, 10년 전부터 해마다 '가족캠프'를 해온 것이다. 수련장이나 콘도, 야외 천막에서 온 가족이 함께 숙박하면서 음식을 손수 만들어 먹는다. 장끼자랑을 통해 끼를 발산하고, 악기와 율동으로 찬양도 하고 함께 물놀이도 한다. 다양한 놀이와 체험을 통해 마음껏 웃고 즐기다보면 기쁨과 감격의 눈물이 어린다. 이러한 추억을 심어주며 행복을 맛보는 가족캠프야말로 진정한 가족 사랑을 느끼고 실천하는 좋은 기회가 된다.

또 하나 빼놓을 수 없는 우리만의 가족 사랑의 상징이 있다. 40여 년 살아온 대구 근교 팔공산 자락에 '시온동산'이라는 가족동산을 마련하였다. 13년 전에 우리 부부가 이곳에 새 둥지를 틀고 황무지를 갈아엎으며 아름답게 가꾸어왔다. 휴일이나 주말이면 자녀 손들이 올라와 과수와 텃밭을 가꾸고 함께 음식을 해먹으며 휴식을 즐긴다. 이제는 그야말로 푸른 초장 쉴만한 물가와 같은 심신의 휴양과 영적 충전의 훌륭한 공간이 되었다.

오늘은 가족들을 생각하며 하루를 보냈다. 벽에 걸린 가족사진을 보며 하나하나 불러보고 마음속으로 안아본다. 우리가 한번뿐인 세상을 살아가면서 삶의 가치를 어디에 두어야 할까? 가장 소중한 것은 가족 사랑이 아닐까?

삶의 행복은 가까이에 있다. 따뜻한 가슴과 부드러운 언어와 밝은 미소로 가족을 바라볼 때 건강한 에너지를 얻게 된다.

내가 슬플 때 기대어 울 수 있는 어깨
내가 아플 때 밤새도록 머리맡을 지키는 손길
내가 지쳤을 때 목청껏 응원가를 불러주는 사람
바로 가족이다.

70평생을 살아오면서 내가 절실히 깨달은 것은 가족을 칭찬할 날도 그리 많지 않다. 가족을 안아주는 것도 그리 쉽지 않다. 가까이 있을 때, 오늘, 지금 가족을 사랑하는 일이다.

아버지 냄새

　모든 사물은 고유의 냄새를 지니고 있다. 사람도 그 사람만이 지니고 있는 독특한 냄새가 있다. 냄새 중에는 좋은 것도 있고 나쁜 것도 있다. 흔히 좋은 냄새를 향기香氣라 부른다. 성경에도 그리스도의 향기와 냄새에 대한 말씀이 있다.(고후 2:14-16)
　냄새란 말은 어딘가 격이 낮고 세속적이며 범상한 것 같고, 향기는 고상하고 고귀한 기운을 주는 것 같다. 냄새는 우리말이고 향기는 한자말인 언어적 차이에서 오는 선입견일 수도 있다. 향기가 정신적 가치를 향유하는 계층의 언어라면 냄새는 몸으로 세상을 살아가는 사람들끼리 나누는 말로 여겨진다. 사람 냄새는 얼굴에서가 아니라 온 몸에서 흘러나오는 것이므로 코라는 감각 기관만으로 맡는 것이 아니라 온몸으로 받아들여야 제대로 느낄 수 있다. 그래서 '사람 향기'라는 단어보다 '사람 냄새'라는 말을 즐겨 쓰는가 보다.
　내 아버지는 농부셨다. 농부셨던 아버지에게선 항상 흙냄새, 마늘 냄새가 났다. 그리고 술을 좋아하셨기에 술 냄새도 풍기셨다. 또 아버지가 한자와 함께 섞어 쓰신 **삐뚤삐뚤**하고 맞춤법이 틀린 글자 속에서도 아버지 냄새가 났다. 아버지가 입으신 옷차림에서도, 심지어 성경을 들고 교회에 가시는 뒷모습에서도 농부 냄새가 났다. 고리타분하고 잡다한 냄새가 아니라 내겐 은은하고 순수하며 신선한 냄새였다. 농촌에서 태어나 농촌에서 평생을 흙속에, 바람 속에 사신 아버지는 어느 면을 보더라도 진정한 농부셨다. 어머니가 돌아가신 후 대구로 모시고 와서 농부의 일을 하지 않으실 때도 여전히 농부의 티를 벗어나지 못하셨다. 그래도 내 아버지의 생애는 시시콜콜하고 하찮은 삶이 아니라 아름답고 영롱한 추억과 감동이 서려있다.

아버지를 모시고 한집에서 살기 시작했으나 식사를 잘 못하시고 자꾸만 여위어 가셔서 어느 날 병원엘 모시고 갔더니 위암 말기라고 하셨다. 수술을 하였으나 암세포가 온 몸에 전위되어 그대로 봉합을 하고 사흘 후 퇴원을 하여 열흘 만에 돌아가셨다. 부모불효사후회父母不孝死後悔라더니 너무나 큰 불효의 죄를 지어 해가 갈수록 회한이 깊어졌다. 돌아가시기 전 며칠 밤을 곁에 자면서 팔다리를 주물러 드리고 아버지 얼굴에 내 얼굴을 갖다 대고 비비기도 하며 안타까워 눈물을 흘렸지만 아무 소용이 없었다. 때는 이미 늦었다. 찬송가를 불러 드리고 기도하는 것 외엔 해 드릴 수 있는 것이 없었다.

벌써 하늘나라 가신지 반백년이 다 되어가지만 아버지의 냄새는 그대로 남아있다. 온몸으로 느껴온 아버지 냄새가 지금도 여기저기서 풍겨온다. 독특한 그 흙냄새 마늘 냄새는 아직까지도 여전히 칠순을 넘긴 나를 지탱해주는 힘이 되고 있다. 임종을 하실 때 찬송가를 들으시며 조용히 눈을 감으시던 아버지의 거무스름한 얼굴엔 광채가 흘러 밝고 평안해 보였다. 분명히 천사의 인도를 받아 먼저 천국으로 가신다는 그때 받은 확신과 위안을 지금도 누리고 있다.

어머니는 6·25 때 나를 낳고 산후 조리를 못하셔서 온갖 병으로 시달리다 병으로 돌아가셨다. 나는 시집안간 두 고모와 두 누나 곧 딸뿐인 집에 귀한 아들로 태어나 온 가족들의 끔찍한 사랑을 받았다. 어릴 때 할머니 품에서 자랐고 일찍 외지에 나와 학교를 다니느라고 어머니와 가까이 지낸 정이 별로 없어 아쉽게도 어머니 냄새는 기억이 나지 않는다. 다만 내가 열이 나고 감기가 걸렸을 때 이마를 짚으며 얼굴을 쓰다듬어 주신 손의 온기와 그때 모습만 아련히 남아있다.

특별히 아버지는 저녁식사를 마치면 나를 업고 동네를 한 바퀴 돌면서 천자문을 가르쳐 주셔서 아주 어릴 때부터 줄줄 외웠다. 6학년 때 밤늦게까지 놀다가 건넛마을 친구 집에서 자고 새벽에 들어왔을 때 소죽을 끓이시던 아버지가 부지깽이를 들고 뒤쫓으시며 야단을 치셨다. 아버지는 흉내만 내셨지 한 대도 때리지 않으셨다. 아버지 동작과 눈빛만 봐도 나를 얼마나 사랑하시는지 알 수 있었다. 돌아가시기 직전에 그 눈을 한 번 뜨시고 마주친 후에 영원히 감으셨다. 아버지의 그 눈빛, 그 음성, 그 냄새, 그 사랑을 잊을 수 없다. 잊으려 하면 더 생생히 떠오른다.

내 아버지가 농부셨고, 농부 냄새가 나는 것을 단 한 번도 부끄러워하거나 탓해본 적이 없었다. 교육대학을 나와 초등학교 교사 생활을 하면서 주경야독으로 간신히 영남대 법학과 (야간부)를 졸업하게 되었다. 졸업식에 경남 거창군 덕유산 밑 시골에 사시는 아버지를 초대했었다. 겨울비가 많이 내려 몹시 추운 날이었다. 아내가 아버지를 모시고 대구 시내에서 멀리 떨어진 경산 캠퍼스까지 시내버스를 타고 참석했다. 아들의 졸업식을 보기위하여 두루마기가 다 젖은 채 부들 부들 떨고 계시던 시골 농부의 모습은 초라하기 그지없었다.

우리 부부는 장하신 아버지께 존경과 감사의 표시로 졸업 가운을 입히고 학사모를 씌워 드렸다. 가난한 농부로서 자식들을 위해 최선을 다하시는 아버지가 너무 고맙고 위대하여 힘껏 안아도 보고 업어드리기도 했다. 그날따라 아버지의 젖은 옷자락에서 유별나게 진한 냄새가 풍겼다. 왈칵 솟구치는 눈물을 훔치며 돌아서는데 아내의 눈에도 그렁그렁 눈물이 고여 있었다.

아버지의 유품 2가지가 있다. 하나는 참봉을 지내시고 약국을 하셨던 할아버지의 후광을 입어 양원제 때 면의원에 당선되었던 의원수첩과 또 하나는 일기장이다. 일기장은 날짜를 적으신 후 성경 어디서부터 어디까지 몇 장을 읽으셨다는 것과 오늘은 어느 곳에서 전도지를 몇 장 돌리며 전도했다는 내용이 차곡차곡 적혀 있다.

술을 좋아하시는 아버지가 예수님을 믿고 교회에 나가신다는 것은 해가 서쪽에서 뜨는 것보다 어려운 일이었다. 하지만 '시아버지 사랑, 며느리 사랑'이란 말이 있듯이 어린 나이에 복음을 가지고 시집을 와서 고생한 며느리에 대한 사랑과 배려 때문이 아니었을까? 아내의 간절한 기도가 하나님께 상달이 되고 그 정성과 간청을 아버지가 받아들이셔서 그 일이 기적같이 이루어 졌고, 우상을 섬기던 집이 믿음의 집으로 바뀌었다. 나중에 믿음이 자라고 교회에 열심히 다니시면서 아버지는 은근히 내가 목사가 되기를 권하셨다. 오랜 후에 아버지의 소망대로 아들인 나와 막내 사위가 목사가 되어 목회를 하게 되었다.

소금은 녹아야 짠맛을 내고 촛불은 타야 빛을 발한다. 향유 옥합도 깨뜨려야 향기를 풍긴다. 십자가에서 온 인류의 죄를 대속해 주시기 위해 모든 것을 다 쏟으시고 죽으신 주님의 사랑은 수천 년이 지나도 온 세상에 향기를 날리고 있다. 향기는 보이지 않아도 감출 수는 없다. 링컨 대통령은 흑인 노예들을 위해 모든 노력을 다 기울였다. 그는 갔어도 그의 향기와 영향력은 아직도 살아 숨 쉬고 있다. 그 한 사람으로 인하여 얼마나 많은 영혼들이 자유와 해방의 기쁨을 누리는지 모른다.

신약 성경 고린도 후서는 사도 바울이 고린도교회에 보낸 편지문이다. 당시 고린도교회는 받은 은사를 자랑하며 서로 분쟁하므로 사분오열되어 있었고 극심한 우상숭배에 쌓여 있었다. 도덕적, 신앙적으로 악취가 풍겼다. 사도 바울은 이 편지문을 통하여 고린도교회 성도들이 그리스도의 향기와 편지가 되기를 권면했다.

한 알의 밀이 땅에 떨어져 썩어 없어지므로 많은 열매를 맺는다. 평생을 흙속에 바람 속에 사시면서 자식들을 위해 모든 것을 다 쏟으신 아버지 어머니의 한결같은 그 희생과 사랑으로 오늘 우리 자녀들과 후손들이 행복하게 살고 있다.

진실한 농부이자 순수한 성도였던 아버지의 사랑하는 외아들, 나는 과연 어떤 사람일까? 내게선 어떤 향기와 냄새가 풍기고, 어떤 사람으로 읽혀지고 있을까? 농부이신 아버지가 온 몸에서 풍겨낸 그런 진한 냄새, 오래도록 변하지 않는 냄새가 내게도 있을까?

아버지와 어머니를 통해 육신이 태어났고, 예수님의 대속의 은혜로 중생(거듭남 : 영적 탄생)되었다. 오늘도 예수님과 아버지를 생각하며 자신을 돌아본다. 나는 누구이며, 어떻게 살고 있는가?

레바논의 청청한 백향목이 아니더라도 샤넬 5번처럼 진한 향수는 못되어도, 눈에 보이진 않지만 온몸으로 느낄 수 있는 바람처럼, 예수님의 사랑의 향기와 그리스도로 사는 냄새가 나의 삶에도 가득하기를 소망한다.

행복의 조건

　인간의 공통된 소망은 성공과 행복이다.
　성공成功이 무엇인가? 국어사전에서는 '훌륭한 뜻을 이루는 것'이라고 한다. 그럼 훌륭한 뜻은 어떤 것이며 또 그 뜻은 누구의 뜻인가? 사람마다 추구하는 목표와 품은 뜻이 다르기 때문에 자기의 뜻을 이루었다해도 그것이 다른 사람이나 사람을 지으신 창조주 하나님의 뜻에 배치될 수도 있고, 함께 살아가는 인류사회에 유익이 되지 않을 수 도 있다. 그러므로 참된 성공은 사람을 지으신 창조주 하나님이 기뻐하시는 뜻 곧 '하나님이 자기에게 주신 비전을 성취하는 것'이라고 할 수 있다. 다시 말하면 먼저 자기가 올바른 사람이 되어 올바른 일을 하므로 하나님께 영광을 돌리고 인류사회에 이바지하는 삶을 살 때 참된 인생 성공이 되는 것이다.

　그럼 행복幸福이란 무엇인가? 국어사전에서는 '복된 운수', '마음에 차지 않거나 모자라는 것이 없이 기쁘고 넉넉하고 푸근한 상태', 또 '생활에서 충분한 만족과 기쁨을 느끼어 흐뭇한 상태'라고 한다. 그러나 부와 권력과 명예와 건강 등 시간이 지남에 따라 변하는 세상적인 것과 그 소유의 양으로 행복을 누릴 수는 없다. 행복에 대한 연구를 하고 실제로 찾아 누리려고 애쓴 사람들은 '자기 꿈을 실현하고 현재보다 더 나은 삶을 추구하기 위해 노력하는 가운데서 얻는 보람과 만족'을 행복이라고 한다. 따라서 꼭 크고 위대한 일이 아니더라도 자기의 삶에 변화와 발전이 일어나므로 보람과 만족을 느낀다면 이것이 진정한 행복이 아닐까.

인류의 역사는 행복 추구의 발자취라고 말할 수 있다. 그 행복을 잡기 위해 때로는 인류 최대의 악이요 불행인 전쟁을 일으키기까지 하고 내 행복을 위해 남을 짓밟기도 하는 모순으로 가득 차 있다.

탈무드에는 "세상에서 가장 현명한 사람은 배우는 사람이며, 세상에서 가장 강한 사람은 자기를 이기는 사람이며, 세상에서 가장 행복한 사람은 범사에 감사하는 사람이다"라고 했다. 칼 힐티는 그의 <행복론>에서 행복의 첫 번째 조건으로 감사를 꼽았다. "감사하라. 그러면 젊어진다. 감사하라, 그러면 발전이 있다. 감사하라, 그러면 기쁨이 있다. 중요한 것은 행복하기 때문에 감사하는 것이 아니라 감사하기 때문에 행복해진다. 감사는 행복의 문을 여는 열쇠이다"라고 했다. 그렇다. 감사할 때 행복이 오고, 원망할 때는 행복을 잃어버리게 된다. 행복은 감사에 달려있다. 감사하는 마음, 감사하는 말, 그 자체가 행복이다. 또 성경에서는 "여호와의 구원을 얻어 하나님의 도움과 보호를 받아 승리하는 삶을 사는 자가 행복한 사람"(신 33:29)이라고 말씀하고 있다.

행복은 너무 고상하고 멀리 있는 것으로 생각하여 지금 가까이 내 일상생활 속에서 찾지 못하는 경우가 있다. 또 행복하면서도 행복을 잊고 살거나, 깨닫지 못하고 느끼지 못하거나, 욕심 때문에 누리지 못하는 경우도 있다. 행복이란 특정한 사람에게 한정된 것이 아니라 누구나 누릴 수 있는 것이며, 어떤 개인의 전유물이 아니라 모든 사람이 공통으로 누려야 하므로 이웃에게 조그만 즐거움을 주려고 한다면 우리는 그보다 몇 배의 즐거움을 더 얻고 누릴 수 있다.

그러므로 우리는 행복 속에 살면서도 행복을 깨닫지 못하고 느끼지 못하고 따라서 누리지 못하고 또 행복이 내 일상 속에 가까이 있는 줄 모르고 다른데서 찾으려고 하는 어리석음을 범할 수 있다. 행복은 누가 가져다주는 것이 아니고 거저 얻는 것도 아니고 돈으로 살 수 있는 것도 아니다. 평범한 일상 속에서 자신이 찾고 만들고 느끼는 자가 누릴 수 있는 것이다. 늘 마시는 공기처럼 얼마든지 있으나 얼마나 소중한 것인지 잘 모른다.

행복은 왜 사는가? 무엇을 위해 사는가? 어떻게 사는가? 하는 가치 기준에 따라 언제든지 얼마든지 달라질 수 있다. 가령 어떤 사람이 돌에 걸려 엎어져 이마를 다쳤다고 하자. 이때 눈 안 빠지기 다행이다 하면서 감사하는 사람이 있고 한편 누가 여기 돌을 갖다 놓았나 하면서 원망 불평하는 사람이 있다면 당신은 어느 쪽인가? 전자는 어려움 속에서도 감사로 행복을 찾는 사람이고 후자는 살아가면서 부딪치는 어려움마다 원망하며 불행을 느끼는 사람이다. 행복과 불행은 구별되어 있는 것이 아니고 공존한다. 다만 내 자신의 자세에 따라 언제든지 바뀔 수 있다.

이 세상에 고민 없는 사람이 누가 있으며 고통 없는 인생이 어디 있겠나. 누구나 살다보면 이따금씩 어려움을 만난다. 문제가 있다는 것은 살아있다는 증거다. 하나님은 비를 내리실 때 그 곳의 어디에나 누구에게나 구별 없이 내리시고 햇볕을 비추실 때도 골고루 비추신다. 믿는 사람이나 안 믿는 사람,

누구에게나 어려움은 올 수 있다. 믿음의 가정이나 주의 종에게도 어려움이 올 수 있고, 의사에게도 질병이 생길 수 있다. 사도 바울에게 가시를 주셨듯이 누구에게나 어느 가정에나 필요하시면 하나님은 어려움을 주신다. 은혜를 주시는 분이 고난 또한 주시지 않겠는가. 때로는 교만하지 않도록 한두 가지 어려움을 주셔서 하나님 앞에 엎드리게 하신다. 좋은 일뿐 아니라 어려운 일도 감사함으로 받으면 다 유익하게 된다.

문학가이며 화가이신 춘남 김영석 장로는 41세의 사랑하는 유명한 피아니스트 며느리를 폐암으로 잃었다. 오산고 기독동문회장 우원섭 목사는 아내가 유방암으로 수년째 고생을 하고 있다. 이어령 교수는 딸과 외손자를 질병으로 잃었고, 그 질병 때문 고난을 겪다가 예수님을 믿게 되었다. 김동호 목사는 세 가지 암으로 투병을 하면서도 암환자들을 위로하며 귀한 복음역사를 펼치고 있다. 나도 갑자기 쓰러져 죽음의 문턱을 돌아왔고, 사랑하는 큰딸이 병으로 고생하고 있다. 부부가 의사요 목회자의 딸로서 자괴감이 얼마나 크겠는가? 그러나 어려움 속에서도 희망과 용기를 가지고 감사하며 사는 모습이 귀하고 아름답다. 이 때문에 새로운 깨달음을 얻고 더욱 진한 행복을 느끼고 있다.

사람들은 어려움이 오면 쉽게 불행을 느끼고 좌절하거나 낙심하기 쉽다. 그러나 시인 구상은 "사람은 더러 앓아누워야 천국행 공부를 한다"고 가르쳤고, 수필가 곽흥렬은 "불행이 계속 이어지지 않는다는 보장만 주어진다면 우리는 얼마큼 불행해질 필요도 있는 것 같다. 그래야 마음 가운데 교만의 씨앗이 싹트지 않기 때문이다. 일부러라도 마음 외진 구석 한 쪽에다 '불행'이라는 이름의 나무 한 그루를 키우고 싶을 때가 있다"고 했다.

행복의 노래는 입으로 부르지만 불행의 노래는 가슴으로 부른다. 입은 그 깊이가 얕지만 가슴은 그 깊이가 깊다. 따라서 행복의 노래는 가볍고 불행의 노래는 무거운 것이다. '몸에 병이 없기를 바라지 마라. 몸에 병이 없으면 탐욕이 생기기 쉽나니, 병고로써 양약을 삼으라. 세상살이에 곤란이 없기를 바라지 마라. 세상살이에 곤란이 없으면 업신여기는 마음과 사치한 마음이 생기게 되나니, 근심과 곤란으로써 세상을 살아가라.'고 한 <보왕삼매론寶王三昧論>의 가르침에 가슴깊이 공명하게 된다.

추사나 다산 선생은 가장 불행한 처지 곧 귀양살이를 할 때 불후의 명작을 탄생시켰듯이 문필가는 천칭의 추의 무게 중심이 불행 쪽으로 기울어 있는 시기에 역설적이게도 그의 불꽃 같은 예술혼은 그 빛을 더욱 강렬하게 뿜어낼 수 있다. 그리하여 마음의 불행을 오히려 예술적 성취로 치환시킬 수 있는 자양분으로 삼아 오로지 글을 쓰는 일에 열과 성과 혼을 쏟아 부으므로 보석 같은 작품을 낳게 된다. 지극히 부족한 나 또한 그토록 벼르던 책 한 권을 뇌출혈로 쓰러져 중환자실을 거치며 죽음의 문턱을 돌아온 후 힘겨운 투병을 하면서 완성을 했다. 그리고 오늘이 마지막 날이라 생각하고 열정을 쏟아 집중할 때 연속 세 권을 출판하는 꿈같은 일이 기적같이 일어났다.

플라톤은 사람이 행복하기 위한 5가지 조건으로 첫째 먹고 입고 살기에 조금은 부족한 재산, 둘째 모든 사람이 칭찬하기에 약간 부족한 외모, 셋째 자신이 생각하는 것보다 절반밖에 인정받지 못하는 명예, 넷째 남과 겨루어 한 사람에게는 이기고 두 사람에게는 질 정도의 체력, 다섯째 연설을 했을 때 듣는 사람의 절반 정도만 박수를 보내는 말솜씨를 제시했다.

여기서 5가지 조건의 공통점은 다 '부족함' 곧 '적당한 모자람'이다. 90%를 채우고도 채우지 못한 10%로 인해 불행한 사람이 있고, 절반밖에 채우지 못하고도 이미 채워진 절반으로 인하여 행복한 사람도 있다. 행복은 어떤 조건이 완벽해야 하는 것이 아니라 모자람을 채우기 위해 노력하는 나날이 곧 행복으로 연결된다는 의미다.

그렇다. 행복을 찾는 사람, 행복을 공부하는 사람은 행복을 얻게 되고 누리게 된다. 나는 오늘 행복에 대한 글을 쓰면서 행복의 비결을 깨달았다. 참으로 감사하고 행복하다.

행복은 멀리 있지 않고 가까운 곳에 있다. 누가 가져다주는 것이 아니라 내가 만들고 느끼는 것이다. 어떤 조건이 완벽해야 하는 것이 아니라 모자람을 채우기 위해 노력할 때 얻는 것이다. 세상에서 가장 행복한 사람은 범사에 감사하는 사람이다. 감사는 행복의 문을 여는 열쇠다. 잠시 세상 근심 걱정을 내려놓고 지금 여기서 감사하자. 자신도 모르는 사이에 행복을 누리고 있을 것이다.

비는 누구에게나 내린다

우리나라는 한때 사고공화국이라 불리기도 했다. 대형 사고가 끊이지 않았기 때문이다. 대충 기억나는 것만 열거해도 놀라움을 금할 수 없다. 1994년 성수대교 붕괴, 1995년 삼풍백화점 붕괴, 1997년 대한항공 801편 추락, 2003년 대구 지하철 화재, 2014년 세월호 침몰, 2022년 이태원 압사 사고 등이 있었다. 모두가 자연재해가 아닌 인재人災였다. 한 번의 사고는 수십에서 수백 명의 목숨을 앗아간다. 요즘도 연일 대형 화재나 교통사고가 빈발하고 있다. 사고가 터질 때마다 다시는 이 같은 참사와 비극이 일어나지 않도록 해야 한다고 목소리를 높여왔지만 잊어버릴만하면 또 터지곤 한다. 언제쯤이면 안보불감증의 굴레에서 벗어날 수 있을까.

조선일보 '달콤쌉싸름' 코너에서 성수대교 붕괴 30주기 기사를 보면서 승영씨와 그 가족에 대하여 알게 되었다.

지금부터 꼭 30년 전 1994년 10월 21일 오전 7시 40분쯤 성수대교가 어이없이 무너져 내렸다. 성동구 성수동과 강남구 압구정동을 잇는 성수대교의 북단 5번째와 6번째 교각 사이 상판 50여m가 갑자기 내려앉으면서 다리를 지나던 서울5사8909한성운수 16번 시내버스 등 차량 6대가 20여m 아래로 추락했다. 당시 스무 살이던 이승영씨는 그 16번 시내버스 안에서 목숨을 잃었다. 서울교대 국어교육과 3학년으로서 강북의 초등학교로 교생실습을 나간 지 닷새 만에 주검으로 돌아온 것이다.

참척慘慽의 슬픔 속에서 유품을 정리하던 어머니 김영순씨(74/당시 44세)는 딸이 남긴 일기장을 발견했다. '내가 일생 동안 하고 싶은 일'이라며 14가지 소원을 적어 놓았다.

1. 100명 이상에게 전도한다.
2. 목사관을 짓는다.
3. 교회를 짓는다.
4. 장학금 제도를 만든다.
5. 신앙 소설을 쓴다.
6. 기독교 방송(TV)을 만든다.
7. 이동도서관을 만든다.
8. 간사님들 재정 지원을 한다.
9. 선교사님들 재정 지원을 한다.
10. 목사, 간사, 전도사님 전용 휴양지를 만든다.
11. 한 명 이상 입양한다.
12. 단기 선교사로 떠난다.
13. 시각장애인을 위해 뭔가를 한다.
14. 재활 시설을 포함한 복지 마을을 만든다.

9가지는 신앙(교회)과 관련된 것이고 5가지도 사회봉사에 관한 것이다. 사랑의 실천을 위한 헌신과 희생을 삶의 목적으로 삼고 있었다. 어떻게 이런 귀한 청년이 만들어 졌을까. 아무래도 이 사람은 하늘이 보낸 천사인 것 같다. 어쩌면 사랑 자체가 삶의 목적이 된 또 하나의 작은 예수가 아닐까. 14가지 소원은 여교사가 되기 위해 준비하는 꽃다운 젊은 여대생의 아름답고 고귀한 꿈이며 거룩한 소망이었다. 살아서도 이루기 어려운 이 꿈들을 그는 죽어서도 거의 다 이루었다. 그것은 그의 훌륭한 어머니와 동생을 통해 하나하나 실현되었다.

군인이던 남편과 사별한 지 11개월 만에 딸마저 황망하게 잃었지만, 딸의 일기장을 본 김 씨는 단박에 그 시련을 받아들였다. 어머니는 딸의 시신을 고려대 의대에 해부 실습용으로 기증했다. "죽으면 장기臟器를 남에게 주겠다"는 딸의 약속을 절반만큼이라도 들어주고 싶었던 것이다.

동생 상엽씨(48/당시 18세)는 당시 고3이었다. 카이스트 입시를 이틀 앞둔 날 아침에 그런 사고가 났다기에 학교에서 친구들끼리 "(책임자들을) 다 사형해야 한다"고 농담을 했는데 나중 알고 보니 누나가 사고를 당했던 것이다.

당시 성수대교 붕괴로 32명이 사망했다. 사망자 대부분(29명)은 뒤집히며 추락한 16번 버스에서 나왔다. 등교하던 무학여고 학생 8명도 희생됐다. 상엽씨는 카이스트 시험에 낙방했고, 너무 혼란스러워 남은 입시에만 집중했다고 한다. 다행히 그해 고려대 산업공학과에 합격했지만, 입학 후 방황이 시작됐다. 무엇보다도 주변의 관심이 너무 부담스러웠다. 누나와 사이가 좋았기 때문이다. "그렇게 착하고 의욕이 넘치던 사람을 한순간에 앗아가다니", 만사에 회의가 들었다. 그의 방황은 일단 교회를 떠나는 것으로 시작이 되었다. 믿을 이유가 없다는 핑계가 생긴 거다. 절에도 가보고 대순진리회도 경험했다. 그러다 5월에 큰 교통사고를 당했다. 한 달 만에 병원에서 제비가 포르르 날아가는 모습을 보며 기억이 돌아왔는데 그 순간 '사랑 그 자체가 목적이 돼야한다'는 누나의 평소 삶의 모습과 메시지가 용기를 주어 힘을 얻었다고 한다.

어머니는 1993년에 남편을, 1994년에는 딸을 잃고, 1995년엔 아들마저 잃을 뻔했다. 누구는 '악귀가 들렸다', '회개하라'고도 했다. 무너지고 망가져도 전혀 이상할 게 없었다. 하지만 어머니는 딸을 잃은 그때부터 "네 소원을 어미가 모두 이뤄주겠다"는 계획을 하고 계셨다. 가족들은 승영씨의 사고 보상금으로 받은 2억 5000만원을 모두 교회(남서울교회)에 기부해 '승영장학회'를 만들었다. 형편이 어려운 신학생들이 지원을 받았고, 장학생 중 한 명은 이어 달리듯 인천 부평에 복지마을을 만들어 승영씨의 또 다른 소원을 이뤘다. 승영장학회는 강원 인제의 한 포병 연대에 이동도서관 차량을 기증해 '이동도서관을 만든다'는 소원도 실천했다. 남서울교회 오성섭 장로는 "한 해에 5-10명 정도 장학금을 지원했으니 승영장학생을 다 합치면 200명쯤 될 것이라"고 했다.

그 사건을 시작으로 유가족인 모자母子의 인생은 완전히 달라졌다. 승영씨 대신 어머니와 남동생은 일기장에 적힌 소원을 하나씩 이뤄 나가기로 결심한 것이다.

동생 상엽 씨는 누나를 잃으면서 인생관이 크게 바뀌었다. 전에는 내 가족의 성공과 행복이 우선이었다. 먼저 성공하고 나서 주변을 돌보자 했는데 갑자기 달라졌다. 내일 어떻게 될지 한 치 앞도 모르는데 내 것을 챙기며 아등바등하기보다는 필요한 곳에 바로바로 사랑을 실천하는 삶으로 바뀌었다. 사랑을 나누는 걸 미루지 말자는 것이었다.

5학년 때 아버지가 남자아이를 입양하겠다고 데려왔는데, 어머니와 자신은 주저했고 누나만 찬성했다고 한다. 누나는 사랑을 나누는 걸 미루지 않는 삶을 이미 살고 있었다. 상엽 씨는 결혼 후 누나의 뜻을 이어 두 아이를 입양했다. 그의 어머니는 2008년에 해외 봉사 선교를 떠났다. 은퇴할 나이에도 불구하고 지금도 외국에서 활기차게 살고 있다고 한다. 일기장에 '한 명 이상 입양한다'는 소원은 동생이, '단기 선교사로 떠난다'는 소원은 어머니가 실천했다.

어머니는 또 승영씨가 초등학생 때 쓴 시를 묶어 출간했다. '신앙 소설을 쓴다'는 소원도 이를 통해 실현된 셈이다. 시집 제목이 된 시 '연기는 하늘로'에 승영씨는 이렇게 썼다.

새까만 굴뚝으로/ 지나왔으면서도/
새하얀 너는 대체/ 무슨 요술을 썼지?/
가만가만 굴뚝에서/ 나오자마자/
사라져 버리는 너는/ 참 좋겠다/
바람의 날개 타고/ 저 먼 하늘나라/
훨훨 올라가서/ 구경할 테니까---

30년 전 비극은 이 가족에게 더 이상 상처가 아니었다. 승영씨의 소원 14가지가 얼추 다 이뤄졌다. 어머니와 동생이 한 것도 있고, 우리 사회가 좋아지면서 자연스럽게 이뤄진 것도 있다. 오늘 21일은 성수대교 붕괴 30주기, 승영씨는 하늘나라로 가고 없지만 그가 이 땅에서 이루고자 한 소원은 대부분 현실이 돼 있다. 세월이 약이라고는 하지만, 유가족들은 30년 전 가족을 덮친 사고를 다 이겨내고 평온한 마음으로 열심히 살아가고 있다.

지난 날 있었던 끔찍한 일은 참으로 억울하고 불행한 일이다. 분통이 터져 울고 뒹굴다 병이 나거나 심하면 따라 갈 수도 있다. 한을 품고 국가나 누구를 원망하며 이를 갈 수도 있고, 자칫하면 화풀이나 복수 대상을 찾을 수도 있다. 그런다고 가족이 살아 돌아오는 것도 아니다. 승영씨의 가족들은 예쁘고 착한 승영씨를 생각하며 마음을 가다듬고 일어섰다. 그리고 그가 하고 싶었던 일을 하면서 그가 꿈꾸던 삶을 대신 살았다.

　비는 누구에게나 내린다. 살다보면 누구에게나 닥칠 수 있는 일이다. 행운도 불행도 모두에게 공평하게 오는 법이다. 천국을 살 것인가 지옥을 살 것인가는 각자의 선택이다. 인생을 길게 볼 수 있는 눈을 가지고 살아야 한다. 승영씨는 가족이 그 꿈과 소망과 사랑을 이어가고 있기 때문에 아직도 살아 있다고 생각한다.

　다 그런 것은 아니지만, 요즘 소확행(크고 불확실한 미래보다는 작지만 확실한 자신만의 행복)을 꿈꾸는 젊은이들이라면 엄두도 내지 못할 일들이다. 승영씨는 아무도 하려고 하지 않는 일들을 계획하고 있었다. 희생이 따르지 않고는 할 수 없는 사랑과 봉사를 실천하려던 소녀의 꿈은 너무 아름답고 고결하여 성스럽기까지 하다. 꿈은 반드시 이루어진다는 말이 있다. 괜한 말이 아니다. 하나님도 감동하셨는지 살아서도 하기 힘든 일들을 죽어서 다 하게 하셨다. 꽃다운 나이에 활짝 피지도 못하고 간 짧은 생애였지만 그녀의 사랑은 가족들 속에 깊이 스며들었고, 사랑 자체가 삶의 목적이라는 그녀의 정신은 가족들 가슴에 깊이 각인되어 있었다. 어떻게 보면 나 같은 목사도 생각지 못한 귀한 일들을 꿈꾸며 진실한 신앙과 철저한 희생정신으로 사랑을 실천하다 간 순교자처럼 느껴진다.

　순진한 새싹들 앞에 예쁜 풋내기 여교사로 한 번 서 보지도 못하고 야무지게 가르쳐보겠다는 열망도 쏟아보지 못한 채 멀리 떠나갔으니, 그 설레는 가슴은 어디에서, 언제까지, 얼마만큼 뛰고 있을까. 천사같이 착하고 아름다운 여선생님으로, 학원의 선교사로, 평생을 교단에서 어린이들을 가꾸었으면 얼마나 많은 영혼을 살리고 훌륭한 제자들을 키웠을까? 오늘같이 암울한 학교, 무너진 교실 구석에서 미소를 짓고있다면 얼마나 따뜻하고 밝은 한줄기 빛이 되었을까.

　꿈과 소원을 보면 그 사람을 알 수 있다. 그는 사랑 자체가 삶의 목적이었던 사랑의 화신이요, 작은 예수였다. 너무 늦었지만 이제라도 애석한 마음으로 그를 추모하며 감사와 격려의 박수를 보낸다. 언제까지라도 살아있는 동안까지는 그리움으로 남아 있을 것 같다. 그의 고귀한 정신과 가족들의 빛나는 삶을 응원하는 뜻에서 이 글을 쓰기로 했다. 너무 애틋하고 고상하고 아름다워 그냥 넘어가거나 접어 둘 수가 없었다.

　그가 교대에 입학한 해에 나는 교사 사표를 내고 목사가 되었다. 딸 같은 후배지만 교사가 되기 위해 교대를 다닌 것, 주님의 사랑에 푹 빠진 것, 그리고 언제나 꿈과 소망을 가지고 사는 것 등 중요한 공통점이 있기에 더욱 가슴을 찡하게 한다. 가장 감동적인 것은 '그 어머니에 그 딸'이었다는 사실이다. 그리고 또 '그 누나에 그 남동생'이었다. 승영씨가 그토록 예쁜 마음과 장한 꿈을 가진 것은 아마도 위대한 어머니를 닮았기 때문이 아닌가. 또 동생 승엽씨가 굳굳하고 건실한 사람이 된 것은 그에게 심긴 누나의 정신과 삶의 모습 때문이 아닌가 싶다.

　어쨌든 언뜻 얘기만 들어도, 아니 그의 14가지 소원만 보아도 그가 얼마나 당차고 용기 있는 청년인가를 단박에 알 수 있다. 그래서 예쁘고 기특하다. 장하고 경이롭다. 본 적도 없는 그녀의 얼굴이 떠오른다. 자꾸만 생각난다. 한 번도 보지 못한 그녀의 뒷모습이 너무 그리워 살아있는 동안 잊지 않기로 마음을 먹고 이 글을 남기려 한다. 끝으로 아름다운 승영씨 가족들의 아름다운 이야기가 여러 사람에게 전해졌으면 좋겠다. 오래도록---

(2024. 10. 21)

그렇게 하지 아니하실지라도

　한국을 대표하는 지성인이며 문화부 장관을 지낸 이어령 교수가 하나님을 만나는 체험을 하게 되었다. 미국서 거주하는 변호사이자 독실한 기독교 신자인 딸이 암과 실명 직전의 시력장애 증상을 보이기 시작했다. 현대 의학으로도 어찌할 수 없는 상황이었다. 인간의 이성과 능력이 무기력하게 무너져 내리는 순간이었다. 딸 문병을 갔던 이 교수는 하와이의 한 작은 교회에서 간절히 기도하였다.

　"하나님, 사랑하는 딸에게서 빛을 거두지 않으신다면 남은 삶을 주님의 자녀로 살겠습니다."

　하나님은 그의 기도에 응답하셨고 딸은 치유되기 시작하였다. 사랑하는 딸의 질병이 하나님을 만나는 통로역할을 한 것이다. 이후 그는 자신의 간증을 <지성에서 영성으로>라는 책으로 풀어냈다. 이렇게 주님을 영접하고 변화된 그의 삶은 많은 사람들에게 영향을 미쳤다. 하나님은 간절히 찾는 자를 만나주신다.

　"너희가 내게 부르짖으며 내게 와서 기도하면 내가 너희들의 기도를 들을 것이요 너희가 온 마음으로 나를 구하면 나를 찾을 것이요 나를 만나리라."(렘 29:12-13)

나는 큰 딸의 소개로 이어령 교수의 딸 이민아 목사의 간증집을 통해 많은 은혜를 받았고 그 부녀의 신앙에 대하여 깊이 알게 되었다. 미국서 국제변호사로 활동하던 그분은 심한 고통을 겪은 분이다. 이혼의 상처와 먼저 떠나보낸 큰 아들과 자폐진단을 받은 둘째 아들로 부터 받은 상처와 자신의 심각한 질병으로 인한 엄청난 고난과 싸우고 있었다. 세상적, 육신적 싸움을 넘어 더욱 치열한 영적 싸움이었다. 지푸라기라도 붙잡아야 할 막다른 처지에서 그분은 하나님밖엔 붙들 것이 없었다. 결국 하님을 의지하여 절망에서 일어섰고, 하나님의 치유로 질병을 이겨내었고, 자신과의 싸움뿐 아니라 목사가 되어 신앙으로 영적 싸움에서도 승리하여 기적의 삶을 살다 갔다.

하나님께로 가기 전 부흥사가 되어 잠시 귀국했을 때 전도집회를 인도하였다. 부산대에서는 그의 간증을 듣고 500여 명의 결신자가 나왔고 사랑의 교회 새 생명 축제 때는 900여 명의 결신자가 큰 은혜를 받고 예수님을 믿게 되었다.

하나님은 능치 못하심이 없는 분이요, 하나님은 무엇이든지 하실 수 있는 분이시다. 하나님이 못 고칠 인생은 없다. "하나님은 맹렬히 타는 풀무불 가운데서도 능히 건져내시겠고 그렇게 하지 아니하실지라도 하나님에 대한 사랑은 변치 않겠다"(단 3:17-18)라고 한 사드락, 메삭, 아벳느고의 신앙으로 그 상황을 이겨내었다. 믿음으로 투병하면서 치유의 기적과 놀라운 은혜를 체험한 그는 결국 하늘나라로 가고 없지만 오직 살아계신 하나님의 영으로, 우리의 마음판에 쓴 그리스도의 편지요 그리스도의 향기로 지금도 남아있다.

기독교는 말씀의 종교다. 하나님은 말씀으로 천지를 창조하셨고, 말씀으로 다스리시고 말씀으로 심판하신다. 말씀대로 살면 말씀대로 이루어진다. 말씀에 순종할 때 기적이 일어난다. 말씀의 바람이 불면 모든 것이 살아난다. 말씀을 붙잡고 주신 현실을 감사함으로 받아들이고 믿음으로 참고 싸워 이김으로 하님께 영광을 돌려드렸다.

"고난 당한 것이 내게 유익이라 이로 말미암아
내가 주의 율례들을 배우게 되었나이다"(시 119:71)

"하나님은 미쁘사 너희가 감당하지 못할 시험 당함을
허락하지 아니하시고 시험 당할 즈음에 또한 피할 길을 내사
너희로 능히 감당하게 하시느니라"(고전 10:13)

"하나님을 사랑하는 자 곧 그의 뜻대로 부르심을 입은
자들에게는 모든 것이 합력하여 선을 이루느니라"(롬 8:28)

하나님의 말씀과 성령의 충만한 은혜 속으로 점점 깊이 들어가므로 덜 아픈지, 아파도 참는지 항상 밝은 표정으로 감사하면서 살았다. 질병을 통하여 하나님과 가까워지면 질병뿐만 아니라 모든 면에 복을 주신다.

모든 인생들의 문제를 해결해주시기 위해 오신 예수님은 회당장 야이로의 죽은 딸도 살려주셨다.(막 5:22-43) 회당은 종교적 기능과 학교와 재판소 역할까지 하는 곳으로 회당장은 당시 이스라엘 사회에 높은 지위에 있고 사회적 명예와 존경이 뒤따르는 사람이었지만 그는 인생의 가장 절박한 문제를 가지고 예수님께 나아갔다.

"제발 살려주십시오." 애원하며 마지막 최후의 희망을 걸고 예수님 발 아래 엎드렸다. 주님께서는 "두려워하지 말고 믿기만 하라. 죽은 것이 아니라 잔다" 하시고 그 아이가 있는 곳에 이르러 손을 잡고 이르시되 '달리다굼' 하시니 마침내 소녀가 살아나서 일어나 걷게 되었다.

부활의 소망이 이루어졌다. 새로운 삶이 시작되었다. 육신의 질병도 나았지만 영적 변화는 더욱 귀하다. 필요하면 고치시고, 그렇게 하지 아니하실지라도 부활의 소망을 가진 자는 절망을 박차고 미래를 향하여 새롭게 걸어갈 수 있다.

이어령 교수도 회당장 야이로와 똑 같은 심정이었을 것이다.
"하나님이여, 우리 딸의 눈을 열어주시옵소서.
 빛을 거두지 마시고 보게 하여 주시옵소서.
 권능으로 치료하여 주시옵소서.
 주여, 딸의 절박한 문제를 가지고
 주님 앞에 엎드려 아뢰오니
 불쌍히 여기시고 고쳐주시옵소서."

말씀하시옵소서.

"달리다굼! 일어나라."(막 5:41)
"에바다! 열리라." (막 7:34)
"실로암에 가서 씻으라! 보게 되리라."(요 9:11)

니가노 없이는 가가와도 없다

　일본은 우리나라보다 개화를 일찍 하여 기독교와 서양문물을 먼저 받아들였다. 따라서 기독교 역사도 우리보다 훨씬 길다. 그런데도 큰 교회가 거의 없고 신자 수도 그리 많지 않다. 그러나 일본에는 김교신의 스승이었던 우치 무라 간조, <빙점>의 저자인 미우라 아야코, '빈민의 대부'로 알려진 도요히코 가가와 같은 훌륭한 기독교인들과 탁월한 신학자들이 많다.

　20세기 초 일본에 니가노라는 목사가 신학교를 졸업하고 교회를 세우기 위해 기도하던 중 동서남북 사방 100km 안에 교회가 없는 지역을 선택했다. 그곳은 가나사와란 마을이었다. 천막을 치고 부인과 두 자녀를 데리고 교회를 시작했다. 오랫동안 좀체 전도가 되지 않았다. 그러나 그는 천막을 거두지 않고 자리를 지켰다. 5년이 지난 어느 수요일 저녁에 처음으로 한 청년이 교회를 찾아왔다. 너무도 반가운 마음에 열정적인 설교를 했다. 예배를 마친 후 그 청년과 함께 식사를 하는데 갑자기 그 청년의 입에서 붉은 핏덩이가 쏟아져 나왔다. 이 청년은 일본의 어느 유명 정치인의 사생아였다. 출신성분이 좋지 않아 어릴 적부터 많은 냉대를 받으며 외롭게 자랐다. 그러다 예수를 믿고 신학교에 입학을 했다. 하지만 폐병을 앓고있다는 사실을 안 학교 당국은 그에게 정학처분을 내렸고, 다니던 교회에서도 쫓겨나게 되었다. 너무나 큰 상처를 받은 이 청년은 자살을 생각하고 있었는데 어떤 사람이 니가노 목사에 대한 얘기를 해주었다. 청년은 마지막으로 니가노 목사를 만나보고 싶은 생각이 들어 찾아왔던 것이다.

　니가노 목사는 밥상에 피를 토한 그 청년을 당장 쫓아낼까 하다 그래도 주님이 보내주신 첫 교인인데 하는 생각이 들어 상을 닦고 다시 밥을 차려주었다. 이 청년의 눈에서는 하염없는 눈물이 흘러내렸다. 지금까지 그 누구에게도 받아보지 못한 사랑이었다. 니가노 목사는 이 청년을 정성스럽게 보살펴 주었고, 그 청년은 완쾌하여 학교로 돌아가 학업을 다 마친 후 목사가 되었다. 이 청년이 바로 일본을 대표하는 그 유명한 '빈민의 대부' 도요히코 가가와 목사다.

　가가와 목사는 일본 고베에서 태어나 신학생 시절부터 빈민굴에서 살며 전도를 시작했다. 미국 프린스턴 대학을 졸업한 뒤 다시 빈민굴로 돌아가 빈민사역에 헌신하였다. 당시 빈민들이 가장 고통스러워하는 것은 변비였다고 한다. 항문에 변이 차돌처럼 굳어있어 변이 나오지 않으므로 장갑을 끼고 손으로 후벼내야 했다. 가가와 목사는 그들의 항문을 손가락으로 후벼내고 그래도 안 되면 항문에 입을 가져다대고 침으로 녹여서 빨아냈다. 감히 누구도 엄두를 내지 못할 불결한 빈민들을 위하여 이렇게 하는 것을 본 기자가 "당신은 어떻게 이런 일을 할 수 있습니까?" 하고 묻자 "나는 배운 대로 합니다."하고 대답을 했다고 한다. 오래 전 밥상에 토한 핏덩이를 닦아내고 사랑으로 자신을 품어주었던 니가노 목사를 늘 기억하고 있었던 것이다. 그는 이렇게 버려지고 소외된 이웃을 위하여 한 알의 썩어지는 밀알이 되었다.

1920년대 전쟁의 광란에 휩싸인 일본정부에 반대하다가 옥고를 치르기도 하였다. 1940년대에는 일본이 중국에서 행한 만행에 대하여 개인자격으로 중국정부에 사죄하기도 하였고, 이로 인해 그는 많은 탄압과 고초를 당했다. 제2차 세계대전 후에는 이승만 대통령에게 한국 사람을 괴롭힌 일본에 대한 용서를 구하였고, 인권운동과 여성운동에 앞장서기도 하였다. 그는 진정 20세기 일본의 '살아있는 양심'이었고, '행동하는 신앙인'이었다.

그는 일본에서뿐만 아니라 중국에 건너가 그곳에서도 빈민들을 위한 사역을 했다. 하루는 그 소문을 들은 장개석 총통의 부인 송미령 여사가 그를 불렀다. 송미령 여사의 집안은 독실한 기독교 가정이었다. 송 여사는 중국 사람들을 위해 그처럼 헌신하는 가가와 목사에게 진심으로 감사를 전하고 그로부터 성경을 배우기 시작했다. 제2차 세계대전이 일본의 패망으로 끝난 후 중국에 있던 2백만 명의 일본사람들은 목숨을 부지하기 위하여 중국을 떠나야 했다. 그러나 이 과정에서 많은 중국인들이 일본인들에게 복수를 하려고 했다. 이 사실을 안 장개석 총통은 후퇴하는 일본인들에게 복수를 하는 사람들에겐 중형을 내리겠다고 명령을 했다. 물론 여기엔 가가와 목사에게 신앙적 영향을 받은 송미령 여사의 조언이 큰 역할을 했던 것이다.

오늘날 니가노 목사를 아는 사람은 거의 없다. 일본의 기독교 역사에서는 별로 중요한 인물로 기억되는 분이 아니다. 하지만 그가 사랑으로 키워낸 도요히코 가가와 일본을 대표할 만한 지성인이자 위대한 영적지도자다. 우리는 니가노 없는 가가와를 생각할 수 없다. 그가 평생 사역하는 동안에 회심시킨 오직 한 사람이 가가와다. 그는 비록 한 사람을 회심시켰지만 그 한 사람은 너무나 큰 인물이었다. 일본 사회에 기독교가 무엇인지, 하나님의 사랑이 무엇인지, 그리고 무엇이 진정한 예수 그리스도의 정신인가를 온 몸으로 보여준 한 사람의 성자 가가와는 니가노 한 사람을 통해서 마침내 하나님께 바쳐질 수 있었다. 한 사람의 삶이 참으로 중요하다. 하나님은 변화된 그 한 사람을 통하여 때로는 세계를 바꾸기도 하시고, 시대를 변화시키기도 하신다.

헌신된 사람은 또 다른 헌신된 사람을 만들어 내는 것이다. 오늘 하나님께서 자신의 인생을 더 넓혀주길 원하고, 자신이 하나님의 능력의 통로가 되길 원하고, 날마다 자신이 하나님의 능력의 증인이 되길 원한다면 먼저 자신을 하나님께 헌신하고자 하는 열망이 있어야 한다. 그리고 자신을 날마다 구체적으로 하나님께 헌신해야 한다. 우리 모두가 가가와 같은 수준에 이르지는 못한다 할지라도 니가노와 같이 한 사람을 사랑으로 품을 수는 있지 않을까. 사도 요한의 말처럼 눈에 보이는 사람을 사랑하는 것이 곧 눈에 보이지 않는 하나님을 사랑하는 것이다.(요한1서 4:21)

미국 보스턴의 정신지체 아이들을 위한 시설에 앤이란 한 소녀가 있었다. 어머니는 결핵으로 죽었고 아버지는 알코올 중독자였다. 아버지의 학대로 마음의 상처를 입은 앤은 하나뿐인 동생마저 세상을 떠나자 그 충격으로 정신이상 증세를 보이며 실명까지 하여 수시로 자살을 시도하였다. 그 누구도 앤의 곁에 가기를 꺼려하는 상황에서 로라라고 하는 간호사가 그를 맡아 정성껏 돌보며 그의 친구가 되어 주었다. 앤은 마침내 2년 만에 정상 판정을 받고 시각장애인 학교에 입학하여 최고 우등생으로 졸업을 하였다. 어느 날 '보지도, 듣지도, 말하지도 못하는 소녀를 돌볼 사람 구함'이라는 신문광고를 보고 앤은 주저 없이 그 소녀를 찾아갔다. 헬렌이란 그 소녀는 마치 야수와 같았다. 모든 사람이 그를 돌보는 일은 불가능하다고 하였으나 앤은 할 수 있다는 확신을 가지고 그를 돌보기 시작하였다. 앤은 헬렌에게 단 하나 남아있는 인식의 창구인 촉각을 통해서 암흑에 갇힌 영혼을 구해냈고 20세기 최고의 운명을 바꾼 주인공으로 키워냈다. 그 소녀가 바로 헬렌켈러이고 그 선생님이 앤 설리반이다. 두 사람 모두 저주와도 같은 운명을 이겨내고 하나님의 사랑 가운데 인간 승리의 역사를 쓴 사람들이다.

'진정한 사랑은 사람을 살리는 힘이 있다.'
니가노와 가가와, 앤과 헬렌의 이 아름다운 사랑이야기는 우리에게 가슴을 파고드는 진한 감동과 소중한 교훈을 전해준다.
'헌신된 사람은 또 다른 헌신된 사람을 만들어 낸다.'
'은혜 받은 사람은 은혜를 베풀고, 사랑받은 사람은 사랑을 베푼다.'

<수필춘추 103호>

금혼식

　서양 풍속에서 혼인한 지 만 50년 되는 날을 기념하고 축하하는 의식을 금혼식金婚式이라고 한다. 결혼 후 그 주기에 따라 결혼을 기념하는 명칭이 많이 있는데 그 명칭에 대한 동기와 의미가 각각 다르다.

　먼저 결혼 1주년을 지혼식紙婚式이라 하여 이날은 그림, 책 따위의 종이로 된 선물을 주고받으며 축하하는 날이라고 한다. 그다음 2주년을 기념하는 날을 고혼식藁婚式, 3주년은 과혼식果婚式, 5주년은 목혼식木婚式, 10주년은 석혼식錫婚式, 15주년은 동혼식銅婚式, 25주년은 은혼식銀婚式이라 한다. 또 50주년 금혼식金婚式은 반백년을 함께 해왔으니 서로를 금과 같이 귀하게 여기며 살아가라는 의미로 금제품 선물을 서로 주고받으며 축하하는 날이라고 한다.

　이상의 결혼기념일을 정리해 보면 주고받는 선물이 처음은 찢어지고 부서지는 물건들에서부터 점점 시간이 흘러갈수록 단단하고 귀한 보석으로 변해가는 것을 알 수 있다. 이는 세월이 흐를수록 사랑이 깊어지고 단단해진다는 것을 표현하는 것 같다. 이 모든 기념일을 다 챙기면 좋겠지만 우리나라의 경우는 25주년 은혼식과 50주년 금혼식을 가장 많이 축복하는 것 같다.

　우리 부부는 작년에 금혼식을 보냈다. 요즘에는 주로 30세를 지나서 결혼하고 40세 이후의 만혼晩婚도 많다. 옛날 우리 부모의 세대에는 20세 전, 열 예닐곱이면 대개 결혼을 했다. 우리 연령층은 20대 중반에서 30대에 결혼하는 경우가 제일 많았다. 내가 결혼을 아주 일찍 하게 된 것은, 어머니는 병으로 늘 앓으셨고 아버지는 술로 나날을 보내는 형편 때문이었다. 이웃에 사시는 두 큰어머니를 비롯해 집안 어른들이 "네가 효도를 해라, 네 부모를 잘 모셔라"하는 말씀을 자주 하셨다. 나는 처음엔 무슨 뜻인지 잘 몰랐다. 그런데 나중에 자세한 권면을 듣고 보니 "결혼을 해서 아내가 부모님을 모시게 하고 너는 학교에 다니라"는 것이었다. 그렇게 결혼하여 삼남매가 태어났고, 우리가 40대 후반에 자녀들이 결혼하여 일찍 손孫을 보게 되었다. 주변을 둘러보면 우리보다 빠른 사람은 별로 없다. 그러다 보니 작년 생일(8월 1일)에 자녀들이 칠순잔치를 열어주었고, 결혼기념일(12월 25일 성탄절)엔 둘이서 조용히 금혼식을 보냈다.

어느 부부에게든 금혼식이야말로 깊은 뜻이 있겠지만, 특별히 우리 부부가 험한 풍파 속에서 함께 살면서 이렇게 일찍 금혼식을 맞이한 것은 기적이요 축복이며 하나님의 은혜다. 강산이 다섯 번이나 변하는 오랜 세월이 순식간에 흘러갔다. 눈물겨운 50년, 참으로 파란만장한 세월이었다. 이름 없는 작은 복음의 한 여인을 통하여 예수님을 만남으로 가정과 한 청년의 삶에 혁명적 변화가 일어났다. 교사생활을 하다가 신앙적 소명과 사명을 받고 목사가 되어 목회를 하게 되었다. 내가 집(아파트)과 직장(교사)과 재산(부모님 유산))을 다 바쳐 교회를 세우고 구령사업에 젊음을 불태우는 동안, 묵묵히 그 뒷바라지를 하느라 아내의 삶은 고난과 시련의 연속이었다. 그러나 수많은 시행착오와 환난과 핍박 속에서도 피나는 눈물과 땀의 흔적인 크고 작은 역경의 열매도 많았다. 아내가 어린 나이에 시집을 와서 시누이들에게 핍박받을 때의 심적 고통과 육체적 경제적 어려움으로 고생한 것을 생각하면 정말 미안하고 죄송하다. 그러나 잘 참고 견디며 희생하므로 지금은 오히려 신뢰와 환대와 존귀를 받고 있다.

이제 우리 부부에게 남은 것은 살아있다는 생명과 여러 가지 병으로 약해빠진 육신뿐이다. 하늘나라엔 이 땅에서 산대로 상과 수치가 기다리고 있겠지만 세상에서는 모든 것을 다 쏟아 붓고 살다가 이제 늙어 힘이 없고 아픈 데가 많으니까 외로움과 두려움이 찾아올 때도 있다.

해마다 아내의 생일이나 결혼기념일이 돌아오면 늘 부끄럽고 미안했다. 무슨 의미를 담은, 또는 기념될만한 번듯한 선물도 한 번 못 하고 거저 식사나 같이하며 약간의 정성의 표시만 했을 뿐이다. 몇 번이나 선물을 제대로 하나 하려고 물어도 보고 물색도 해보았으나 마땅한 게 없었다. 웬만한 주부라면 패물 몇 가지는 있는 줄 안다. 그러나 아내는 패물이라곤 하나도 없다. 결혼패물은 얼마 지나지 않아 어려울 때 팔아 가사에 보태었다. 목회 뒷바라지하느라 그런지, 아예 취향에 맞지 않아서 그런지는 몰라도 아내는 매니큐어를 바르거나 반지를 비롯해 어떤 액세서리도 하지 않는다.

금혼식 때는 그동안 고생한 아내에게 특별히 감사의 사례를 표하려고 몇 년 전부터 준비를 해왔다. 아무리 고마움을 안다 해도 마음으로만 해선 안 된다. 말로서도 안 된다. 무뚝뚝한 경상도 남자라서가 아니라, 말뿐이면 체면과 위신이 서지 않는다. 행동으로 하지 않으면 소용이 없다.

나는 금혼식을 맞이하여 세 가지 보물을 마련했다. 금붙이 장신구 같은 물질적인 것보다 더 고상하고 귀한 것을 선물하기 위해 3년간 한 해에 한 꾸러미씩 구슬을 꿰는(관주위보貫珠爲寶 : 구슬이 서 말이라도 꿰어야 보배) 심정으로 책을 준비했다. 뇌출혈 이후 C형 간염 등 합병증으로 건강이 매우 악화된 중에도 내 인생의 엑기스와 같은 세 권의 책을 아내에게 마지막으로 바치고 또 자녀 손孫들에게 남기고 가겠다는 각오로 투병 중에 온 힘을 다하여 집필했다. 꼬박 3년이 걸렸다. 정말 힘든 작업이었다. 내 육신의 힘으로 된 것이 아니라 성령의 도우심으로 이루어졌다.

　첫째, 아내를 통하여 예수님을 만나 믿음으로 살아온 내 인생 내 삶의 이야기인 '자서전' <역경의 열매>와 둘째, 성령의 인도를 따라 눈물과 땀으로 외쳐온 '설교집' <우리의 사명>과 셋째, 40년 청소년 사역을 통하여 다음 세대와 함께 열어갈 '수상집' <가슴 뛰는 세상>을 선물했다. 내 모든 정성과 심혈을 바쳤다. 이것은 주님의 종답게 살라고 선생님처럼 잔소리하고 어머니처럼 기도해온 고마운 아내에게 보답하는 눈물과 땀으로 살아온 삶의 발자취요 열매들이다.

　그리고 지난번 뇌출혈로 입원했을 때 나온 보험금과 일가친척, 교인, 지인들이 주고 간 위로금을 모아 장례비로 남겨두었던 마지막 비상금을 아내에게 다 주었다. 이젠 건강도 회복되었고 하나님이 계시고 또 사랑하는 아내와 자녀들이 있으니 장례비나 비상금은 없어도 된다는 확신이 생겼다. 한 번 아니면 절대 아닌 무섭고 고집이 센 아내는 영문도 모르고 극구 반대했으나 평소에 인색하고 무뚝뚝한 남편인지라 그 동안의 나의 부족함을 이해하고 진심을 받아달라고 설득하며 간청했다. 그리고 어느 때보다 자상하고 다정하게 지난날들을 회상하며 많은 대화를 나누었다. 사랑한다는 말 한마디도 제대로 못 하고 선물 하나도 할 줄 모르던 못나고 옹졸했던 나는 생애 최고의 뜻깊은 금혼식을 이렇게 보냈다. 마음이 너무 기쁘고 흐뭇했다.

누구에게나 나름대로 곡절이 있고 아름답고 뜻깊은 사연들이 있겠지만, 우리 부부의 결혼생활 50년은 한 편의 드라마다. 요즘이야 수명이 길어져서 금혼식을 맞는 부부가 많지만, 예전 같으면 참 드물고 귀한 금혼식이다. 나는 뇌출혈로 쓰러져 두 번이나 중환자실에서 흑암과 죽음의 문턱을 돌아왔고, 아내는 골다공증과 관절염으로 어깨와 무릎 수술도 했다. 또 손마디가 튀어나오고 팔다리가 아파 오랫동안 고생을 해왔다. 그래도 하나님이 은혜로 장중에 붙들어 주신다면 앞으로 금강혼식(60주년) 또는 황금혼식(70주년)도 맞을 수 있지 않을까 소망하며 지난 칠순 잔치와 금혼식의 추억을 뒤늦게나마 글로 적어본다. 삼 남매 가족이 진리 안에 거居하고 여섯 손孫들이 벌써 장성했으니 앞으로 증손曾孫도 볼 수 있을 것 같다. 그러고 보니 결혼을 일찍 한 것이 당시에는 어색하고 힘들었으나 이제 보니 오히려 잘한 것이었다.

팔불출(八不出)

　누구든지 자랑거리가 많다면 그는 훌륭한 사람이요 복이 많은 사람이다. 그러나 아무리 훌륭한 것을 가졌다해도 자기 스스로 자랑을 하면 되레 욕을 먹거나 비난을 받게 된다.
　베드로와 바울은 신약 성경 속에 예수님 다음으로 많이 나오는 훌륭한 인물이다. 베드로는 예수님의 수제자로 그의 설교를 듣고 하루에 3천명이 회개하고 세례를 받았다. 사도 바울은 세계 복음화의 기초를 닦은 위대한 복음 전도자요, 많은 교회를 개척하여 성도들을 잘 양육한 목회자요 또 27권의 신약 성경 중 13권을 기록한 성경 기록자이다.
　갈라디아서 6장 14절에 "내게는 우리 주 예수 그리스도의 십자가 외에 결코 자랑할 것이 없다"라고 했던 바울은 고린도 후서에서 세 가지 자랑에 대하여 말씀하고 있다.
　첫째는 '어리석은 자랑'으로 지난 날 자기의 잘한 것 곧 세상 이력과 육신을 따라 하는 자랑이며(고후 11:16-33), 둘째는 주님 안에서 실제로 체험한 주의 환상과 계시를 부득불 자랑하는 '무익한 자랑'이며(고후 12:1-4), 셋째는 자신의 약한 것을 자랑하는 '지혜로운 자랑'이라고 하였다. (고후 12:9)
　이 중에서 세 번째 약한 것을 자랑하는 것은 그리스도의 능력이 내게 머물게 하기 위함이니 그래도 할 만한 자랑이라고 했다.(고후 11:30, 12:9) 또 만일 자랑하고자 해도 어리석은 자가 되지 아니할 것은 참말을 하기 때문이며, 그러나 누가

지나치게 생각할까봐 그만 둔다고도 했다(12:6)

한없이 부족하고 작은 자이지만 나에게도 이런 자랑이 있다. 어리석은 자랑인지 무익한 자랑인지 지혜로운 자랑인지는 각자의 판단에 따라 다르겠지만, 누구든지 나를 비록 어리석은 자로 여길지라도 관대히 용납해 주기를 바라며 기탄없이 자랑하려고 한다.

나는 어릴 적부터 나를 잘 아는 고향에 가면 "예수 믿고 복 받은 사람"으로, 나를 더욱 잘 아는 집안사람들에겐 "마누라 잘 만나 복 받은 사람"으로 불리고 있다. 그래서 나는 언제 어디서든지 내 인생을 변화시키고 복을 받게 한 예수님과 아내를 자랑한다. 아내를 자랑하는 팔불출이 아니라 아내가 사랑하는 예수님, 아내 속에 역사하시는 예수님을 나타내고 증거하고자 함이다.

팔불출(八不出)의 원 뜻은 문자 그대로 내세워서는(出) 안 되는 것(不) 여덟 가지(八)를 의미한다. 과거부터 우리 사회에서는 자기와 아내, 자식, 학벌, 가문, 재산, 형제, 친구를 버젓이 자랑하는 사람을 '좀 덜 떨어진 사람'이라고 간주하여 팔불출이라고 불렀다. 또 온전하게 갖추지 못했다 해서 팔불용(八不用) 또는 팔불취(八不取)라고도 하며 이때 팔은 8가지를 지칭하는 의미가 아니라 한자에서 강조의 의미를 지니는 팔(八)자를 붙여 쓴 것이다. 그러므로 팔불용(八不用)은 어느 모로나 아무 쓸 데가 없다는 뜻으로 몹시 어리석은 사람을 일컫는 말이다.

그런데 나는 왜 이 어리석은 자랑을 하고 있는가? 그것은 살아계신 하나님의 놀라운 역사 때문이다. 아내는 예수님을 믿는 믿음 외에는 학벌이나 재능이나 미모나 그 어느 면을 보더라도 특별하게 내놓을만한 것이 없는 정말 평범한 여자다. 아니 오히려 부족함이 많은 사람이다. 그런데 그의 삶은 감동적이고 알알이 열매로 가득하다.

 무지와 가난과 우상숭배로 찌들대로 찌든 가정에 시집을 와서 술로 나날을 보내던 시아버지를 잘 받들어 예수님을 믿도록 변화를 시켰고, 병마에 시달려 몸져누운 시어머니에게 복음을 전하여 믿음으로 일으켜 세웠다. 괴팍하고 방탕한 남편을 변화시켜 목사를 만들었고, 일찍이 교사생활을 하던 별난 큰 시누이에게 머리채를 잡히고 온갖 욕을 다 얻어먹으며 핍박을 받으면서도 끝내 변화를 시켜 권사가 되게 했다. 그뿐만 아니라 집안사람들에게 복음을 전하여 집안 복음화의 초석이 되었다.

 가난 속에서도 부업으로 남편의 주경야독(근 20년)을 도왔고 늦게 목회를 시작한 남편과 함께 다섯 개의 개척교회를 섬기며 자녀들을 양육했다. 어린 자녀들을 새벽기도회에 내보내며 철저한 믿음으로 엄격하면서도 지극한 정성과 사랑으로 키웠다.

 '자녀교육의 명수'라는 소문이 나서 처가 쪽을 비롯해 친지들이 자녀들의 어릴 때 대소변 훈련, 침 안 흘리기, 기도하기, 나쁜 버릇 고치기 등을 위해 얼마 동안씩 우리 집에 데려다 놓으면 씻기고, 가르치고, 예쁘고 단정하게 옷을 입히고, 꾸미고 다듬고, 좋은 습관을 길러 보내주기도 하였다. 어린 손자손녀들에게 물 한 컵을 주더라도 반드시 쟁반을 받쳐서 주고 과일 하나라도 씻고 깎아 접시에 담아 포크를 들려준다.

 어릴 때부터 신앙으로 키워야 하나님을 잘 섬겨 복을 받고, 귀하게 키워야 귀한 사람이 되고, 예절 바르게 키워야 올바른 사람이 되고, 튼튼하게 키워야 건강한 사람이 된다는 신조를 가지고 아이들을 키웠다. 아내는 음식을 해도 재료를 제일 좋은 것을 쓰고 김장을 하면 여유 있게 하여 자녀들뿐 아니라 시누이와 사돈댁에까지 다 나누어 준다. 자기를 위해서는 쓰는 것을 아끼고 손자 손녀들 생일이나 입학, 졸업식이 있으면 최선을 다하여 선물하고 편지를 쓰고 축복을 해준다.

특별히 외손자 시온이와 시형이는 태어날 때부터 맡아 키웠다. 엄마 아빠가 의사가 되기 위해 인턴과 레지던트를 할 때 우리 부부는 개척교회를 하면서 새벽기도회 때마다 갓난쟁이를 보듬고 교회에 나가 장의자에 눕혀놓고 새벽기도를 했다. 꼬맹이들은 성령이 충만하여 설교를 들으면 '아멘'으로 화답을 하고 자주 부르는 찬송은 손뼉을 치고 춤을 추며 다 따라 불렀다. 이렇게 성전에서 믿음으로 키울 때 사무엘처럼(삼상 2:26), 예수님처럼(눅 2:52) 아이가 점점 자라가며 용모가 아름답고 지혜가 뛰어나며 하나님과 사람들에게 사랑스러워 갔다.

매일 새벽기도와 Q.T를 빠뜨리지 않고, 독서를 많이 하며, 교회에서 노인을 잘 섬기고 젊은 부인들을 잘 돌보았다. 늘 뒤에 숨어서 조용히 말없이 자기 일에 충실했다. 그 때문에 교회에서나 집안에서 어떤 사소한 것이라도 문제를 일으키는 적이 없었다. 내가 실수를 하거나 문제를 일으키면 뒤에서 다 수습을 해주는 해결사였다. 그와 함께 살아오면서 '아내의 말을 들으면 다 잘 되고 뒤탈이 없다'는 것을 터득했다.

항상 기도하고 말씀을 묵상하니 영적으로 민감하고 지혜롭고 올바른 판단력과 선견지명이 있어 교인들의 문제, 집안사람들의 문제도 다 해결을 한다. 교회나 가정에 어려운 문제가 생기면 생명을 내놓고 금식하며 기도로 매달리니 연약한 여자이지만 하나님께서 함께하시고 영적 능력을 덧입혀 주시는 것 같다. 이 모든 것은 오직 하나님의 은혜라고 생각한다. 하나님의 은혜는 참으로 놀랍다. 나와 내 자녀들은 하나님의 은혜로 복을 많이 받았다. 복 받은 남편, 복 받은 자녀, 복 받은 가정이다.

그래서 나는 팔불출이 되어도 아내에게 부어주신 '하나님의 은혜!', '하나님의 역사!'를 자랑하지 않을 수 없다.

"누가 현숙한 여인을 찾아 얻겠느냐
그 값은 진주보다 더하니라."
(잠 31:10)

"고운 것도 거짓되고 아름다운 것도 헛되나
오직 여호와를 경외하는 여자는 칭찬을 받을 것이라."
(잠 31:30)

"그의 남편은
그 땅의 장로들과
함께 성문에 앉으며
사람들의 인정을 받으며
그는 베로 옷을 지어 팔며
띠를 만들어 상인들에게 맡기며
능력과 존귀로 옷을 삼고 후일을 웃으며
입을 열어 지혜를 베풀며 혀로 인애의 법을 말하며
자기의 집안일을 보살피고 게을리 얻은 양식을 먹지 않나니
그의 자식들은 일어나 감사하며 그의 남편은 칭찬하기를 덕행
있는 여자가 많으나 그대는 모든 여자보다 뛰어나다 하느니라"
(잠 31:23-29)

(4)

우테크와 휴테크

우테크와 휴테크
내 인생의 전환점
이것이 인생이다
아브라함의 신앙을 본받아
내가 글을 쓰는 이유
후회하지 않는 삶
아름다운 둥지회
유종의 미

<수필춘추 100호>

우테크와 휴테크

　사회가 급변할 때 그 기회를 이용하여 재테크를 잘해서 돈을 많이 번 사람들이 많다. 이러한 '재테크의 귀재'들이 많은 인기와 관심을 끌어와 재테크란 말이 유행한지도 벌써 오래되었다. 그러나 우테크(友 tech), 휴테크(休 tech)란 말은 아직도 생소하게 느끼는 사람들이 많은 것 같다. 재테크(財 tech)는 재무테크놀로지(財務 technology : 기업이 자금의 조달이나 운용에 고도의 테크닉을 사용하여 금융거래에 의한 이득을 꾀하는 일)를 줄여 이르는 말로서 우테크, 휴테크는 여기에서 파생된 말이다.

　대부분의 사람들이 분주 복잡한 세상에서 경쟁하는 삶을 사느라 돈 잘 버는 방법, 공부 잘하는 방법, 출세하는 방법 등에는 귀를 쫑긋 세우지만, 친구 사귀는 법, 이웃과의 관계, 자연과 신과의 관계에 대해서는 등한시하기가 쉽다.

　우(友)테크는 친구, 곧 사람을 사귀는 일에 관심을 갖고 시간과 노력을 투자하는 것이다. '친구를 갖는다는 것은 또 하나의 인생을 갖는 것이다.' 지금은 '고령화 사회-100세 시대'를 맞아 재테크에 쏟는 시간과 노력의 몇 분의 일 만이라도 세상 끝까지 함께 할 친구를 만들고, 인간관계의 폭을 넓히고 관리하는 일에 정성을 쏟아야 할 때다. 때문에 우테크가 무엇보다 중요해졌다. 우테크야말로 행복의 공동체를 만드는 기술이요 행복하게 사는 전략이라 할 수 있다.

　우테크의 가장 기본은 전화나 카톡, 이메일을 기다릴 것이 아니라 내가 먼저 연락을 하고, 찾아가고, 관계를 맺고, 섬기는 것이다. 남녀노소, 유식 무식을 따지지 말고 관심을 갖고 친절을 베풀어야 한다. 밝고 유쾌한 표정(cheer up)과 깨끗하고 검소한 옷차림(dress up)을 하며 끊임없이 책을 읽고 글도 쓰고 예술 공연도 관람하고, 좋은 정보나 작품들을 전자우편이나 카톡으로 주고받을 수 있는 매력을 유지해야 좋은 친교 상대가 될 수 있다. 크고 작은 모임에 꾸준히 참석하고 귀찮은 일을 맡아 묵묵히 봉사할 때 친구는 늘어난다. 이것이 바로 섬김의 리더십이다.

　우테크의 1순위는 바로 나의 반 조각 배우자이며, 가장 가까이 하고 많은 대화를 하고 사랑해야 할 대상은 바로 가족이다. 그리고 더불어 살아가는 이웃들과의 관계도 바로 가져야 한다. 고령화 사회에서 아무리 건강과 돈과 명예를 가졌다 해도 주위 사람들과 서로 아끼고 사랑하며 함께하는 삶이 아니라면 누구나 고독한 노년을 면하기 어렵다. 가을이 되면 삼라만상에 낙엽이 우수수 떨어지듯 인생도 가을을 맞으면 지난날 그 많았던 지인들도 속절없이 떨어지게 마련이다. 그래서 평소에 '우테크'를 통해 너와 나, 우리가 좋은 인간관계를 형성하고 인맥의 고리를 만들어 두는 것이 장래생활에 밑거름이 된다. 인맥(人脈)은 금맥(金脈)보다 중요하다.

　휴(休)테크는 일을 할 땐 열심히 하되 쉴 때는 푹 쉬고 잘 쉬는 것을 의미한다. 여가를 잘 활용하면 두 가지 유익이 있다. 하나는 충분한 휴식을 통해 창의력을 키우고 다른 한 편으로는 놀이를 통해 재미를 발견하고 즐김으로써 삶의 질이 향상되고 생산성이 높아진다. 명지대 여가 정보학과 김정윤 교수는 그의 저서 「휴테크 성공학」의 프롤로그 첫머리에서 "21세기가 원하는 경쟁력은 휴식에서 창조되고, 놀이에서 발견된다"고 하였다. 한 때 화제가 되었던 「노는 만큼 성공한다」라는 책에 보면 우리나라가 지난날 1만 달러의 늪에서 헤어나지 못했던 이유 중의 하나가 생산적인 여가문화의 부재 때문이었다고 분석하고 있다. 잘 놀아야 창의성도 높아지고 결과도 좋은데 우리나라에서는 노는 문화가 제대로 정착되어 있지 않아서 생산성도 그 이상의 발전이 없다는 것이다.

반면 서구의 경우는 노는 문화가 잘 발달하였다. 일하는 것과 노는 것도 기술이다. 놀이는 자신을 되돌아보게 도와줄 뿐 아니라 삶을 능동적으로 이끌어 자신감과 활력을 되찾아 준다. 즉 노는 것의 본질은 '재미와 자기반성'이라는 두 가지 요소가 결합한 것이라 할 수 있다. 논다는 것은 거저 웃고 즐기는 것이 전부가 아니다. 자기 내면의 세계를 들여다보고 반성의 기회를 갖는 것이기도 하며 또 다른 나를 들여다볼 수 있게 해주는 거울이기도 하다.

쉼 없이 일에만 몰두해 왔던 우리네 지난날의 모습은 이제 바뀌어야 한다. '논다는 것' 즉 '여가를 즐긴다는 것'은 삶의 질을 향상시킬 뿐 아니라 균형 잡힌 삶의 스타일, 나아가 자아 존중감의 유지를 가능케 해주는 선택이기도 하다.

행복은 즐거운 일을 하는 과정에서 얻어지는 것이다. 지금 즐거운 일을 선택하면 성공은 자연스럽게 따라온다. "재미의 발견"이 성공의 시작이다. 일이 재미있으면 그 일은 이미 놀이가 된다. 이제 일도 놀이하듯 즐기면서 해야 한다.

지난날 '열심히 일해야 잘 먹고 잘산다.'라는 교훈이 '잘 놀면 더 잘 산다.'로 바뀐 셈이다. 즉 나는 놈 위에 노는 놈이 있는 셈이다. 글로벌 시대를 사는 현대인에게 결정적으로 요구되는 경쟁력은 결국 창의력과 도전정신이다. 남과 같은 생각, 같은 패턴으로서는 늘 그 자리에서 맴돌 수밖에 없다.

우리나라 최대 기업인 삼성의 이건희 회장은 자기의 철학에서 나온 제2의 신경영방침에서 "탁월한 한 명의 천재가 20만 명을 먹여 살린다."고 역설했다. 여기 천재는 공부만 100점 맞는 그런 사람이 아니다. 각각 '끼' 하나씩은 있고, 공부도 효과적으로 하는, 그러면서도 창의력이 뛰어난 사람을 말한다. 이런 창의력을 키울 수 있는 방법은 '우리에게 주어진 여가를 최대한 활용하자.'는 휴테크의 교훈을 통하여 찾을 수 있다. '주 5일 근무제' 등으로 마련된 여가만 잘 활용해도 우린 성공의 대열에 합류할 수 있다. 새로운 인재를 필요로 하는 새 시대에 휴테크는 자신의 가치를 상승시킬 수 있는 최고의 전략이기도 하다.

바다가 보고 싶은가? 동해로 가든 서해를 찾든 기차를 타자. 산이 손짓하는가? 산으로 발걸음을 옮기자. 우리의 행복과 성공은 절대로 먼 미래에 있지 않다. 지금 우리의 행복을 선택하면 우리의 미래는 단연코 핑크색으로 빛날 것이다. 중요한 것은 지금, 이 순간 우리가 망설임 없이 좋아하는 일이 있느냐 하는 것이다.

일상을 떠난 쉼(휴식)과 여가의 활용(놀고 즐기는 것)은 다른 환경에 자신을 노출시키는 시간이며 창조적 아이디어를 얻는 시간이다. 실제로 기업마다 헌신적인 아이디어를 개발하는 팀에 소속된 사원들은 출근 복장이나 출퇴근 시간도 자유롭고, 남들이 보면 항상 빈둥빈둥 노는 것같이 보인다. 음악을 듣거나 영화를 보거나 책을 읽거나 의도적으로 자신을 노출시킬 때 비로소 창조적 아이디어를 쏟아내는 것이다. 그러므로 쉼은 시간 낭비가 아니라 재창조 또는 재충전의 기회이다. 따라서 일하는 것과 노는 것도 기술일 뿐 아니라 쉬는 것도 기술이다.

공직에서 은퇴를 한 후 전원에 들어와서 15여 년이 지나도록 나를 내려놓고 심신의 휴양과 영적 충전을 하며, 우테크와 휴테크에 관심을 갖고 실천을 하였다. 우테크를 통하여 새로운 친구를 사귀어 많은 사람을 얻었고 그들에게 분에 넘치는 사랑을 받고 있다. 또 휴테크를 통하여 영적 능력과 건강을 회복하여 신학교 강의와 독거노인 봉사와 동산을 가꾸는 일 등 노후에 뜻깊은 일들을 하고 있다. 수많은 사람을 접하던 도시에서 보다 호젓한 산골에서 더 많은 사람과의 깊은 친교가 이루어졌고, 바쁘게 뛰어다니던 젊을 때 보다 노년에 더 많은 것을 배우고 얻게 되었다. 앞으로도 우테크와 휴테크를 잘 하여 이 100세 시대에 더욱 즐겁고 보람 있는 일들을 하면서 아름다운 황혼을 만들어가야겠다.

내 인생의 전환점

　미지의 세상을 살아가다보면 삶의 목표와 방향이 바뀔 때가 있다. 이것을 인생의 전환점(turning point)이라고 한다. 무엇인가를 깨달았을 때, 새로운 비전을 발견했을 때는 스스로 변화를 시도하나 피치 못할 환경에 부딪쳤을 때는 숙명처럼 전환을 받아들이기도 한다. 또 특별히 고난을 당했을 때는 깨어지고 부서지며 변화를 추구하게 된다.

　모세는 자기의 지혜와 총명과 재능으로 자기 백성을 애굽에서 구해내려고 하다가 이 일로 인하여 애굽의 왕궁에서 쫓겨났다. 40년 세월을 미디안 광야에서 고난을 받으며, 자신의 연약하고 무능함을 깨닫고 납작이 엎드러졌을 때 하나님은 그를 불러 사용하셨다. 그리하여 애굽이 두려워 도망친 자가 민족을 구하는 사명자가 되어 애굽에 도전하였고 이스라엘 백성의 위대한 지도자가 되었다.

　예수님을 핍박하고 훼방하던 바울도 다메섹 도상에서 주님을 만난 후 완전히 바뀌어 땅끝까지 증인의 삶을 살았다. 몸의 병약함 때문에 그가 가진 뛰어난 장점들과 모든 교만을 다 내려놓고 하나님 앞에 겸손히 엎드러졌다. 그리하여 사울(큰 자)에서 바울(작은 자)로 변화되어 일평생 주와 복음을 위해 사는 위대한 사도가 되었다.

보잘 것 없이 작은 내 인생, 변변찮은 내 삶에도 큰 변화를 가져온 전환점이 세 번 있었다.

첫 번째 전환점은 믿음의 여인과 결혼한 후 예수님을 믿고 신앙생활을 하게 된 것이다. 정확하게 1973년도 12월 26일부터 31일까지 열린 개명교회 부흥사경회(강사 이재순 목사)에 아내의 간절한 기도와 간곡한 권유로 참석하여 성령세례를 받고 예수님을 구주로 영접하여 74년 1월 1일 부터 교회 새벽기도회에 나가며 새생활을 시작하였다. 뿐만 아니라 우리 부부의 전도에 따라 온 가족이 다 교회에 다니게 되어 무지와 가난과 우상의 집이 기독교 신앙의 집으로 완전히 바뀌었다. 나는 술과 담배는 물론 세상적인 일과 습관을 버리고 교회일꾼으로 충성하며 철저하게 변화된 삶을 살게 되었다.

두 번째 전환점은 교사생활을 하며 소명과 사명을 받아 주경야독으로 신학을 공부한 후 1991년 11월 23일 대한예수교장로회 대구노회에서 목사안수를 받고 목사가 된 것이다. 주의 종이 된 후엔 집을 팔아 교회를 개척하고 교사 사표를 내고 오로지 주와 복음을 위해 목회의 길을 걷게 되었다.

세 번째 전환점은 65세였던 2016년 11월 1일 밤 뇌출혈로 쓰러져 죽음의 문턱을 돌아온 것이다. 원인은 과로였다. 공직에서 은퇴를 하고 팔공산 기슭 전원으로 들어와 시온동산(전원교회 겸 수양원)을 운영하며 경산에 있는 신학교에 강의도 나가고 이웃에 있는 우리집 요양원 원목과 와촌 지역의 독거노인을 보살피는 둥지회원으로 봉사를 하였다. 또 농사도 짓고 가축도 기르는 등 동산을 가꾸면서 외부 집회도 인도하고 각종 모임에도 나가며 열정을 쏟았다.

그날 오전에 거창의 동서가 와서 팔공산 순환도로를 드라이브하며 단풍 구경을 시켜주고 점심 식사를 대접해서 보내고 저녁에 또 영천 사랑방에 나갔다. 환절기라 그런지 밤이 깊어지자 바람이 제법 쌀쌀했다. 그날도 다른 날처럼 강변을 한 바퀴 돌고 오려고 두 친구와 함께 빠른 걸음으로 강변을 걷다가 어지러워 벤치에 앉는데 갑자기 하늘과 땅이 빙~두어 바퀴 돌면서 머릿속에 흑암이 오더니 땅바닥에 퍽 쓰러져 토하기 시작했다. 그리고는 몸을 가누지 못했고 점점 의식을 잃어 갔다. 나중에 알고 보니 김태호 씨는 나를 붙들고 정희락 씨는 강변 주차장에 있던 자기 트럭에 실고 영천 영대 병원 응급실로 달려갔다. 그야말로 골든타임을 놓치지 않고 대응을 잘 한 셈이었다. 자정이 넘어서야 대구에 간 아내에게 연락이 되어 아들과 의사인 딸을 데리고 와서 경대병원으로 옮겨 시술을 하고 중환자실을 거쳐 며칠 후에야 일반병실로 나오게 되었다. 과로는 암을 비롯해 어떤 병보다 더 무섭다고 하더니 그 결과가 치명적이었다.

　의사 선생님의 설명을 들으니 뇌출혈(지주막하출혈)로 생존율이 50%인 아주 위험한 뇌 질환이었다. 기적적으로 살아났고 후유증 없이 회복된 것은 전적 하나님의 은혜였다.

　6개월마다 점검을 하는데 1년 후 재발의 기미가 보여 재시술을 하기위해 입원을 했다. 그런데 설상가상으로 피검사에서 C형 간염이 나타났고 독감까지 걸려 합병증으로 몸서리가 나도록 아팠다. 거기다가 간수치가 높아 마취가 어렵다며 시술이 계속 지연되다가 또 담당의사가 갑자기 아파 병원에 나오지 못한다고 하였다. 다른 병원으로 가서 수술을 하든지 더 기다리든지 결정을 해야 하고, 뇌출혈(신경외과) 시술부터 해야 할지 C형 간염(소화기내과) 약부터 먹고 치료를 해야 할지도 문제가 되는 바람에 이번에는 사태가 아주 위중했다. 건강은 점점 악화되고 아내와 자녀들은 간호도 해야 하니 나는 물론 가족 모두가 마음고생이 이만저만이 아니었다.

경대 의대를 나온 딸과 사위의 판단과 주선으로 처음 예약일의 두 달 후에 간신히 재 시술을 하고 간염 약을 3개월 복용하여 뇌출혈 부분도 점차 좋아지고 간염도 완치가 되었다.

주의 종으로서 부족하기 짝이 없지만 '사명이 있는 자는 죽지 않는다'는 말씀대로 하나님께서는 아직도 쓸 데가 있는지 살려주셨고, 더 깨뜨리고 빚어내야 하는지 고난과 시련으로 연단을 하셨다. 주변의 믿는 자들이나 안 믿는 자들 모두가 '하나님이 목사님을 살리셨다'고 하였다. 그렇다. 하나님께서 살리신 것은 너무도 분명한 사실이다. 이 일을 통하여 하나님께 영광을 돌리게 되었다.

특별한 사고나 고난은 삶의 방향과 자세를 바꾸는 계기가 된다. 죽음의 문턱을 돌아왔으니 이제 나의 삶은 더욱 큰 변화를 가져왔다. 아니 완전히 바뀌었다. 구체적으로 바뀌었다.

첫째로 잘 우는 버릇이 생겼다. 걸핏하면 잘 운다. 감사해서 운다. 떨어지는 낙엽, 구르는 낙엽만 봐도 눈물이 난다. 칠흑 같은 중환자실을 두 번 거치고 나서도 살아났고 후유증도 없으니 하나님의 사랑이 너무 크고 놀라와 감격해서 자주 울먹거린다. 나도 몰래 거저 눈물이 주르르 흐른다.

둘째로 감사하는 사람이 되었다. 모든 것이 감사하다. 죽을 죄인이 살아 있는 것도 감사하고 후유증 없이 정상으로 회복된 것도 감사하다. 감사하고 울기만 한 게 아니라 감사일기를 쓰게 되었고 세 줄 일기도 쓰게 되었다.

셋째로 모든 것을 내려놓게 되었다. 신학교 강의도 중단하고 요양원 원목도 사임했다. 세상에 대한 욕심과 미련을 내려놓고 미움도 원망도 내려놓았다. 마음을 비우게 되었다.

넷째로 살아 있는 동안에 더 부지런히 하나님을 찬양하고 예수님을 전하기로 다짐을 했다. 특별히 친족들과 가까운 사람들 중에 아직 복음을 영접하지 않은 사람들에게 전화나 편지를 하고 찾아보며 전도를 하고 있다.

다섯째로 하나님이 부르시기 전에 목사로서 내가 누구인지, 어떻게 살았는지 그리고 아내와 자녀 손들에게 해주고 싶은 말들을 모아 서둘러 책을 쓰고 싶었다. 투병과 회복을 하면서 당장 한 해에 한 권씩 썼다. 먼저 내 인생 내 삶의 이야기 <자서전>을 쓰고, 목사로서 그동안 했던 설교 중에 특별한 설교를 모아 <설교집>을 엮고, 그리고 언제나 소망했던 가슴 뛰는 세상에 대한 <수상집>을 내게 되었다.

여섯째로 읽고 싶은 책, 쓰고 싶은 글, 보고 싶은 사람들과 친구들을 만나며 열심히 하루하루를 즐기며 살아가게 되었다.

일곱째 아내를 비롯해 가족들을 최선을 다하여 사랑하기로 다짐을 하고 실천하고 있다.

마지막으로 하늘나라 갈 준비 곧 죽음준비를 하기로 했다. 시온 동산을 비롯해 재산, 책, 옷, 물건 등 가지고 누리던 세상 것, 모든 것을 정리하고 홀가분하고 깨끗한 마음과 몸으로 하늘나라에 갈 준비, 세상을 떠날 준비를 서두르기로 했다. 언제 부르실지는 모르지만, 만반의 준비를 해놓고 살기로 했다. 그래서 <아름다운 황혼>이란 제목의 노트를 만들어 구체적으로 떠날 준비를 하고 있다. 구체적으로 영정사진, 지인 연락처, 부고장, 비문도 만들고 임종과 입관, 장례(출상, 하관) 예배 순서지, 예배 인도자까지 선정하여 기도하고 있다. 또 그 부록으로 보험 목록과 증권, 재산 목록과 등기부 등본을 파일로 만들어 놓았다.

만약 그날 그 일이 없었다면 나는 아직도 천년만년 살 줄 알고 천방지축으로 뛰어다니며 세상에 깊이 **빠져**있었을 것이다. 감기 한 번도 안 걸리는 건강한 사람이라고 자신하며 교만에 **빠져**있었을 것이다. 그러므로 시편 119편 71절에 "고난 당한 것이 내게 유익이라 이로 말미암아 내가 주의 율례를 배우게 되었나이다"라고 하신 말씀대로 그 사건을 통하여 많은 것을 깨달았다. 이는 하나님께서 주신 경종이었고, 하늘나라로 옮겨 가기 위한 훈련이었으며, 죽음 준비, 떠날 준비 작업을 하는 계기가 되었다.

세월이 빠르게 흘러간다. 해마다 11월이 가까워 오고 환절기가 되면 신경이 쓰인다. 자녀들은 날씨가 안 좋거나 여행을 가거나 무슨 행사라도 있으면 전화를 하여 주의를 당부한다. 아내는 운전을 삼가도록 종용하고 외출을 하게 되면 반드시 날이 저물기 전에 귀가하도록 강조한다. 나 역시 어딜 가거나 특별한 일이 있을 땐 자녀들한테 미리 알린다. 떠날 준비를 잘하기 위해 마련한 노트와 부록 파일을 책상 앞에 두고 수시로 펼쳐본다. 그렇다고 마음이 약해지거나 활동이 위축되지 않고 주님이 부르시는 그날까지 더욱 힘차고 담대하게 열심히 주어진 일에 최선을 다하여 살려고 한다.

매일 나라와 학교와 교회, 그리고 가정과 3남매와 6손들을 위해 기도한다. 또 마지막 꿈인 내 후손이나 제자 중에서 글로벌 리더가 나올 줄 믿고 기도한다. 내 인생 끝이 아름다운 유종의 미를 거두고 싶다. 그리고 모든 사람이 가는 길로 가고 난 후 뒷모습이 아름다운 사람이 되고 싶다.

이것이 인생이다

나의 청소년기는 심한 방황의 시기였다. 어머니는 6·25 때 피난길에서 나를 낳고 몸조리를 못하여 얻은 병으로 평생을 시달리다 가셨다. 어머니의 병환으로 따뜻한 모정을 느끼지 못하고 할머니 품에서 자라며 이기적이고 고집이 세며, 급하고 괴팍한 성격을 갖게 되었다. 또 한 가지 일에 몰두하거나 취미에 깊이 빠지곤 했다. 거기다 머리는 좀 좋았는지 시골의 초등학교 땐 천재소리를 들었고 중·고등학교를 졸업할 때까지 수위를 빼앗겨본 적이 별로 없었다. 따라서 더욱 교만하고 자유분방했다.

그러다 교육대학을 졸업하고 일찍 결혼을 하여 아내로부터 복음을 받고 예수님을 믿게 되었다. 청소년기에 누굴 의지하거나 어디에도 매인 데가 없어 심한 방황을 한 탓인지 예수님을 만난 것은 목마른 사슴이 시냇물을 만난 것과 같았다. 하나님의 세심한 간섭인지 남다른 특별한 종교성이 있었는지 성령의 은혜를 체험하고 예수 혁명이 일어나 주님의 진리와 사랑에 깊이 빠졌고, 열심히 신앙생활을 하였다.

어릴 때의 꿈은 교사가 되는 것이었고, 교사가 되고 기독교에 입문한 후에는 목사가 되고자 했다. 목사가 되기 위해 주경야독으로 4년제 대학(법학과)에 편입하여 졸업을 한 후 신대원에 입학하기까지 15년 동안 번번이 길이 막혀도 포기하지 않고 준비하였다. 신학교에 다니면서 집을 팔아 교회를 개척하였고, 졸업을 하자 교사사표를 내고 목사가 되어 본격적인 목회를 시작했다.

교사 때부터 청소년 구령운동과 학원복음화에 힘쓰면서 청소년 전문사역자가 되었다. 조용하고 평범한 목회를 하지 않고 개척교회를 하면서 청소년 제자 훈련원을 건립한다고 모든 것을 다 쏟아 붓고, 부흥사가 되어 전국을 누비며 숨 가쁜 달음질을 하느라고 수많은 시행착오와 고난을 겪었다. 은퇴를 한 후엔 팔공산 기슭 전원으로 들어와 시온동산(전원교회 겸 수양원)을 조성하고 특수사역(신학교 교수 및 노인 사역)을 하게 되었다. 동산을 가꾸고 노인요양원 원목과 신학교 강의를 하면서 각종 집회를 인도하는 무리한 일정에 시달리다 누적된 과로로 인하여 뇌출혈로 쓰러졌다. 죽음의 문턱을 돌아온 후 이제는 모든 일들을 접지 않을 수가 없는 지경에 이르렀다.

투병과 재활치료를 하면서 끓어오르는 열정을 주체할 수 없어 문서사역이라도 해야겠다고 글을 쓰기 시작하여 자서전적 수기집과 설교집, 묵상집을 연이어 출간했다. 몇 년이 지나자 건강이 회복되었지만 그러는 사이 어쩌다 세월이 빨리 흘러 고희를 지나 망팔에 이르렀다.

2022년 8월 1일은 칠순(생일)날이었고 12월 25일은 금혼식(결혼 50주년 기념일)날이었다. 참 세월이 유수같이 빨리도 흘러가 이제는 노년기에 접어들었다. 나이로 보나 얼굴의 주름살과 검버섯, 구부정한 허리와 벗겨진 머리숱을 보거나 어느 면을 보아도 영락없는 노인이다. 외모보다 더욱 실감을 느끼는 것은 시력과 기억력에다 운전과 동산을 가꾸는 작업능력이 현저하게 차이가 난다.

내 인생은 네 단계로 나눌 수 있다. 첫째는 유년 시절부터 방황하던 청소년기 20년이다. 다음은 교사시절 20년, 그리고 목회 기간 20년을 지나 지금 전원생활을 15여 년째 하고 있다. 언제까지 일지는 모르지만 지금은 어쨌든 마지막 단계 노년기다.

꿈과 열정을 가지고 질주하면서 시련과 고난으로 점철된 내 인생은 그래도 지금의 노년이 가장 평온하고 행복하다. 최근에 와서 제일 보람 있게, 사는 것 같이 살고 있다. 그것은 온갖 파고를 넘어 시온동산에 안착을 하였고, 아내와 다정하게 화목한 생활을 하고 있기 때문이다. 아내와 단둘이 조용한 산골 숲속에서 이렇게 편안하게 지내기는 이곳이 처음이다. 젊을 땐 내가 실수를 많이 한 탓이겠지만 신앙생활을 먼저 한 아내는 목사인 내게 잔소리를 많이 하며 간섭을 했다. 다 옳은 말이었지만, 그럴 때마다 혈기와 고집을 꺾지 못하여 자주 다툼이 생겼다. 아내는 그것을 제일 싫어하였고 때문에 사이가 좋지 않아 대화를 잘 하지 않았다. 그런데 요즘은 혈기를 죽이고 나를 내려놓으니 사이가 좋아졌고, 서로 존중하고 아끼며 조곤조곤 대화를 많이 하며 의논 좋게 살아가고 있다.

　결혼하고 나서 젊은 교사 시절엔 학교와 교회만 알고, 가정에 신경을 쓰지 못했다. 거기다 야간대학(법학, 신학, 상담학 등)을 다니며 공부한다고 아내에게 전혀 관심과 배려가 없었다. 목사가 된 후에는 목회한다고 더욱 교회만 신경 쓰고, 또 부흥사가 되어 전국을 누비며 집회 인도한다고 바쁘게 돌아다니며 아내와 자녀들을 돌보지 못했다. 나중엔 본 교회와 자녀들을 아내가 다 책임졌다. 그러다 아내는 의사 딸 뒷바라지에 손자들까지 돌본다고 극도의 고달픔에 시달렸다. 정말 고생을 많이 했고 나는 무정하고 못난 남편 노릇을 했다. 결국은 우리 부부 서로에게는 물론 자녀들에게도 큰 상처와 후유증을 남겼다. 그러나 다행스럽게도 세월이 흐르는 동안 하나님의 긍휼의 은혜와 신앙의 힘으로 모두가 스스로 잘 이겨내고 회복할 수 있었다. 오래 걸렸다.

　교사 20년과 목회 20년, 40여 년을 열정을 쏟아 뛰었지만 바람 잘날 없었다. 내가 주의 일을 한다고 치우쳐 질주를 하는 동안 자녀들 키우고 가정을 돌보느라고 온갖 희생을 다한 아내의 40여 년은 마음에는 피눈물보다 더 아픈 상처를 남기고, 온 몸엔 성한 데가 없는 멍자국을 남기게 되었다. 다시 하라면 도무지 할 수 없는 엄청난 시련이었다. 살아 있는 것이 기적이며, 여기까지 온 것, 다 버티어낸 것이 꿈만 같고 한편 대견스럽기도 하다.

일찍 만나 사랑한다고 결혼을 했다. 꿈을 이루겠다고 20여 년을 주경야독하며 죽을힘을 다해 뛰었다. 받은 사명을 다하겠다고 집도 직장도 버리고 미친 듯이 살았다. 몇 번이고 헤어질 뻔 했으나 아이들과 예수님 때문 참고 견디어 왔다. 참된 진리와 행복을 모르고 허겁지겁 열심히만 살았다. 허영과 욕망으로 물불을 모르고 달음질했던 젊은 시절, 지난 시절은 다 부질없는 삶이었다. 죽지 않고, 헤어지지 않고 50여 년이 넘도록 살아온 것은 사람의 힘으로 할 수 없는 기적이었다. 돌아보면 전부는 하나님의 은혜였다. 지금 이렇게 살고 있고 노년이 이렇게 다정하고 행복한 것은 하나님의 은혜가 아니고는 있을 수도 없고 설명할 수도 없다.

우리에겐 신혼 때보다 지금이 행복하고, 젊을 때보다 노년이 아름답다. 가을이 되어야 단풍이 아름답게 물들듯 인생의 가을인 노년이 되어야 삶도 아름다워지는가 보다. 한낮보다 노을 지는 저녁이 아름답듯 우리에겐 청춘보다 황혼이 더 아름답다. 지금 우리의 노년은 그야말로 노을이 곱게 물든 최고의 아름다운 황혼이다. 이런 날이 올 줄은 몰랐다. 상상도 못했다. 그래서 인생은 힘들고 어려워도 끝까지 살아봐야 한다. 주님이 부르시는 그날까지 계속 살아가는 것이 인생이다. 끝이 아름다워야 모든 것이 아름답다는 말처럼 인생살이는 유종의 미를 거둬야 한다. 부딪치는 순간순간은 늘 힘들고 괴롭고 슬프지만, 슬퍼하거나 좌절하지 않고 참고 견디며 살아가야 한다. 이겨내야 한다. 정열의 청춘보다 힘겨운 황혼이 더 행복할 수 있다. 아무리 힘들고 어려워도 참고 살아야 한다. 이것이 인생이요 삶이다. 자녀 손들을 마음에 품고 날마다 기도하니 감사가 나오고, 장날이 되면 함께 시장을 봐가지고 자녀 손들 반찬을 만들어 갖다 주며 보람을 느낀다. 몸이 아프고 경제적으로 어려워 한숨이 나와도 숱한 세월을 함께 헤쳐온 삶의 동반자가 곁에 있어 든든하다. 서로 아끼고 섬기고 대화를 나누며 황혼의 행복을 실감한다.

아내는 오늘도 싱싱한 풋것으로 반찬을 만들고, 땀에 젖은 내 옷을 빨래한다. 그냥 입어도 될 잠옷까지 아내는 정성을 들여 다림질하면 나는 우둔한 손으로 어설프게 빨래를 갠다.

'주안에 있는 나에게 딴 근심 있으랴
십자가 밑에 나아가 내짐을 풀었네
주님을 찬송하면서 할렐루야 할렐루야
내앞길 멀고 험해도 나 주님만 따라가리'

누가 먼저 시작했는지 함께 찬송가를 부르는 새, 무학산 기슭의 시온동산 조그만 2층집 창문 너머로 붉은 저녁노을이 비쳐온다. 참 아름답다. 그러나 노을에 물든 가을 황혼보다 우리 부부의 인생 황혼은 더 아름답다. 젊은 신혼 때보다 금혼식을 지난 지금의 황혼이 더 행복하다. 열정의 청춘보다 고요한 황혼이 더 고상하다. 오늘도 아름답고 행복한 황혼이 즐겁고 감사하여 내 영혼의 그윽히 깊은데서 저절로 찬송이 흘러나온다. 내가 여기까지 온 것, 지금도 살아있는 것은 배후에 두 손의 힘이 있었기 때문이다. 하나는 보이지 않는 하나님의 손이 붙들어 주셨고, 또 하나는 보이는 아내의 손이 도와주었다. 오늘도 잠들기 전에 하루를 정리하며 감사의 글을 쓴다.

'지금이 사랑하기 딱 좋은 때이고 무엇을 하든지 지금이 적기다. 곁에 함께 있을 때 잘해야 한다. 지금 잘 해야 한다.' 이것이 바로 노년에 와서 터득한 행복한 삶의 비결이며, 이제야 깨달은 진리다. 지극히 평범하고 쉬운 것이지만 한편 깨닫기 어렵고 실천하기는 더 어려운 엄청나게 위대한 진리다. 왜 나는 이것을 미처 몰랐는가, 왜 그토록 우매했는가.

한 해 한 해 나이가 들고 늙어가는 것은 지극히 당연한 것이다. 인간의 노화는 그 어떤 과학으로도 막을 길이 없다. 피할 수도 없다. 그러므로 두려워하거나 조급해 할 필요도 없다. 거저 하늘과 세월에 순응하는 것이다.

이사토 신이치의 <나이를 이기는 결정지능>이란 책에는 인간의 두 가지 지적 능력에 대하여 소개하고 있다. 일의 처리 속도, 기억력, 법칙을 이해하고 응용하는 능력 등의 유동지능은 젊을수록 잘 발휘되지만 절제, 이해, 관찰력, 통찰력 등의 결정지능은 나이가 들수록 더 잘 발휘할 수 있다고 한다. 따라서 유동지능은 나이가 들면서 퇴화하나 결정지능은 점점 발달한다고 한다. 청년이 아침이면 노년은 인생의 저녁이다. 청년이 인생의 봄이면 노년은 인생의 가을이다. 아침이 중요하면 저녁도 중요하며, 봄에 뿌리는 것도 중요하지만 가을에 추수를 잘 하는 것도 중요하다. 달리기를 할 때 출발도 중요하지만, 마지막을 잘 해야 상을 탈 수 있다.

요즘 '신 중년'(New middle-aged)이란 새로운 호칭이 있다. '더 건강하고 똑똑해진' 60-75세 사이의 사람들을 이르는 말이다. 이들은 자기 나이를 훨씬 젊게 보고 있다. 모 설문조사에 의하면 실제로 이들은 10년 전 같은 나이대보다 확실히 체력도 좋고 체질도 개선된 것으로 나타나고 있다.

"우리가 낙심하지 아니하노니 우리의 겉사람은 낡아지나 우리의 속사람은 날로 새로워지도다"(고후 4:16)라고 하신 말씀대로 육신의 눈이 어두워질 때에 신령한 눈이 밝아진다. 나이가 들수록 영의 세계, 미지의 세계를 보도록 힘써야 한다.

나뭇잎은 단풍으로 물들어질 때가 제일 아름답다. 과실과 곡식은 다 익어 거두게 될 때 제일 아름답다. 햇빛도 서산 낙조가 제일 아름답다. 신 중년, 노년 시기(New middle-aged and older generations)는 인격과 믿음이 완숙하고 아름다워질 때다. 온유하고 겸손하고 진실하고 원만하고 온전한 그리스도의 인격을 풍기는 멋진 세대가 되기를 소망한다.

잘 늙으면 청춘의 때보다 더 아름다운 황혼을 즐길 수 있다. 더 멋진 추억을 만들 수 있고, 더 고상한 행복을 누릴 수 있다. 나이는 숫자에 불과하다. 마지막 순간까지 활활 타오르는 열정을 갖자. 신나게 사는 사람은 늙지 않는다. 늙는 것이 아니라 익어가는 것이다. 단풍은 봄꽃보다 더 예쁘다. 봄꽃은 예쁘지만 떨어지면 지저분하다. 그래서 주워가는 사람이 없다. 단풍은 떨어져도 주워가고, 책갈피에 간직하기도 한다.

바닷가를 거닐거나 공원의 벤치에 앉아 운 좋게 지는 저녁 노을을 바라보면 정말 아름답다. 해가 기울어 서산에 걸려있고 주변이 온통 붉게 물들 때 그때가 하루 중 가장 아름답다. 아름답다 못해 황홀하다. 계속 지켜 바라보지 않으면 서산을 넘어가는 해를 놓치고 만다. 황혼도 마찬가지다. 지금이 가장 아름다운 때다. 지금 이 순간이 가장 행복한 때다. 지금 서로 바라보고 사랑한다 말해주고 안아주고 손을 잡고 거닐어야 한다. 오늘 지금 이 자리에서 일생에 가장 멋진 추억을 만들고, 가장 아름다운 모습을 남기고 가는 것이다. 아쉽지만 황혼은 오래 가지 않는다. 해는 뉘엿뉘엿 곧 저물기 마련이다. 황혼은 그렇게 지는 것이다. 이것이 인생이다.

<신앙 간증>
아브라함의 신앙을 본받아

　38년 전 85년도에 운전면허를 따고 바로 중고 자가용을 구입하였다. 당시 근무하던 경화 여중고 60여 명의 교직원들 중에 교장선생님 다음으로 차를 마련하였다. 돈이 많아서가 아니라 첫째는 교통이 안 좋은 신설고교에 배정된 딸아이의 학업을 위하여 둘째는 매일 교회에 새벽기도를 나가기 위해 셋째는 앞으로 주경야독으로 야간 신학교를 다니고 활동을 많이 하려면 자가용이 있어야 생산적이고 능률적이라고 생각했다.
　그 후 신학교에 다니면서 89년도에 집을 팔아 교회를 개척했고, 신학교를 졸업하자 91년도에 20년 재직하던 교사 사표를 내고 목사 안수를 받고 목회의 길을 걸었다. 또 92년도에 일시불로 받은 퇴직금과 유산으로 받은 시골 땅을 팔아 청소년훈련원 부지(6,000평)를 구입하는데 다 바쳤다. 숨 가쁜 달음질이었다. 성령에 이끌려 새로운 길을 걷게 되었다.
　경제사정에 매이지 않고 미래를 준비하기 위해 진취적인 투자를 하는데 주저하지 않았다. 넉넉하지 않은 생활이었지만 과감하게 자가용을 구입했고, 모두가 아파트를 사려고 혈안이 되었을 때 나는 아파트를 팔아 교회를 설립했으며, 모두가 직장에 대한 애착을 가질 때 나는 그 안정되고 귀한 고등학교 교사직을 사임하고 목회자의 길을 걸었다. 개척교회 그것도 청소년교회를 하면서 제자훈련원을 건립하려고 했으니 애보다 배꼽이 더 큰 격이었다. 일반사람들이 볼 땐 미친 짓이었다.

아니 주변의 믿는 사람들까지도 의아해 하며 놀랐고 가족들도 울고 불며 난리였다. 내 마음 내 정신으로 한 것이 아니었다. 이것저것 계산해보고 따져보고 한 것도 아니었다. 성령의 불을 받고 성령의 새 술에 취하여, 성령의 강권적 역사에 이끌려 진행되었다.

나는 매월 봉급식 연금을 받는 것보다 일시불로 받는 것이 좋다고 생각했다. 왜냐하면 그 돈으로 교회를 세우면 하루라도 빨리 천하보다 귀한 영혼을 구원하고, 모이는 교인들이 또 다른 사람을 전도하면 교회도 부흥되어 훨씬 유익하다고 생각했다. 대부분의 사람들은 그렇지 않았다. 혹시 손해를 보거나 장래가 두려워 그렇게 할 엄두도 내지 못했다. 나는 이 땅의 청소년 구령운동과 청소년 제자훈련이 무엇보다 시급하다고 생각하여 당시 형편으로는 감당하기 어려운 큰 도전을 하였다. 하나님이 함께하시고 도우시면 못할 것이 없고 안 될 것이 없다는 믿음으로 확신을 가졌기 때문이다.

믿음의 조상 아브라함의 신앙은 세 단계가 있다.(창12-25장)
첫째는 떠나는 단계다.
"너는 너의 고향과 친척과 아버지의 집을 떠나 내가 네게 보여 줄 땅으로 가라"는 하나님의 말씀을 받고 그는 즉시 떠났다. 이것은 지금까지 의지하던 세상중심에서 천국중심으로, 인간중심에서 하나님중심으로 살겠다는 철저한 방향전환이다.
둘째로 바치는 단계다.
땅문제로 조카 롯과의 시비에서 땅을 양보하고, 전리품에서 십일조를 바치고 100세에 낳은 아들 이삭을 모리아 산에 번제물로 바쳤다. 이것은 하나님 제일주의의 신앙이요, 온전한 순종이었다.
셋째는 받아 누리는 단계다.
하나님의 명령에 순종하여 삶의 방향을 완전히 바꾸고 하나님의 시험에 완전한 합격을 하고 나니 약속대로 복에 복을 더하여 주시고 번성케 하셨다. 그리하여 믿음의 조상이 되었다.

나는 아브라함의 신앙을 본받아 예수님을 만난 후 혁명적 회심을 하여 철저한 신앙중심으로 돌아섰고, 주신 집과 받은 유산과 직장까지 다 바쳐 오직 주와 복음을 위해 살기로 했다. 그리할 때 더 온전케 연단하시기 위해 때로는 시련도 주셨지만 지나고 보니 모든 면에 차고 넘치게 복을 주셨다. 이는 나에게 뭐가 잘난 것이 있거나 잘한 것이 있어서가 아니라 "너희는 먼저 그의 나라와 그의 의를 구하라 그리하면 이 모든 것을 너희에게 더하시리라"(마 6:33)라고 하신 말씀대로 주님을 위해 살면 주님께서 필요한 것을 제공해 주시고, 책임져 주시기 때문이다.

부족하기 짝이 없는 나에게 하나님께서 베풀어주신 은혜와 축복을 일일이 다 말할 수 없지만 몇 가지라도 이 글을 통해 간증을 하여 하나님께 감사와 영광을 돌리고자 한다.

첫째는 30대 젊은 나이에 제1회 남강교육대상을 수상하였다.
이 상은 겨레의 스승 남강 이승훈 선생의 애국정신과 교육정신을 계승하는 자에게 주는 교육계의 가장 명예로운 상이다. 이것은 기독교사로서 신앙교육에 헌신하며 집을 팔아 청소년교회를 설립하고 청소년 구령운동 곧 학원복음화에 힘쓴 결과로 하나님이 주신 축복이다. 이로 인하여 남강문화재단 이사장이신 한경직 목사님으로부터 상을 받고 사랑을 받게 되었으며, 여의도 순복음교회 조용기 목사님을 만남으로 5천만 원의 후원과 국민일보에 신앙교육 수기가 연재되어 전국의 많은 교회에 집회를 인도하는 계기가 되었다.

둘째는 복음전파의 지경을 확장시켜 주셨다.
목사 초년생을 전국적인 부흥사로, 수많은 집회의 강사로, 학원복음화의 기수로 세워주셔서 목사가 된 91년부터 95년까지 초기 5년 동안에 전국을 순회하며 600여 차례의 집회를 인도했고, 그 후로도 다섯 교회를 개척하고 줄곧 전국을 누비며 1,000회 이상의 각종 집회를 인도하며 왕성한 목회활동을 하였다. 내가 한 것이 아니라 하나님께서 하셨고 내 힘이 아니라 성령의 권능으로 역사하셨다.

소망을 가지고 준비하는 대로 이루어 주셨다. 신학을 공부하고 제자 양육의 꿈을 가지니 신학교 교수로, 노인사역을 준비하니 요양원 원목과 독거노인을 위한 봉사자로 사용해주셨다. 초등학교 교사를 대학 강단에까지 세워주셨고, 학교 앞 조그만 청소년 교회 목사를 세계에서 제일 큰 교회를 비롯해 전국의 수많은 교회에 세워주셨다. 이 모든 것들은 내힘으로 된 것이 아니라 하나님의 은혜였고 하나님이 베푸신 기적이었다.

셋째는 여러 차례 차량선물을 받았다.
목사 안수를 받을 때 서울 여의도 순복음교회 수출회사를 경영하는 S집사님으로부터 지프차를 선물 받았다. 갓 목사가 된 사람이 번쩍거리는 높은 지프차를 타고 다니면서 선배목사님들로부터 질시와 미움도 많이 받았다. 그 후 제자교회를 담임할 때 K전도사님의 남편으로부터 프린스 승용차를 선물 받았고, 달산교회에선 포텐샤를 타다가 포항 송도제일교회에서 큰 딸로부터 12인승 승합차를 선물 받았고, 은퇴 후 딸이 잠시 타던 새 차와 다름없는 오피러스가 너무 편하여 오래 타다가 최근에 지금의 K5 하이브리드를 큰 딸과 사위로부터 또 선물 받았다.

다 과분한 선물이었지만 그 중에 가장 고맙고 감격했던 것은 뇌출혈로 쓰러진 후 이제 활발한 사역도 못하고 전원에서 조용히 노년을 보내고 있는 나에게 어느 날 딸이 보자고 하여 나갔더니 타던 차를 두고 새 차를 몰고 가라면서 차키와 등록증과 보험증서까지 주었다. 차를 사 주어도 돈을 주면 되지만, 번거로운 여러 절차를 거치지 않도록 모든 것을 완벽하게 준비하여 차키를 인계하니 세상에 이런 감개무량한 일이 어디 또 있단 말인가? 딸과 사위의 정성과 사랑이 담긴 이 차는 노년의 우리 부부에게 가장 적절하고 편안한 자가용이다. 아니 세계에서 제일 좋은 차다. 자식이 사주는 차보다 더 좋은 차가 어디 있겠나? 요즘엔 이 차를 타고 손자가 녹음해준 찬송가(usb)를 들으면서 다니면 온 세상이 천국처럼 즐겁고 행복하다.

넷째는 심신의 휴식과 영적 충전의 공간으로 푸른 초장 쉴만한 물가와 같은 시온동산을 주셨다.

은퇴 후 팔공산 기슭 전원에 들어와 처음엔 조그만 식당 하나를 구입하여 전원교회를 시작했는데 지금 7,000여 평의 부지에 교육관을 건축하고 아름답게 조경을 하였다. 부지 확장엔 큰 딸과 사위가 힘을 써 주었고, 조경과 교육관 건축은 이웃집 황회장님이 연수원을 짓기 위해 맹지인 자기 땅으로 들어가는 진입로좀 내어달라하여 배려를 했더니 고맙다며 상당 금액을 기부하셨다. 당시 친구들이 40여 년 근무를 하고 퇴직할 무렵 그 퇴직금만큼이나 되었다. 교사로 20년 근무하다 목회를 나왔는데 그동안 복음을 위해 수고했다고 그대로 갚아주셨으니 이 또한 하나님의 은혜요, 여호와 이레와 르호봇의 축복이라고 생각한다.

또 맨 처음 교회를 개척할 때 당시 새 아파트를 팔아 청소년교회를 설립했는데 지금 내가 사는 집과 삼남매가 사는 아파트를 다 합하면 10배 이상 늘려주셨다. 하나님께 물질을 바치면 물질의 축복을 주시고 몸을 바쳐 충성하면 건강의 축복을 주시고 눈물로 씨를 뿌리면 많은 열매를 거두게 하시며 간절히 기도하면 응답을 받게 하신다.

"너는 내게 부르짖으라 내가 네게 응답하겠고 네가 알지 못하는 크고 은밀한 일을 네게 보이리라"(렘 33:3)라고 말씀하신대로 구할 때 응답해 주셨고, 내 생각보다 더 빨리, 더 많이, 더 쉽게, 더 좋게 해 주셨다.

다섯째는 죽음의 문턱을 돌아왔다. 다시 살려주셨다. 뇌출혈로 쓰러져 두 번의 시술을 하고도 후유증 없이 건강하게 회복되었다. '사명자는 죽지 않는다'는 말이 있듯이 아직도 할 일이 남아 있는지 살려 주셨다. 상황을 지켜본 주변의 신자나 불신자들 모두가 "하나님이 목사님을 살리셨다."라고 하며 하나님께 영광을 돌리었다.

이 외에도 믿음으로 살아오는 동안 기적 같은 일들이 많다. 한마디로 요약한다면 주와 복음을 위해 살면 지혜와 능력과 건강과 물질 등 모든 면에 하나님이 축복해주신다. 이 땅의 청소년들을 위해 살 때 먼저 내 자녀들에게 복을 주셨다. 나는 심히 부족하지만 하나님의 권능은 실로 무한하시다.

나는 하나님의 살아계심과 사랑하심과 역사하심을 실제 몸으로 삶으로 체험했다. 내가 실수를 하고 시행착오를 범했을 때도 하나님은 절대로 버리지 아니하시고 깨닫고 바로 서기를 기다리시며, 돌이키기만 하면 용서하시고 해결해주신다. 내가 어떤 어려운 시험과 고난에 빠져도 하나님은 외면하지 않으시고 기도하면 들어주시고 말씀을 통해 새 힘과 용기를 주신다.

하나님은 사랑의 하나님이시다.

"야곱아 너를 창조하신 여호와께서 지금 말씀하시느니라 이스라엘아 너를 지으신 이가 말씀하시느니라 너는 두려워하지 말라 내가 너를 구속하였고 내가 너를 지명하여 불렀나니 너는 내 것이라"

(사 43:1)

내가 글을 쓰는 이유

　나라 걱정 때문에 잠을 제대로 잘 수가 없다. 일찍 누우면 두어 시간 후에 깨고, 늦게 누우면 잠들기가 어렵다. 나라가 있어야 가정도 있고 교회도 있을 것이 아닌가. 나라가 안정되고 평화로워야 하는 일도 잘 되고 사는 재미도 있는 법이다. 나라가 혼란스럽고 어지러우니 기도하게 되고, 계속 기도를 하다 보니 잠속에서도 기도한다. 잤는지 못 잤는지 비몽사몽으로 늘 개운하지 않다. 하루 이틀도 아니고 이런 날이 계속되니 피곤하여 삶이 힘들어진다.

　피천득 선생은 "잠을 못 잔 사람에게는 풀의 향기도, 새소리도, 하늘도, 신선한 햇빛조차도 시들해지는 것이다. 잠은 근심을 잊게 하고 아픔을 잊게 하고 자는 동안만이라도 슬픔을 잊게 한다."고 했다. 그렇다. 잠이 없었던들 우리는 모두 정신병자가 되었을 것이다. 잠은 괴로운 인생에게 보내온 아름다운 선물이다.

　정치문제를 비롯해 교육문제, 경제문제, 출산문제 의료문제 등등 총체적으로 문제가 심각하다. 어떻게 지켜온 나라인가?

　수많은 침략을 받을 때마다 무고한 백성들은 피를 흘려 싸웠고, 밭을 갈아 한을 심고 가꾸는 동안에도 조정에서는 당파싸움이 그치질 않았다. 하나님의 보호와 애국자들의 독립운동으로 나라를 찾았으나 미소 신탁통치를 하는 동안 소련 공산당의 영향을 받은 김일성을 중심으로 한 북한 세력들의 공작활동으로 친소 공산국가가 세워질 위기에 처해 있었다. 미국서 돌아온 이승만이 간신히 남한만이라도 UN 감시 하에 총선거를 시행하여 기독교를 바탕으로 자유민주주의와 자유 시장경제를 건국이념으로 하는 대한민국을 건국했다. 그러나 기회만 노리던 북한군이 남한의 좌익세력과 합세하여 6·25 전쟁을 일으켰고 미국을 중심으로 한 UN 연합군의 도움으로 나라가 겨우 보존되었다.

전화의 잿더미 속에 무지와 가난과 우상으로 혼란과 흑암에 빠져 있을 때 교회의 십자가 불빛과 성도들의 눈물의 기도가 민족을 잠에서 깨웠고, 박정희 대통령의 경제정책과 새마을운동으로 한강의 기적을 일으켜 경제발전을 지속하면서 산업화, 민주화가 이루어졌다. 온 국민이 잘살아보자고 허리띠를 졸라매고 땀 흘려 일으켜 세운 나라를 친북 좌파 운동권 세력들이 모든 분야를 장악하고 자기들의 공로라고 생떼를 부린다. 최근에는 권력욕에 사로잡힌 범법자들이 통일하고 혁명한다고 노골적으로 날뛰고 있다. 이 꼴을 보고 듣고 사는 것도 고달프기만 한데 이를 분별하지 못하고 무조건 동조하고 지지하는 쓰레기들의 악취에 진저리가 나고 숨이 막힐 지경이다.

나라가 혼란스럽고 위태로운데 이를 피하여 산으로 간다고 잊혀질까? 교회 구석에 엎드려 부르짖기만 하면 될까? 차라리 모른 척하고 외면한다면 마음 편하게 제대로 살아질까? 아무리 생각해도 더 견디기 힘든 삶이요 자신의 존재에 대한 모독이다.

오죽하면 이 시대 이 나라의 선지자 전광훈 목사는 밤마다 잠을 이루지 못하고 몸부림치다 뛰쳐나가 청와대 앞에서 모진 한파에 아픈 몸을 이끌고 노숙을 하며 쉬어빠진 목소리로 절규를 하는가? 세 번이나 감방을 다녀왔지만 그러고도 모자라 왜 수 년째 광화문 광장에서 수많은 인파를 이끌고 성직자의 입으로 거친 욕설을 쏟아내고 있을까?

나 역시 가슴속에 들끓는 열정과 심장 깊숙이에서 솟구치는 외침이 있지만 어디서 어떻게 뱉어낼 형편도 안 되고, 그냥 누르고 삭이기엔 너무 괴롭고 힘들어, 밤을 새우며 기도로 몸부림치다 어쩔 수 없이 이렇게 글을 쓴다. 그러면 조금은 숨통이 트이고 억지로라도 하루를 살아내게 된다. 이게 하루를 사는 유일한 길이기 때문이다.

그러나 글을 써 보지만, 아는 게 미미하고 필력도 부족하여 제대로 되지 않는다. 그래서 마음이 더 안타깝고 조급하고 답답하여 괴로움에 시달린다. 공부해야 한다. 안목을 키워야 한다. 깊은 철학을 가져야 한다. 필력을 연마해야 한다. 그리고 깊이 기도해야 한다. 하나님의 음성을 들을 수 있어야 한다. 뜻을 펼 수 있는 영력이 있어야 한다. 그래야 남은 인생을 제대로 살 수 있다. 20여 년을 주경야독하며 죽을힘을 다해 여기까지 달려왔으나, 몸부림치고 발버둥 쳐도 어설프고 부족하여 뜻을 펴지 못했다.

의욕과 열정으로 끓는 가슴, 터질 것 같은 심장을 가눌 수 없어 머리를 벽에 받아도 보고, 주먹으로 가슴을 쥐어박아도 본다. 앉았다 일어섰다 방구석을 빙빙 돌며 몸부림을 치고, 발을 동동 구르며 발버둥도 쳐본다. 사람은 감정의 동물이다. 꿈이 크고 욕구가 강할수록 깊은 감정을 갖게 되고, 문제에 부딪혀 답답함과 울분이 강할수록 그 감정을 쏟아내야만 살 수 있다. 하나님을 향하여 부르짖는 기도를 하거나 노래를 부르거나 아니면 뛰쳐나가 고함을 지르거나 밤거리를 질주를 해서라도 진정을 시켜야 한다. 그래야 산다.

감정을 풀어내고 다스리기 위해 여러 가지를 시도해 보았다. 숲속 외딴 집에 사는 나는 자신을 간신히 달래어 책상 앞에 주저앉히고, 마음을 진정시켜 다만 몇 줄이라도 글을 쓰게 한다. 글을 써서 가슴속에 쌓이고 뭉쳐진 응어리를 풀어냄으로써 마음을 비울 수 있게도 하고, 호흡도 편안하게 조절을 한다. 글쓰기는 흐트러진 마음을 가다듬고, 끓어오르는 심사를 평정하는 신비한 마력을 지니고 있으며 때로는 내게 탁월한 정신치료제 역할을 한다. 그래서 글을 쓰는 것이 긴 밤을 견딜 수 있는 비결이요, 하루를 마저 살아내는 방법이다. 이렇게 자신과 싸우고 버티는 것이 생을 연장해가는 유일한 길이며, 살아 있다는 증거요, 삶을 지탱하는 수단이다. 아니 어쩌면 노년의 꿈이요 낙이다. 그래서 이렇게 글을 쓴다.

하나님은 어떻게 보실까, 50년을 같이 살아 나를 잘 안다고 하는 아내는 잠 못 이루며 고민하는 나를 알까, 똑똑한 자녀들과 친구들은 왜 고생을 사서 할까 탓하고, 글재주가 뛰어난 지인들은 이게 글이라고 썼느냐며 의아해할지도 모른다.

어릴 때의 꿈은 교사가 되는 것. 교사가 되고 난 후의 꿈은 목사가 되는 것이었다. 목사가 되어선 민족의 지도자가 되기를 소망했다. 나라와 민족을 위해 영향력을 미칠 수 있는 삶을 살고자 불철주야 뛰다가 뇌출혈로 쓰러져 죽음의 문턱을 돌아왔다.

70 평생 열정을 쏟아 살아왔다. 열매가 없었던 것은 아니다. 다만 꿈을 다 펼치지 못해 아쉽다. 이젠 땀을 쏟을 활력도 약하다. 거저 눈물과 한숨으로 기도하고 글을 쓴다. 유종의 미를 거두고 싶다. 마지막 초가 다 녹는 순간까지 촛불을 밝히고 싶다. 남은 노년의 인생을 더 뜨겁게 달구어 보려 한다. 태우고 또 태워 한 줌의 재가 될 때까지---

수필가 곽흥렬은 '글을 쓰는 까닭'을 다음과 같이 밝히고 있다.

"팍팍한 인생살이가 글쓰기로 하여 위로받을 수 있다면, 까칠한 나날들이 수필로 하여 어루만져질 수 있다면, 나는 이

생명 다하는 그 순간까지 기꺼이 붓대를 잡을 것이다. (중략)
　일부러라도 마음의 외진 구석 쪽에다 '불행'이라는 이름의 나무 한 그루를 키우고 싶다. 사람은 더러 앓아누워야 천국행 공부를 한다고 가르친 구상 시인의 말씀을 가슴에 새기며, 이 마음의 불행을 오히려 예술적 성취로 치환시킬 수 있는 자양분으로 삼아, 오로지 쓰고 쓰는 일에다 열과 성과 혼을 쏟아 부으려 한다. 내가 평생을 바칠 각오로 이 일에 매달리는 이유는, 잠시 이 세상에 왔다 갔다는 증거로 이보다 더 분명한 자취가 없을 것이라는 흔들림 없는 판단 때문이기도 하다."라고 했다.
　그는 또 '작가가 글을 쓴다는 것은' "생의 마지막 종착점에 이를 때까지 한순간도 쉬지 않고 죽음에 대비하는 과정이다. '글쓰기'라는 낱말 하나를 화두처럼 붙안고 끝까지 놓아주지 아니하는 것, 무릇 치열한 작가정신이란 바로 이런 자세가 아닐까 한다."라고도 했다.
　천칭의 추의 무게 중심이 불행 쪽으로 기울어 있는 시기에 역설적이게도 불꽃같은 예술혼은 그 빛을 더욱 강렬하게 뿜어낼 수 있는 법이다. 추사나 다산 선생이 귀양살이를 하면서 불후의 명작을 탄생시킨 것처럼 마음의 불행 속에서도 생명을 다하는 순간까지 붓대를 놓지 않고 열과 성과 혼을 쏟아 붓고, 또 작가로서 생의 마지막 종착점에 이르기까지 '글쓰기'에 몰입하는 치열한 작가정신과 자세를 가졌기에 그토록 보석 같은 귀한 작품을 낳은 것 같다.
　작가는 이렇게 글쓰기로 삶의 위로와 어루만짐을 받으며 위기에서도 마음의 불행을 오히려 예술적 성취로 치환시키기 위해 생명을 다하는 순간까지 모든 것을 쏟아 부어 오로지 글을 쓴다.
　그러나 나는 조국 대한민국, 이 나라 이 민족이 바로 되기를 기도한다. 나라의 미래를 생각하며 다음 세대를 위해 기도한다. 결사적으로 기도한다. 기도가 본업이 된 지 오래 되었다. 기도를 해도 생명체인지라 잠을 자야 살 수 있다. 마음과 몸이 아무리 지쳤다 하더라도 잠만 잘 자면 이튿날 거뜬히 일어나 어떠한 알이라도 할 수가 있지만 잠이 오지 않는다. 밤마다 잠을 설친다. 몇 날이고 불면이 계속되면 사는 것이 아니다. 긴 밤을 보얗게 새우는 것은 괴로운 일이다. 버티기 힘든다. 그래서 살기 위해, 하루를 마저 살기 위해, 살아남기 위해, 생명을 연장하기 위해 스스로를 달래며 글을 쓴다. 글을 쓰면 답답한 마음이 가라앉고 숨이 제대로 쉬어지고 가슴이 후련해진다. 살 것 같아진다.

　전광훈 목사는 어지러운 나라, 언제 공산화될지 모르는 위태로운 나라를 지켜 자유 통일 국가를 이루어 후손들에게 물려주기 위해 광장으로 뛰쳐나간다. 자기 의지가 아니라 성령의 감동과 이끄심에 따라 모든 것을 다 내놓고 협박과 야유와 비난을 무릅쓰고 목숨 걸고 나가는 것이다.

　작가가 글을 쓰는 이유, 교사 출신 목사가 미래 세대를 위해 나라 걱정에 잠 못 이루어 살아남기 위해 글을 쓰는 이유, 이 시대 선지자로 부름을 받은 국민혁명 의장이 나라를 바로 세우기 위해 광장으로 뛰쳐나가 욕설로 절규하는 이유, 누가 더 절실한가?

　모세는 고통과 억압 속에서 비전을 제시하였고, 예레미야는 실의와 좌절 속에서 희망의 메시지를 선포하였다. 추사나 다산 선생은 귀양살이를 하면서 불후의 명작을 탄생시켰고, 만해나 윤동주는 고난 속에서 위대한 시를 남겼다.

　기울대로 기울어져 무너져가는 나라를 보고 안타까워 잠 못 이루어 눈물 콧물로 범벅이 되어 온 밤을 지새우며 몸부림치고 부르짖다가 숨이 가쁘고 속이 문드러져 글이라도 쓰면서

분을 삭이는 나와, 자기의 명예와 몸을 돌보지 않고 온갖 비난과 야유를 무릅쓰고 광장으로 나아가 외쳐대는 전광훈 목사는 언제쯤 단잠에 들 수 있을까? 아니면 이러다가 영면에 들어가야 하는가?

　세상만사는 다 때가 있고 결국이 있듯이 세월이 흐르면 일이 매듭지고 결과가 나타날 것이다. 합력하여 선을 이루시는 하나님의 뜻이 이루어질 날이 올 것을 믿는다. 주사파 종북세력이 사라지고 자유 통일의 꿈이 이루어지는 날이 오고, 다음 세대들과 함께 가슴 뛰는 세상을 열어가는 날도 올 것이다. 오히려 불행 속에서 불꽃같은 예술혼은 그 빛을 더욱 강렬하게 뿜어내듯이 현재의 고난은 유익을 가져오고 위기는 좋은 미래를 가져올 것이다. 하루하루 오늘이 마지막 날이라 생각하고 열과 성과 혼을 쏟아 부어 부르짖고 글을 쓸 때 이 난국을 이겨낼 수 있고, 꿈과 소망도 이루어지리라.

　짙은 어둠은 새벽이 가깝다는 증거요,
　개는 짖어도 기차는 간다는 진리대로.

(2024. 4. 1)

<수필춘추 108호>

후회하지 않는 삶

　임종을 앞둔 환자들을 돌보는 호스피스 단체에서 사람들이 죽기 전에 가장 많이 한 말을 정리해 보았다고 한다. 그것은 "좀 더 사랑할걸", "좀 더 참을걸", "좀 더 나눌걸"이라고 한다. 자기만을 위해 이 핑계 저 핑계하며 살다가 죽음이 임박했을 때 "걸, 걸, 걸" 하며 후회해봤자 소용이 없다. 후회後悔는 이전의 잘못을 뉘우치는 것이며, 한발 더 나아가 회한悔恨은 뉘우치고 한탄하는 것으로 주로 과거를 돌이킬 때 느껴지는 감정으로 침습적이라 우리를 더 무겁게 적신다.

　후회에는 두 종류가 있다. 첫째로 대개 긴 시간 회한으로 남는 건 '해 본 것'이 아닌 '해 보지 않은 것' 또는 '하지 못한 것'에 대한 후회다. 예컨대 "그녀에게 고백했더라면, 용기내어 그 일을 했더라면, 계속 그 길로 갔었더라면 좋았을 것"이라는 등의 후회 말이다. 특히 '부모불효사후회父母不孝死後悔', 우리가 평생을 살아가면서 뉘우치게 되는 열 가지 일 가운데 맨 첫 번째로 꼽고 있는 주자십회훈朱子十悔訓의 이 덕목은 뼈저린 뉘우침을 남긴다. 또 정신없이 살다가 과로로 갑자기 쓰러져 생명에 치명적인 손상을 입었을 때 "좀 천천히 쉬어가면서 할 걸" 하는 이런 때늦은 후회는 평생을 안고 살만큼 회한이 깊다. 죽음의 문턱을 돌아와 간신히 살아났더라도 아찔한 그 순간을 생각하면, 떨어져 구르는 낙엽만 보아도 자신도 몰래 거저 눈물이 주르르 흐른다. 둘째로 '해 본 것'에 대한 후회는 종종 교훈으로 남거나 자기 합리화라는 강력한 방어기제가 된다.

회한을 끝내는 좋은 방법은 지금이라도 당장 해 보는 것이 아닐까. 이전에 하지 못했던 작은 것 하나라도 실행으로 옮겨 볼 일이다. 오늘 지금 여기에서 가까이 있는 사람에게 최선을 다하여 사랑하는 삶만이 우리의 인생을 후회하지 않게 한다. 후회가 없는 삶을 살아야 죽음과 심판이 두렵지 않다.

톨스토이의 <세 가지 질문>이란 단편에 보면 왕이 신하들을 불러 모아놓고 질문을 한다. 첫째, 사람이 살아가면서 가장 중요한 때는 언제인가? 둘째, 가장 중요한 사람은 누구인가? 셋째, 가장 중요한 일은 무엇인가? 가장 중요한 때는 '지금(Now)'이고, 가장 중요한 사람은 '지금 나와 함께 있는 사람(Here)'이며, 가장 중요한 일은 '지금 나와 함께 있는 사람에게 가장 좋은 일을(Best) 해 주는 것'으로 답을 정리한다. 나도 그 답에 전적으로 동의를 한다.

시간의 개념은 한마디로 정의할 수 없지만, 과거와 현재와 미래로 이어지는 것은 엄연한 사실이다. 과거는 지나간 시간이고, 미래는 아무도 경험해보지 못한 시간이다. 내가 향유하고 있는 것은 '지금'이라는 시간이다. 이 '지금'이라는 시간에 무엇을 하느냐가 미래의 나를 결정한다. 다음으로 사람 사이에 사는 것이 인간人間인데 매일 대하는 내 곁에 있는 사람들이 얼마나 소중한 이들인가. 내가 소중하듯 다른 사람도 소중하고 존귀하다는 마음으로 상대방을 사랑하고 존중하는 따뜻한 마음을 가지고 살아야 할 것이다. 그다음으로 나와 함께 살아가는 이웃들에게 정성을 다해 베푸는 일, 섬기는 일, 나누는 일, 돌보는 일이 세상을 아름답고 평화롭게 하는 길이다. 가정, 직장, 사회, 어디에서든지 지금(Now) 여기에서(Here) 최선을 다하는(Best) 삶이 하나님과 이웃을 기쁘게 하고 자기 성취를 하는 바른길이라고 생각한다.

모든 사람은 한 번은 죽는다. 죽음을 둘러싼 신비에 대해서 성경은 "한 번 죽는 것은 사람에게 정해진 것이요 그 후에는 심판이 있으리니"(히 9:27) 라고 명확한 답변을 준다. 사람이 한 번 죽는 것은 창조주 하나님이 정하신 법칙이다. 죽음을 정하신 이유는 죄 때문이다. 성경에는 "욕심이 잉태한즉 죄를 낳고 죄가 장성한즉 사망을 낳느니라"(약 1:15)라는 말씀이 있다. 죽음의 본질은 죄라는 영적인 문제다. 모든 인생은 하나님의 법칙을 벗어날 수 없다. 그러므로 그 누구도 죽음을 비껴갈 수 없다.

중국 서안에 가면 엄청난 규모의 진시황릉이 있다. 이집트에는 어마어마한 피라미드가 있다. 흥미로운 것은 진시황릉이나 피라미드나 모두 무덤이라는 사실이다. 진시황제는 최초로 중국을 통일하고 절대 권력을 휘둘렀다. 그는 온 세상에 불로초를 구해오도록 사람들을 보냈고, 영생의 꿈을 꾸었지만, 그가 산 연수는 고작 50년이었다.

고대 마케도니아의 알렉산더 대왕은 역사상 가장 위대한 군사 지도자 중 하나로 그리스, 페르시아, 이집트, 인도 서부에 이르는 광대한 제국을 정복했으나 33세에 정확한 원인도 알 수 없이 죽었다. 병세가 심해지자 신하에게 "이제 나의 죽음이 가까워지고 있다. 내 시체를 거리로 운반할 때, 그리고 묻을 때도 결코 두 손을 덮지 말라. 그것은 내가 빈손으로 죽는다는 것을 알리고 싶어서 그런다. 누구나 이것을 보아야 하며 아무도 다시는 알렉산더처럼 되려고 해서는 안 된다. 나는 많은 것을 얻었으나 사실 아직 아무것도 얻지 못했으며, 내 왕국은 거대하지만 나는 여전히 빈손이다."라고 한 유명한 죽음의 일화가 있다. 그리고 알렉산더 대왕의 무덤은 미스터리로 남아 탐구의 대상이 되고 있다. 어찌 보면 이렇게 인생은 참으로 허망한 것이다. 우리 인생의 한살이가 세상에서 길든 좀 짧든 죽음 이후의 영원에 비하면 순간에 지나지 않는다. 그러나 이 순간을 순간으로 살 수도 있고, 순간을 영원으로 살 수도 있다.

석가는 동문 밖에서 노인을, 남문 밖에서 병자를, 서문 밖에서 송장을, 북문 밖에서 도를 닦는 이를 발견하고 생로병사 生老病死로부터 해탈하고자 출가를 결심했다고 한다. 그러나 죽음의 문제는 출가한다고 해서 해결이 되지 않는다.

대구 남산 성당 성직자 묘지 입구엔 '오늘은 나, 내일은 너'(Hodie Mihi, Cars Tibi) 라고 새겨져 있다. 세상에 날 때는 순서가 있지만 갈 때는 순서도 없다. 우리는 하나님이 부르시면 언제 어디서라도 본향으로 돌아가야 하는 한시적인 삶을 사는 존재들이다. 하지만 육체의 죽음이 모든 것의 끝이 아니다. 죽음 후에 심판이 있기 때문이다. 많은 사람이 죽음은 봐왔기 때문에 인정하면서도 그 후의 심판에 대해서는 믿지 않는 경우가 있다. 그러나 우리는 언젠가 죽음을 거쳐 하나님 앞에 서서 인생을 결산할 날이 온다. 우리가 무엇을 믿고 어떻게 살았느냐에 따라 영생과 영벌로 나누어지게 된다. 영생을 얻고 누리는 것은 우리 각자의 삶에 달려 있다. 그래서 죽음 이후의 심판을 확실히 믿는 사람은 미래를 준비하는 지혜로운 삶을 산다.

한시적 인생을 다른 사람을 사랑하며 산 사람, 하루하루 최선을 다하여 후회 없이 산 사람은 죽음과 심판을 두려워하지 않는다. 그러므로 바람직한 인생은 얼마나 오래 살았느냐에 있는 것이 아니라 얼마나 가치 있게 살았느냐에 달려있는 것이 아닐까. 최초 미국의 감리교 선교사로 이 땅에 와서 병원과 교회를 세워 많은 사람을 치료하고 돌보았던 윌리엄 스크랜톤 선교사는 "나에게 죽음은 이 방에서 저 방으로 옮기는 것에 불과하다"라고 하였다. 앞서간 신앙을 가진 성도들은 믿음의 경주를 마치고 주님의 품에 안긴 분들이다. 히브리 12장에서 그들은 천국의 증인으로 우리에게 말한다. "믿음은 바라는 것들의 실상이요, 보이지 않는 것들의 증거니, 우리가 믿음으로 천국을 소망하며 죽음 이후의 심판을 준비했었노라고"

<수필춘추 98호>

아름다운 둥지회

13년 전에 공직에서 은퇴하고 팔공산 남단 무학산 기슭에 새 둥지를 틀었다. 행정구역상으로는 경산시 와촌면 신한리 마을이다. 한국의 명산 팔공산 남쪽자락에 위치한 와촌은 경산시의 자랑인 삼성현三聖賢(원효, 설총, 일연)의 고장이며 많은 관광객들이 찾아오는 갓바위와 옹골찬 자두, 복숭아, 송이버섯 등 특산물이 생산되는 곳이다.

이 고장은 옛날부터 기와 굽기에 좋은 흙이 있고 기술이 뛰어났다. 기와가 많이 나고 기왓굴이 많아서 와촌瓦村이라 불리었다. 봄에는 온갖 과일 꽃이 피어 꽃바다를 이룬다. 여름에는 과일들이 탐스럽게 익어가고, 가을에는 단풍이 아름답다.

우리나라는 어디를 가든지 아름답다. 특히 지자체를 실시한 이후로 곳곳마다 지역특성을 살려 더욱 잘 가꾸어 놓았다. 그러나 아무리 유서 깊은 전통과 아름다운 풍경을 가졌어도 그것만으로는 아름다운 마을이 될 수 없다. 그 마을에 사는 사람들이 아름다운 마음을 가지고 서로 배려하고 나누고 베풀고 섬기는 아름다운 삶을 살아야 진정 아름다운 마을이 될 수 있다.

와촌에는 20여 년 전부터 뜻이 있는 주민들이 '와촌 둥지회'란 봉사단체를 조직하여 지역사회 발전과 독거노인들을 보살펴 드리는 봉사활동을 해오고 있다. 나는 그동안 도시에서 청소년 중심의 사역을 해오다 나이도 많아지고 또 노인인구가 급증하여 노인사역을 하려고 농촌으로 들어왔다. 2년을 준비하는 중에 먼저 이웃에 있는 우리집 요양원 원목으로 봉사를 하게 되었고 얼마 후 둥지회 소개를 받고 즉시 가입을 하여 9년째 참여를 해오다 금년에는 회장을 맡게 되었다.

무슨 일이든 시작은 참으로 어렵다. 그러나 그것을 유지한다는 것은 더욱 어렵고 중요하다. 둥지회는 임원들이 전체적으로 관리를 하되 효율적인 회 운영을 위해 회원들과 독거 어르신들을 1:1 로 결연을 맺어 부모처럼 깊이 사랑하고 대화도 많이 하며 수시로 자주 찾아보고 돌볼 수 있도록 하고 있다. 나는 수혜자인 독거어르신들 20분과 몸으로 직접 봉사활동을 하는 정회원 14명과 매월 물질로 후원하는 후원회원들 30명 총 64명을 위해 매일 기도하며 관리를 해나가고 있다.

행사 때마다 일손을 멈추고 귀한 시간을 내어 후원물품을 들고 어르신들을 방문하는 회원들을 보면 오늘날 이 각박한 시대의 진정한 천사요 영웅처럼 느껴진다.

이 농촌 마을에 와서 지역사랑 모임인 둥지회 회원이 되어 가난과 질병과 고독으로 노년에 어려움을 겪는 독거 어르신들에게 반찬과 쌀, 떡, 과일 등의 음식물과 침구, 휴지, 세면도구 등 생필품을 가지고 매월 찾아뵙고 대화를 나누며 보살피고 섬기게 된 것을 감사하게 생각하며 보람을 느끼고 있다.

금년 둥지회 복날 행사는 꿀, 삼계탕, 수박, 그리고 선풍기를 선물하기로 했다. 미리 사무실에 나가서 물품을 점검하여 회원들에게 챙겨주고 나도 내가 맡은 분을 찾아갔다.

내가 3년 전에 맡았던 박00 할머니는 미끄러져 허리와 대퇴뼈를 다쳐 병원에 오래 입원해 계시다 결국 낫지 못한 채 돌아가셨다. 현재 맡은 두 분은 강학 1리 언덕배기에 사시는 임분이 할머니와 포항 고속도 다리밑 컨테이너에 사시는 전복순 할머니다.

먼저 임분이 할머니께로 갔다. 오늘따라 비가 세차게 내려 길가에 차를 세워두고 언덕길에 물건을 들고 가자니 우산도 제대로 쓸 수가 없었다. 두 차례 물건을 옮겨 처마 밑에 두고 할머니를 불렀다. 아무리 불러도 대답이 없었다. 대문도 없는 집에 방문을 열고 들어갔다. 평소에도 걷지를 못하고 두 팔을 뒤로 짚고 앉아서 엉덩이로 겨우 움직이는데 이 날은 아예 누워서 일어나지를 못했다. 할머니를 깨우니 얼굴이 온통 흙과 피투성이에다 부어 있었다. 어쩌다 이렇게 되었느냐고 하니 손짓과 표정으로 방에서 나가다 마당에 떨어져 얼굴을 깼다고 하셨다.
얼굴을 닦고 차안에 비상용으로 가지고 다니던 호랑이 연고를 발라드리고 양손을 꼭 잡고 기도를 한 후 선풍기를 꽂아드리고 꿀물을 한 잔 태워드렸다. 돌아오려고 방문을 열고나오니 빗소리는 요란한데 말도 못하고 눈도 제대로 뜨지 못한 채 손을 흔들어 잘 가라고 인사를 하셨다. 빗속으로 내려오는데 길도 미끄럽지만 마음이 아프고 걱정이 되어 발걸음이 제대로 옮겨지질 않았다.

날이 어두워지려고 하여 서둘러 우담길 전복순 할머니 집으로 차를 몰았다. 과수원 사잇길로 올라가서 불굴사 절 밑에 있는 한참 떨어진 외딴집이다. 차가 아니면 멀어서 물건을 전달하기 어렵고 또 차도 겨우 들어가며 돌아 나오기가 힘든 곳이다. 미끄러운 밭둑 비포장 꼬불길을 통해 간신히 도착했다.

비를 피해 다리 밑에서 일을 하시다가 차가 도착하자 걸어 나오시는데 허리가 꼬부라져 얼굴이 잘 보이지 않았다. 내 손을 잡고 반가워서 어쩔 줄을 모르셨다. 빗속으로 가져간 물건을 꺼내어 컨테이너 집으로 옮기는데 옷이 다 젖었다. 할머니는 선풍기를 보시더니 너무 좋아하셨다. 선풍기가 고장이 나서 못쓰는데 어째 알고 사왔느냐며 주름으로 가득한 얼굴에 이빨을 드러내고 활짝 웃으셨다. 천진난만한 어린아이 같았다. 뵈올 때마다 손을 잡아드리고 안아드리며 한참씩 대화도 나누었지만 오늘은 비가 많이 와서 앉을 자리도 마땅찮고 마음도 조급했다.

다음에 또 오겠다며 인사를 하고 차에 오르는데 잠깐만 기다리라며 손짓을 하셨다. 무엇인가 가득 든 비닐봉지를 들고 나오셨다. "이것 나 먹으라고 누가 가져온 복숭인데 가져가 잡사 보이소"하고 내미셨다. 나는 과일이 집에 있다며 사양을 했다. 그러나 한사코 가져가라고 밀어붙여 차에 받아 넣고 차를 몰았다. 꼬불길을 내려오다 뒤를 돌아보았더니 비를 계속 맞고 서서 손을 흔들고 계셨다. 나도 몰래 눈물이 주르르 흘렀다.

내가 빨리 내려가 안보여야 들어가시겠다고 생각되어 빨리 내려오다가 내리막길에 길이 미끄러워 브레이크를 밟았더니 비닐주머니에서 복숭이 와르르 쏟아져 차바닥에 수북이 뒹굴었다. 할머니가 안보이는 곳까지 조금 더 내려와 차를 세웠다. 복숭아를 다시 주워 담는데 물러 터져 어떤 것은 물이 줄

줄 흘렀고 손에도 차바닥에도 다 묻었다. 무덥고 목도 마르던 차에 심하게 찌그러진 물 복숭 하나를 쭉 빨았더니 얼마나 달고 시원한지 씹을 것도 없이 하나가 사라졌다. 그 순간 갑자기 주름으로 가득한 할머니 얼굴이 떠오르는데 나도 몰래 울음이 터졌다. 소리 내어 한참을 울었다.

 뇌출혈로 쓰러져 시술을 하고 중환자실을 거쳐 회복한 후로는 걸핏하면 잘 운다. 책을 읽다가도, TV를 보다가도 잘 울고 떨어진 낙엽을 보아도 눈물이 난다. 너무 잘 울어 아내에게 핀잔을 듣기도 한다. 그런데 오늘은 비도 오고 날도 저물고 아무도 없는 이 과수원 길에서 실컷 한 번 울고 싶었다. 울다가 기도를 하다가 밖을 보니 캄캄하게 어두워졌다. 땀도 나고 목도 컬컬하여 할머니가 주신 물 복숭을 하나 더 쭉 빨아 먹었다. 역시 시원하고 달콤하면서 배가 불렀다. 한바탕 울적한 기분을 풀고 눈물과 땀으로 젖은 얼굴로 무사히 집으로 돌아왔다.

 주변에서 둥지회를 그만두라고 권유를 하지만 내 마음과 기분은 늘 청년 같다. 하기야 나도 내년이면 칠순이요 둥지회에서 최연장자다. 그러나 뇌출혈로 쓰러졌던 병자로서, 거동이 불편한데도 혼자 사시는 노인을 두고 돌아오면 가슴이 미어진다. 저분들은 왜 자녀 손이 없을까? 얼마나 외로우실까? 나는 더 늙으면 어찌 될까? 별별 생각을 다 해본다.

 그러나 오늘 하루도 아름다운 마을에 와서 아름다운 사람들과 더불어 아름다운 일을 하며 아름다운 황혼을 보낼 수 있다는 것이 참 흐뭇하고 행복했다.

유종의 미

모든 일에는 시작보다 끝이 중요하다. 끝이 좋아야 모든 것이 아름답다. 시작부터 끝까지 다 좋을 수 있다면 금상첨화錦上添花겠지만 그러기는 쉽지 않다. 그렇기 때문에 '유종有終의 미美'라는 말이 있나 보다.

세상 사람들은 결과를 중요시하고, 모든 일들은 나타난 결과를 가지고 평가하기 때문에 좋은 결과를 얻기 위해선 끝까지 최선의 노력을 다해야 한다. 비록 시작과 중간은 실패의 연속이었을지라도 아름다운 마무리를 할 수 있다면 그것은 참으로 귀한 일이다. 그러나 유종의 미를 거두기는 쉽지 않다.

성경 말씀에도 "범사에 기한이 있고 천하만사가 다 때가 있다"(전 3:1)라고 했으니 심을 때가 있고 거두는 때가 있으며, 시작할 때가 있고 마치는 때가 있기 마련이다.

또 "네가 만일 하나님을 찾으며 전능하신 이에게 간구하고 또 청결하고 정직하면 반드시 너를 돌보시고 네 의로운 처소를 평안하게 하실 것이라 네 시작은 미약하였으나 네 나중은 심히 창대하리라."(욥 8:5-7)라고 하신 말씀은 무슨 일을 하든지 시작과 진행과정, 결과의 3단계가 있음을 가르쳐 준다.

먼저 시작을 어떻게 해야 할까?

무슨 일이든 새로운 시작은 다 두렵고 어렵다. 그래서 머뭇거리거나 망설이기도 한다. 그러나 시작이 중요하다. 육상경기는 스타트를 잘 해야 한다. '시작이 반'이란 말처럼 시작이 잘 되면 절반은 성공한 셈이 된다. 시작할 때는 형편이 어렵고 여건이 좋지 않아도 분명한 목표를 가지고 올바른 자세로 준비를 철저히 하여 일단 시작을 하는 것이 중요하다.

그 다음 진행을 어떻게 해야 할까?

사람들은 심는 것보다 수확에 관심이 많다. 이는 잘못된 것이다. 또 땀 흘려 가꾸는 수고는 소홀히 하기가 쉽다. 이 또한 잘못된 것이다. 과일나무를 심고 잘 가꾸면 좋은 열매는 저절로 열린다. 그러므로 좋은 결과를 바라는 만큼 열심히 노력하는 과정을 거쳐야 한다. 대개의 사람들은 과정보다 결과를 중요시하여 어떻게 하더라도 결과만 좋으면 된다고 하나 이는 아주 잘못된 것이며 또 과정이 잘못된 데서 좋은 결과란 나올 수가 없는 법이다. 그러므로 무슨 일이든 진실하고 정직하게 충실히 노력하여야 한다.

그럼 결과는 어떻게 될까?

'나중은 심히 창대하리라.'는 말씀은 시작과 진행을 바로하면 결과는 아주 잘 될 것이라는 뜻으로 유종의 미를 거두게 된다는 것이다. 그러므로 이러한 좋은 결과가 이루어질 때까지 눈물과 땀으로 가꿀 뿐 아니라 소망을 가지고 오래 참고 기다려야 한다.

'세상 일'에 대해선 이렇게 시작을 잘 하고, 진행을 잘 하여 좋은 결과를 이루면 유종의 미를 거두게 된다. 그렇다면 잠시 머물다 가는 세상에서 '인생의 유종의 미'는 어떻게 이룰 수 있을까?

　성경의 창세기 37-50장에 나오는 요셉이란 인물은 17세에 꿈을 꾸고 그 꿈 이야기로 인하여 형들에게 미움을 받아 애굽에 노예로 팔려가서 보디발의 집에서 최선을 다하여 주인의 신임을 받았다. 보디발의 아내로부터 억울한 누명을 쓰고 감옥에 갔을 때도 낙심하거나 좌절하지 않고 주어진 환경에서 최선을 다했다. 그러다 왕의 꿈을 해석하여 총리가 되었고, 자기에게 주어진 임무를 완수하였다. 이와 같이 어떤 고난이 닥쳐와도 매순간 최선을 다하는 사람은 따로 유종의 미를 거둘 필요가 없다. 현재 상황에서 최선을 다한 그 자체가 바로 아름다운 마무리이기 때문이다.

　아버지 야곱이 죽은 후 동생 요셉을 미워하여 팔아버린 형들은 그가 자신들에게 복수를 할까봐 두려움에 사로잡혀 있었다. 하지만 요셉은 이미 오래 전에 형들에 대한 분노와 증오의 마음을 내려놓았기 때문에 그는 아무런 회한 없이 자유롭고 평안한 삶을 누리다 아름다운 마무리를 할 수 있었다. 무엇인가 내려놓지 못한 것이 있으면 홀가분하게 떠날 수가 없다.

　또 요셉은 죽기 전에 미리 훗날 애굽을 떠날 때가 오면 자신의 유골을 가나안에 가져가 달라는 유언을 했다. 성경에서 애굽은 세상이요, 가나안은 천국을 상징한다. 요셉은 자신의 삶을 마감하면서 앞으로 돌아가야 할 곳을 알았다. 우린 언젠가 이 세상을 떠나 본향으로 돌아간다. 세상 것이 아무리 좋아도 영원히 소유할 수 없다. 천상병 시인의 말대로 '인생은 하나님이 주신 소풍의 시간이다.' 소풍이 끝나면 하늘나라로 돌아가야 한다.

　끝이 좋아야 모든 것이 아름답다. 요셉은 시종일관 어떠한 상황에서도 최선을 다하며, 미움과 증오의 마음을 내려놓고, 돌아갈 곳을 알고 마무리를 잘 하였다. 파란만장한 인생로정에 유종의 미를 거둔 요셉의 생애는 빛나고 아름답다.

예수님의 흔적을 쫓아 살다 예수님과 같이 33세에 우리 곁을 떠나간 '그 청년 바보 의사' 안수현은 짧은 삶을 살았지만 온통 사랑과 헌신으로 살았다. 그의 모든 말과 기도는 실천이 항상 뒤따랐다. 소자 하나도 외면하지 않는 그가 정성을 쏟은 일들은 평범하고 작은 일이었지만 모여서 어마어마하게 크고 위대한 일이 되었다. 죽음 이후에 그리워하는 사람이 많다면 그는 귀한 삶을 산 성공한 인생일 것이다. 젊은 그의 장례식에 4,000여 명의 문상객이 운집했는데 주로 궂은일을 하는 소외된 사람들, 그늘진 곳에서 살던 이름 없는 사람들이 대부분이었다고 한다. 인간의 눈으로 보면 그의 인생은 미완성 교향곡으로 끝났다. 그러나 주님은 그를 명반名盤(masterpiece)으로 남기셨다.

또 비록 28세 나이로 생을 마감했지만 민족의 해방을 기다리며 부끄럼없는 삶을 위해 죽을 때까지 "밤이면 밤마다 나의 거울을 손바닥으로 발바닥으로 닦아보자"고 참회하며 고뇌했던 시인 윤동주의 뒷모습 또한 참으로 아름답다.

"죽는 날까지 하늘을 우러러
한 점 부끄럼이 없기를
잎새에 이는 바람에도
나는 괴로워했다."

생애만큼이나 짧은 시지만 우리들 가슴을 울리는 깊은 여운은 오늘도 사라지지 않는 그리움으로 남아있다.

(5)

박사보다 높은 학위

말하기와 듣기
본질을 회복하자
노블레스 오블리주
박사보다 높은 학위
아픈 만큼 사랑한다
건국 전쟁을 관람하고
두 번째 한강의 기적
박수 칠 때 떠나라

말하기와 듣기

　사람은 서로 만나 관계를 맺고 상호작용을 하면서 살아간다. 상호작용은 여러 가지 방법이 있으나 대부분 말하기와 듣기를 통해 이루어진다. 하나님은 우리 인간에게 말의 기능과 언어의 능력을 주셨다. 말하는 기술을 언변言辯이라 하고 듣기를 잘하는 것을 경청傾聽이라 한다. 이 두 가지는 사람이 더불어 세상을 살아갈 때 아주 중요한 처세술이라 할 수 있다.
　우리는 TV나 신문 등 언론을 통해 여러 사람의 다양한 말을 듣게 된다. 말을 통해 그 사람의 인품이나 사상이나 지향하는 목표와 방향을 알 수 있다. 말은 내용이 제일 중요하지만, 어조나 자세, 표정 또한 중요하다. 말을 할 때 어떤 사람은 예의 바르고 겸손하게 하는 사람도 있고, 어떤 사람은 함부로 거만하게 하는 사람도 있다. 또 지혜롭고 간결하게 감동적으로 하는 사람이 있는가 하면 야유하듯 감정을 상하게 하거나 능청스럽고 잡다하게 하여 싫증을 불러일으키는 사람도 있다. 다 같은 말이라도 말하는 사람 곧 메신저에 따라 메시지의 영향력이 달라질 수 있다.
　말에는 행동과 책임이 따른다. 말과 행동은 일치가 되어야 무게가 있고 설득력이 있다. 아무리 좋은 말을 해도 행동이 따르지 않으면 거짓말이 되어 빈축을 사고 거부반응을 일으킨다. 요즘 정치인 중에는 일반 상식과 격에 맞지 않는 말을 하여 혐오감을 주거나 사실과 다른 왜곡된 말을 하여 공분을 일으키는 경우가 많다. 심지어 상대를 비하하고 조롱하거나 자기는 지키지 않으면서 남을 비난하는 내로남불을 일삼고 있다.

'말이 씨가 된다.', '말하는 대로 된다.'라고 하는 것은 마음속 생각이 말과 행동으로 나타나기 때문이다. 생각이 말과 행동을 낳고 그 말과 행동은 습관을 낳고 습관은 그 사람의 인격이 되고 운명을 좌우한다. 그러므로 말로 그 사람의 됨됨이를 알 수 있다.

말은 위대한 힘을 가지고 있어 개인이나 청중을 변화시킬 수 있다. 때로는 말 한마디가 평생을 좌우할 수 있다. 가령 사춘기의 청소년에게는 부정적인 말 한마디가 평생을 따라다니며 짓누르고 좌절시켜 결국 인생을 실패하게 할 수도 있다. 남에게 상처를 주는 말은 곧 폭력과 같다. 육체의 상처는 쉽게 치료할 수 있지만, 마음의 상처는 치료가 훨씬 어렵다. 그러므로 남에게 해를 주는 말은 금해야 한다. 반면에 용기와 힘을 주는 따뜻한 말 한마디는 그 사람을 변화시키고 성공과 행복을 가져다줄 수 있다.

지혜와 훈계를 알게 하며 명철의 말씀을 깨닫게 하는 솔로몬의 잠언에는 "경우에 합당한 말은 아로새긴 은 쟁반에 금 사과니라"(잠 25:11), "사람은 그 입의 대답으로 말미암아 기쁨을 얻나니 때에 맞는 말이 얼마나 아름다운고"(잠 15:23)라고 했다.

'말을 잘한다, 언변이 좋다'는 말은 말을 빨리 멋있게 유창하게 한다는 것이 아니라 이치와 논리에 맞는 말, 옳은 말, 바른 말, 깊이가 있고 무게가 있는 말을 적재적소에 맞게 하여 듣는 사람의 심금을 울리고 감동을 주는 것을 뜻한다. 또 말을 절도 있고 예의 바르고 품격 있게 하는 것을 의미한다. 그래서 세월이 흘러가도, 듣는 사람이 바뀌어도 오래도록 사람들의 마음속에 남아있는 말을 명언名言이라 한다.

까마득한 옛날 2500여 년 전 공자와 소크라테스는 광장과 거리에서 '대화'로서 제자들을 교육했다. 말로서 질문하고 토론으로 대답을 했다. '말과 철학' 즉 필로 로고스(philologos)란 최초의 갤럭시를 만들었다. 논어는 공자와 그의 제자들과 나눈 대화집이다. 질문을 통해 깨우쳤다. 논어는 學而時習之不亦說乎(배우고 때때로 그것을 익히면 또한 기쁘지 아니한가)로 시작되어 不知言 無以知人也(다른 사람의 말을 알아듣지 못하면 그 사람을 알 수 없다)로 곧 학學으로 시작하여 언言으로 마무리한다. 소크라테스는 '너 자신을 알라'란 말로 시대를 초월해 뭇사람들에게 경종을 울렸다. 공자와 소크라테스가 한 말은 영원하다. 문자가 발명된 격동기에도, 자동차가 달리는 스피드 시대에도, 컴퓨터와 아이 폰이 발달한 오늘날에도 여전히 우러러보아야 할 말을 남겼다.

하나님은 말씀으로 천지를 창조하셨고 말씀으로 세상을 다스리시며 말씀으로 심판하신다고 했다. 예수님의 가르침은 제자들이 스승의 말을 기록함으로써 후세에 전해졌다.

성경에는 "말이 많으면 허물을 면하기 어렵고"(잠 10:19), "말에 실수가 없는 자라면 곧 온전한 사람이라"(약 3:2)라고 했다. 또 "혀는 작은 지체로되 온몸을 더럽히고 삶의 수레바퀴를 불사르나니 여러 종류의 짐승과 새와 벌레와 바다의 생물은 다 사람이 길들일 수 있고 길들여 왔거니와 혀는 능히 길들일 사람이 없나니 쉬지 아니하는 악이요 죽이는 독이 가득한 것이라"(약 3:5-8)라고 했다. 그러므로 혀를 절제해야 하고 소언다행小言多行(말은 적게 하고 실행은 많이 하라)의 지혜로 살아가야 한다.

또 필요한 말은 정확하고 분명히 해야 한다. 조급하게 말하는 것보다는 침묵하는 편이 낫다. 때로는 침묵이 웅변보다 강할 때도 있다. "미련한 자라도 잠잠하면 지혜로운 자로 여겨지고 그의 입술을 닫으면 슬기로운 자로 여겨지느니라"(잠 17:28), 또 "유순한 대답은 분노를 쉬게 하여도 과격한 말은 노를 격동하느니라"(잠 15:1)라고 했다.

"말 한마디로 천 냥 빚을 갚는다"라는 격언이 있다. 분명 아름답고 합당한 말은 큰 유익함이 있다. 하지만 말하는 것 못지않게 잘 듣는 지혜가 필요하다. "사연을 듣기 전에 대답하는 자는 미련하여 욕을 당하느니라"(잠 18:13)라고 했으니 다른 사람의 사연을 듣지 않고 자기 생각을 말하는 것은 어리석은 일이다. 그러므로 "듣기는 속히 하고 말하기는 더디 하며 성내기도 더디 하라"(약 1:19)라고 했다.

말 잘하는 것보다 잘 말하는 것이 훨씬 더 중요하다. 하나님이 우리에게 두 개의 귀와 한 개의 입을 주신 이유는 말하는 것보다 듣는 것을 두 배로 하라는 뜻이다.

솔로몬은 잠언에서 "아들들아 아비의 훈계를 듣고, 지혜와 명철을 얻으라", 또 "지혜와 명철의 말씀을 듣고 깨달으라"라고 했다. 예수님은 제자들에게 "들으라"라고 하시면서 가르치셨고, 바울도 "믿음은 들음에서 난다."(롬 10:17)라고 했다. 우리는 들어야 하고 듣고 깨달아야 하고 깨닫고 실행해야 한다. 기독교에선 청종聽從 곧 듣고 순종함을 강조하고 있다.

삼성 그룹의 이건희 회장이 삼성에 평사원으로 막 입사를 했을 때 고故 이병철 회장이 '경청'이란 두 글자를 써서 아들에게 주었다고 한다. 이는 장차 최고 경영자가 되었을 때 다른 사람의 말을 새겨들으라는 의미가 담겨 있었다.

<미래를 경영하라>의 저서로 유명한 세계적 경영학자 톰 피터스는 "타인을 만족시키는 가장 탁월한 방법은 그들의 말을 경청하는 것이다. 말하고 명령하는 것이 지난 세기의 방법이었다면 귀 기울여 경청하는 것은 21세기의 방법이다"라고 했다.

경청이 중요한 것은 첫째 경청을 통해 배울 수 있다. 상대방의 말을 듣는 동안에는 배울 수 있지만 내가 말하는 동안에는 배울 수 없다. 둘째 경청을 해야 상대방과 가까워질 수 있다. 사람은 누구나 자신의 말을 들어주는 사람을 좋아한다. 셋째 내 귀를 열어야 상대방의 입을 열 수가 있다. 내가 들어주지 않는데 상대방이 말을 할 리가 없다. 먼저 들을 준비가 되어 있어야 한다. <성공한 사람들의 7가지 습관>으로 널리 알려진 스티븐 코비 박사는 "경청 후 이해시키라"라고 했다.

중국 역사상 가장 위대한 군주로 인정받는 당 태종은 경청의 능력이 탁월했다고 한다. 구당서에는 "신하들의 간언을 듣고 흔들림 없이 판단해 물 흐르듯 자연스럽게 선을 따르는 것은 가히 천 년에 한 명뿐일 듯싶다"라고 기록되어 있다. 당 태종 주위엔 충성스러운 신하가 많았는데 위징은 황제에게 바른말 잘하기로 유명한 인물이었다. 그가 세상을 떠났을 때 태종은 "구리로 만든 거울을 보면 의관을 정제할 수 있고, 옛일을 거울로 삼으면 흥망성쇠를 알 수 있고, 사람을 거울로 삼으면 자신의 잘못을 알 수 있다. 나는 항상 이 세 가지 거울을 보면서 스스로를 다스렸는데 이제 위징이 죽었으니 거울 한 개를 잃었다"라고 하였다.

경청을 잘 실천하려면 몇 가지 유념해야 할 사항이 있다. 첫째는 마음을 비워야 한다. 대화의 핵심은 '공감共感'이다. 우선 나 자신을 비우는 작업이 선행되어야 공감 넘치는 아름다운 대화가 시작되는 법이다. 둘째는 상대를 인정해야 한다. 익숙한 상대방일수록 고정관념을 갖기 쉽다. 상대를 온전한 인격체로 먼저 인정하는 태도를 갖고 그 내면으로 들어가 마음의 소리를 들을 수 있어야 한다. 셋째는 끼어들지 말아야 한다. 판단, 해석, 충고하려는 충동과 탐색을 멈추고 진지하게 상대의 말에만 집중해야 한다. 공자는 "말을 배우는 데는 2년

밖에 걸리지 않지만, 듣기를 배우는 데는 60년이 걸린다."라고 했다. 유대 속담에도 '말하는 것은 지식의 영역이고 듣는 것은 지혜의 영역이다.'라는 말이 있다.

　넷째로 감정을 살펴야 한다. 내용에 의한 정보의 전달은 7%에 불과하다. 38%는 말의 억양이나 톤, 음색 등으로 이루어지며 55%는 표정, 눈빛, 다가서기, 물러서기, 제스처 등이다. 진정한 마음의 소리는 93%의 비언어적 메시지에 숨겨져 있다. 이것을 살피는 것이 핵심이다. 다섯째 온몸으로 응답을 해야 한다. 경청은 귀로만 하는 것이 아니다. 눈빛으로, 기울이는 몸짓으로, 부지런히 메모하는 손놀림으로도 가능한 것이다.

　말하기와 듣기는 우리의 일상적 사회생활에 가장 기본적이며 필수적인 수단이다. 아울러 우리의 삶에 큰 영향을 미치므로 세심한 주의와 훈련이 필요하다. 말에 실수가 없는 온전한 사람이 되기 위해 훈련하고 연습하고 조심하며, 또 남을 이해하고 공감하고 잘 사귈 수 있도록 경청을 잘하여 더욱 의미 있고 유익한 삶을 영위해가도록 해야겠다.

본질을 회복하자

　본질은 사물을 그 자체이도록 하는 고유한 성질로서 그 사물의 존재를 규정하는 원인이다. 아리스토텔레스는 "그것은 무엇인가"라는 질문은 바로 그 사물의 본질을 알고자 하는 것이라 했고, 사물의 존재 그 자체라는 뜻에서 사물의 실체라고 했다.
　성경 시편 8편 4-5절에 "사람이 무엇이기에 주께서 그를 생각하시며 인자가 무엇이기에 주께서 그를 돌보시나이까 그를 하나님보다 조금 못하게 하시고 영화와 존귀로 관을 씌우셨나이다."라는 말씀이 있다. 여기에 사람이 무엇이며 인자가 무엇인가라는 말씀을 통해 인간의 본질을 생각해 볼 수 있다.

　사람(에노쉬)은 깨지기 쉬운 존재, 부패하기 쉬운 존재란 의미이고, 인자(벤 아담)는 흙으로 지음 받은 존재로서 먼지나 티끌에 불과한 하찮은 존재란 뜻이다. 하나님은 이런 하찮은 존재에 불과한 인간을 귀하게 여기셔서 영화와 존귀로 관을 씌워주신 것에 대하여 다윗은 감격하여 찬양하였다.

　그러므로 이토록 깨어지기 쉬운 흙먼지에 불과한 하찮은 존재, 코에 호흡이 있는 피조물 인간은 창조주 하나님의 은혜가 아니면 살 수 없다. 또 생기를 불어넣어 생령이 되었으니 하나님의 형상을 닮은 영적 존재, 만물의 영장으로서 하나님의 손에 붙들리면 얼마든지 귀하게 쓰임 받을 수 있다. 하지만 하나님을 떠나 제 맘대로 살려는 교만이 있다면 인간의 본질을 모르는 어리석은 자가 된다.

소금은 녹아서 짠 맛을 냄으로 음식의 간을 맞추고 부패를 방지한다. 등은 기름을 태워서 불빛을 발하므로 어둠을 물리친다. 소금의 본질은 짠 맛을 내는 것이고 등의 본질은 빛을 발하는 것이다. 이것이 존재 이유다. 만일 본질을 잃어버려 맛을 잃은 소금과 빛을 잃은 등불이 되면 쓸모없는 존재가 되어 버림을 받게 된다.

예수님께서는 제자들(성도들)에게 "너희는 세상의 소금이요 빛이라"(마 5:13-16)고 하셨다. 그러므로 성도는 소금이 녹고 기름이 타듯이 희생과 헌신으로 착한 행실을 하여 죄악으로 썩어가고 어두워져 가는 세상을 바로 잡아야 한다. 오늘날 세상이 죄악으로 썩어가고 어두워져 가는 것은 성도(교회)가 제 역할을 바로하지 못했기 때문이다. 다시 말하면 기독교가 본질을 잃어버렸기 때문이다.

Christmas는 '그리스도를 예배한다' '성탄을 축하한다'는 뜻이다. 그런데 요즘 X-mas 때 가장 먼저 생각나는 것이 무엇이냐는 설문에 '산타 크로스', '크리스마스 추리', '카드', '선물' 등이 대부분을 차지하고 '예수 그리스도'는 불과 7.2%에 불과했다. 주인공인 예수님이 빠져버렸다. 핵심이 없다. 본질을 잃어 버렸고 따라서 목적도 방향도 잃어버렸다. 이 또한 기독교가 복음의 핵심을 잃어버려 세속화되어 맛을 잃은 소금, 빛을 잃은 등불처럼 버림을 받으므로 세상은 더욱 부패하고 어둠은 짙어가고 있음을 단적으로 보여준다.

어떤 식인종 출신의 아프리카 추장의 아들이 영국에서 유학을 마치고 본국으로 돌아갔다고 한다. 10여 년 후 영국의 백인 동창생이 여행을 가서 만났다. 다른 동족들과 달리 양복을 입은 세련된 모습의 추장은 동창생을 반갑게 맞이하고 식사를 대접했다. 그는 다른 식인종과 마찬가지로 사람고기를 먹는 것이었다. 친구가 의아해서 영국 명문대를 나온 지성인이 왜 사람고기를 먹느냐고 물으니 손을 들어 보이며 "아, 그래서 나는 다른 사람과 달리 이렇게 포크로 먹고 있지 않습니까 이것이 배우고 못 배운 사람의 차이지요" 하고 대답을 했다. 이 사람은 참다운 문화인으로서의 삶의 본질 곧 알맹이는 접하지 못하고 껍질만 보고 형식만 배워 온 사람이다.

이와 같이 오늘날 교인들 중에는 교회 건물이나 숫자, 직분, 출신, 연조만 자랑하고 자기의 삶은 숨겨버리는 경우가 많다. 성경도 알고 교회도 다니고 예배도 드리는데 사랑과 희생의 삶은 없다. 신앙은 있는데 인격과 행동은 없다. 경건의 모양은 있으나 경건의 능력은 없다.(딤후 3:5) 알맹이가 없는 껍데기는 버림을 받기 마련이다.

성경에는 "좋은 나무마다 아름다운 열매를 맺고 못된 나무가 나쁜 열매를 맺나니"(마 7:17)라는 말씀이 있다. 먼저 나무가 충실하면 나무에 따라 열매는 저절로 열린다는 의미다. 무엇인가를 하는 것(doing)보다 누군가가 되는 것(being)이 중요하다. 얼마나 잘 하느냐(To do) 보다 어떤 사람이 되느냐(To be)가 더 중요하다. 또 얼마나 가졌느냐(To have)보다 어떻게 쓰느냐(To spend), 얼마나 아느냐(To know)보다 어떻게 사느냐(To live)가 더 중요하다.

예수님께서 천국에 대한 세 가지 비유(마 13:44-50)를 말씀하신 후 "이 모든 것을 깨달았느냐"(마 13:51) 물으시고, 깨닫고 알았거든 "이를 행하라"(눅 10:28), "가서 너도 이와 같이 하라"(눅 10:37)고 하셨다. 예수님의 모든 가르치심의 결론은 "깨달았느냐", "이를 행하라" 이 두 가지다. 깨달음과 행함을 강조하셨다.

또 주님께서는 "나는 자비를 원하고 제사를 원하지 아니하노라"(마 12:7)라고 하셨다. 여리고로 내려가다 강도를 만난 자를 제사장이나 레위인은 보고도 그냥 피하여 지나가되 사마리아 사람은 불쌍히 여겨 치료를 해주고 주막으로 데려가 돌보아 주었다. "누가 강도 만난 자의 이웃이 되겠느냐? 너희도 가서 이와 같이 자비를 베풀라"라고 하셨다.(눅 10:29-37) 나는 제사장과 레위인에 속한 사람인가 아니면 사마리아 사람인가? 주님은 제사보다 자비를, 껍질보다 알맹이, 형식보다 내용을 원하셨다.

오늘날 이 땅이 점점 어두워지고 썩는 냄새가 진동을 한다. 흔들리고 무너지는 것들이 너무 많다. 지위가 높은 자, 이름 있는 자가 세도를 부리고 목소리 큰 자, 힘이 센 자가 판을 치는 세상이다. 배운 자, 아는 자는 숨어버렸고, 법과 양심이 동시에 무너졌다. 원칙과 상식이 짓밟히고 진실과 정의가 사라졌다.

이 모든 것의 근본 원인은 본질을 잃어버렸기 때문이다. 사람이 무엇인지(흙으로 지음 받은 피조물), 자기가 누구인지(하나님의 은혜가 아니면 살 수 없는 자), 교회 곧 성도가 무엇인지(세상의 소금과 빛)를 알지 못하고 깨닫지 못하기 때문이다. 알맹이 보다 껍질만 보고, 내용보다 형식을 중시하며 깨달음도 없고 깨달아도 실행이 없다.

이사야 선지자는 이스라엘 백성들이 하나님의 말씀을 듣지

도 않고, 들어도 깨닫지 못하고, 깨달아도 행하지 않는다며 하늘과 땅을 보고 한탄하였다.(사 1:1-6)

"소는 그 임자를 알고 나귀도 그 주인의 구유를 알건마는 하나님의 백성이 하나님을 알지 못하고 거역하고 만홀히 여기고 멀리하고 떠나니 슬프다 범죄한 나라요, 허물진 백성이요, 행악의 종자요, 행위가 부패한 자식이로다. 그리고도 매를 더 맞으려고 패역을 거듭하니 머리는 병들고, 마음은 피곤하였으며 발바닥에서 머리까지 성한 곳이 없이 터지고 맞은 흔적뿐이다."

머리(지성)가 병들어 깨닫지 못하고 마음(감성)이 병들어 뉘우치지 못하고 발(의지)이 병들어 행하지 못하므로 땅이 심히 황폐하였다고 했다.

나는 누구인가? 왜 이 자리에 있는가? 무엇을 해야 하는가? 어떻게 살아야 하는가?

각자의 위치에서 존재 이유를 찾도록 하자. 본질을 회복하자. 껍질과 알맹이, 형식과 내용, 무엇이 더 중요한가를 깨달아 행동으로 실천하자. 이것만이 답이다. 이 길만이 이 땅을 살리는 길이다. 그리하여 정의가 물같이, 공의가 강같이 흘러야 이 민족, 이 나라, 이 세상이 산다.

노블레스 오블리주

노블레스 오블리주(noblesse oblige)는 프랑스어로 고귀한 신분 곧 귀족이라는 노블레스와 책임이 있다는 오블리주가 합쳐진 말이다. 높은 사회적 신분에 상응하는 도덕적 의무를 뜻하며, 권력과 부를 가진 사람은 사회적 책임을 다해야 한다는 개념이다. 고대 로마와 중세 유럽에서 비롯되어 현대사회에서도 기업가와 지도층의 윤리적 의무로 강조되고 있는 중요한 덕목이라고 생각한다.

고대 로마에서는 귀족계층 (파트리키Patricii)은 단순히 사치스러운 삶을 즐기는 것이 아니라, 전쟁이 나면 가장 앞장서 싸워야 했다. 장군들은 병사들과 함께 직접 전쟁터에 나가 목숨을 걸고 싸웠다. 단순한 리더가 아니라 스스로 희생하며 책임을 다하는 지도층의 모습이었다. 중세 유럽에서도 귀족들은 기사도(Chivalry)정신을 실천하였다 가난한 사람을 돕고, 약자를 보호하며, 전쟁이 나면 앞장서 싸우는 것이 그들의 의무였다.

이러한 정신은 우리 한국 역사 속에서도 찾아볼 수 있다. 신라의 화랑들은 귀족집안의 자제들로서 평소에 인격수련과 무술 훈련을 쌓아 필요할 때 나라를 위해 앞장서 헌신했다. 화랑이라는 신라 지배층의 헌신은 삼국통일의 원동력이 되었다. 당시 백제는 계백장군이 황산벌 전투의 선봉에서 작렬히 전사할 때 의자왕과 호족들의 권력투쟁이 한창이었고 고구려는 연개소문이 죽은 후 아들들 사이의 권력투쟁으로 장남 남생이 당나라에 투항하였다.

조선시대의 선비정신도 마찬가지였다. 조선시대 양반들은 단순한 특권층이 아니라 학문을 연구하고, 도덕적으로 올바른 삶을 살며, 백성을 위한 정치를 해야 했다. 특히 나라가 위기에 처했을 때는 스스로 목숨을 바쳐 충성을 다하는 것을 당연한 의무로 여겼다. 임란 때 이순신 장군이나 의병, 승병들의 모습에서 엿볼 수 있다.

영국엔 이러한 모범사례가 많다. 엘리자베스 2세는 공주시절 2차 대전 당시 운전병으로 복무했고, 남편인 필립공도 동 전쟁에 전투기 조종사로 참전했다. 찰스 왕세자 동생인 엔드루 왕자는 헬기 조종사로 1982년 포클랜드 전쟁에 참전했고, 해리 왕자는 최전선인 아프가니스탄에서 복무했다. 영국선 왕실뿐 아니라 명문학교 출신일수록 군에 들어가 전방에 근무했다. 영국 최고 명문인 이든고교 졸업생은 1, 2차 대전에서 2,000명이나 전사했다. 조지 6세 동생 켄트공작도 전사했고, 헬링턴 공작도 일선에서 최후를 마쳤다.

반면 우리나라에선 정부 고위직에 있는 사람들에게 아들의 병역회피 의혹이 자주 거론되었다. 대표적인 사례로 지난 15-17대 세 차례나 대선에 출마한 이회창은 대법관, 선관위원장, 감사원장, 국무총리, 집권당 총재 등 화려한 경력을 지닌 유력한 후보였지만 두 아들의 병역문제로 다 패배했다. 또 모범이 되고 존경받아야 할 지도자 중에 뇌물비리에 연루된 대통령도 있었다.

고위 공직에 있으면서 자녀의 입시를 위해 비리를 저질러 감옥에 감으로 수많은 젊은이들의 꿈을 좌절시키고 가슴에 못을 박은 조국 부부교수나 전과 4범인데다 최근 8개 사건 12

개 혐의로 5개 재판을 받고 있으며 도지사로서 사익을 위해 법카로 막대한 금액을 유용한 파렴치한 사건을 저질고도 대권에 도전을 하고 있는 야당대표 이재명은 노블레스 오블리주로 존경은커녕 나라를 좀먹고 수치스럽게 하고 있다.

프랑스의 왕위 계승과 영토 문제로 영국과 프랑스 사이의 100년 전쟁 중에 프랑스 북부의 항구도시 칼레의 시민들은 11개월 동안 저항하다 식량이 떨어지면서 결국 항복을 했다. 칼레시의 완강한 저항에 영국 왕 에드워드 3세는 칼레시를 전멸시키려다 마음을 바꾸어 여섯 명이 교수형을 자원한다면 나머지 시민들을 살려주겠다고 했다. 이때 칼레 시 제일의 부자였던 외스타슈 드 생피에르가 죽음을 자처하고 제일 먼저 나서게 되었다. 그러자 그 뒤를 이어 부유한 사업가 데르 자크 드 위쌍과 시장, 법률가, 고위관료 등 상류층들이 자원하여 나서서 영국 왕의 요구대로 사형장으로 나왔다. 절망 속에서 꼼짝없이 죽을 운명이었던 이들 6명의 아름다운 마음과 용기있는 행동을 전해들은 에드워드 3세는 이들을 모두 풀어주게 된다. 이로 인해 모든 칼레의 시민들은 목숨을 건지게 되었다.

칼레에는 로댕의 <칼레의 시민>이란 조각 작품이 있다. 칼레의 시민을 구하기 위해 칼레 지도층 인사 6인이 자신의 목숨을 버리려한 순간을 기념하여 로댕이 10년 넘는 세월을 투자하여 완성한 작품이다. 흔히 선진국이라 말할 때, 단지 경제적 고소득과 사람이 살기 편하고 행복한 나라를 의미하기도 하지만, 칼레 시민들 중 상류층의 사람들이 일반 시민들을 위해 목숨까지 내어놓을 정도로 사회적 책임을 다한 노블레스 오블리주(noblesse oblige)를 떠 올리게 된다.

성경에 "한 사람이 백성을 위하여 죽어서 온 민족이 망하지 않게 되는 것이 너희에게 유익한 줄을 생각하지 아니하는도다"(요 11:50)라고 하신 말씀과 같이 예수님의 죽음은 단순히 한 사람의 죽음이 아니라 모든 인류의 죄를 사하시고 하나님과의 관계를 회복하여 온 인류의 구원의 길을 열게 된 것이다.

노블레스 오블리주는 귀족의 의무라는 개념에서 시작되었지만 끊임없이 변화하는 사회에 맞춰 새로운 형태로 발전하고 있다. 현대 사회에서도 부유한 기업가들이 자신의 부를 사회에 환원하여 책임을 다하고 있다. 빌 게이츠나 워런 버핏 같은 세계적 부호들은 수많은 재산을 사회에 기부하고 있다. 우리나라에도 유한양행 창업자 유일한은 "기업의 목적은 이윤이 아니라 사회적 책임"이라는 철학을 실천했다.

오늘날에는 부귀권력을 가진 사람들뿐 아니라 우리 모두가 해야 할 일이다. 작은 기부나 봉사, 또는 일상에서의 작은 친절한 행동이 모두 노블레스 오블리주가 될 수 있다. 오늘 우리도 실천할 수 있다. 높은 지위와 부를 가진 사람뿐만 아니라 우리 모두가 자신의 자리에서 최선을 다하고 책임을 다하여 더 나은 사회를 만들어 가야 하겠다.

단순히 성공을 꿈꾸는 것이 아니라 성공한 후 어떤 삶을 살 것인가를 고민해야 하지 않을까.

<수필춘추 102호>

박사보다 높은 학위

　목사인 내게는 형님 같고 친구 같은 두 장로님이 있다. 두 분은 교장을 지낸 교육동지요 신앙적 동역자로서 같은 교회에 다니진 않지만 정말 친하고 가깝게 지내는 든든한 선배들이다.
　한 분은 1992년도 제2회 남강교육상을 수상하여 1회로 수상한 나와 30년 째 뜻을 같이 하여 함께 일하고 있다. 특별히 내가 운영하는 시온동산에 남강교육관 및 기념관을 세울 때 앞장을 서 주셨고 부부가 함께 동산을 자주 찾아오셔서 우리 부부에게 식사대접을 해주시고 병중에 있을 때 많은 위로와 큰 힘이 되어 주셨다.
　또 한 분 역시 남강교육상을 수상하셨고, 매년 불우학생들에게 장학금을 전달하는 등 아름다운 활동이 계속됨에 따라 교육부가 주관하는 '이달의 스승'으로 선정되어 각 급 학교에 스승존경문화를 확산하는데 공헌하셨다. 또 수필가로서 '수필춘추 문학상'을 수상하시고 현재 연금공단 대구지부 상록아카데미 수필창작반 지도교수로 활동하고 계신다. 이분과 특별히 가깝게 된 것은 부인 권사님이 시온동산 근처에 있는 와촌초등학교 교장으로 계실 때 함께 가서 기도도 하고 식사도 하는 기회가 많았고 또 고향인 영천에 자주 드나들면서 길목에 있는 나에게 자주 들리셨기 때문이다. 하지만 그보다는 목사를 섬기고 두루 사람을 잘 챙기는 폭이 넓고 원만한 성품을 가지셨기 때문이라고 생각한다.

내가 서울에서 은퇴를 하고 내려와 팔공산에 들어왔을 때 처음에는 무척 외롭고 힘들었다. 대개의 경우 사람들은 잘 될 때에는 찾아오고 연락을 하지만, 잘못되었을 때는 거리를 두고 멀리한다. 이것이 세상인심이다. 아무도 찾아오거나 거들떠보는 이가 없던 바로 그런 때에 장로님은 자주 전화를 해 주시고 찾아와 주셨고 올 때마다 밥을 사 주셨다. 팔공산에 온 지 10년이 훨씬 넘었으니 한 달에 한 번씩이라도 백 수십 번이니까(어떨 땐 한 달에 몇 번 씩도 오셨으니) 아마 밥을 100번도 더 사주신 것 같다. 뿐만 아니라 음악교사를 하는 아들이 지휘하는 연주회 때나 미국에 유학간 손자가 방학을 하여 귀국을 했을 때도 격려차 여러 번 밥을 사주셨다. 요즘 석사나 박사 위에 '밥사'라는 학위가 있다는 우스개가 있다. 두 장로님은 가장 높은 이 학위를 가지셨다.

함께 밥을 먹는 식사 자리는 따뜻하고 아름다운 자리다. 대화를 나누고 정과 사랑을 주고받는 자리로서 단순히 끼니를 채우는 시간이 아니라 마음을 채우는 시간이라서 좋다. 어쩌다 오늘은 내가 식사비를 내겠다하면 목사와 장로가 식사할 때는 장로가 내는 법이라면서 절대로 안 된다고 말리셨다. 물 한 잔도 나눠마시면 정이 든다는 데 그동안 얼마나 정이 들고 또 깊어졌겠는가?

밥을 한 끼 사는 것은 그리 어려운 일은 아니다. 그러나 만날 때마다 계속해서, 자주 산다는 것은 결코 쉬운 일이 아니다. 그것도 오랜만에 우연히 만나서가 아니라 직접 찾아와서 밥을 산다는 것은 더욱 쉽지 않다. 정년을 마치고 퇴직 후엔 누구나 경제가 마냥 넉넉하지 못한 것이 사실이다. 그리고 자주 나들이를 하며 만나는 사람도 많고 또 외식을 하는 경우도 많아 용돈도 꽤 많이 든다. 그런데도 장로님은 각종 모임에 부지런히 참석하며 Pay up(지갑을 잘 열기)으로 존경과 신뢰를 받는 분이시다. '밥사'라는 학위는 학문과 지식으로 받는 학위가 아니라 대인관계를 통한 인생학위다. 따라서 아무나 쉽게 가질 수 있는 학위가 아니다.

내가 배워가고 경험한 바로는 밥을 사려면 우선 상대방에 대한 사랑하는 마음 곧 관심과 배려가 있어야 하고 행동이 뒤따라야 한다. 시간과 물질에 여유도 있어야 한다. 거기다 음식의 종류와 맛을 미리 알고 식당의 사정(위치와 주차장 등)도 알면 더욱 좋다. 또 상대방이 부담을 갖지 않도록 먼저 자기가 사겠다는 제의를 하든지 양해를 구해야 하고 식사비를 지불하는 동작도 빨라야 한다. 가장 중요한 것은 밝은 표정과 친절한 말씨다. 물론 대화를 즐겁게 나누며 가벼운 봉사도 아끼지 않아야 한다. 그리하여 인색하다거나 생색을 낸다는 기분이 조금도 들지 않아 마음이 편하고 여운이 남을 때 정이 들고 사랑이 깊어지는 진정 훈훈한 식사자리가 되는 것이다. 그러므로 평소에 훈련이 되어 몸에 배어있지 않고는 쉽게 되는 일이 아니다.

명절이 가까워오면 과분하게도 많은 선물이 들어온다. 부족하지만 나도 친척과 친구들에게 해마다 대천 김이나 제주 고등어를 보낸다. 해마다 조금씩 수가 늘어나게 되어 기쁘다. 너무 비싼 것을 보내면 부담스러울까 봐 약간의 정성만 표시하는 정도다. 그런데 받으면 즉시 반갑게 연락을 주는 분도 있지만, 아무 연락이 없는 분은 배송이 잘 되었는지 어떻게 되었는지 궁금하게 된다. 별 것 아닌 것 가지고 성가시게 할까봐 되물어 볼 수도 없고 하여 신경이 쓰인다.

참 감동을 받고 고맙게 생각하는 일이 또 있다. 몇 년 전 뇌출혈로 쓰러져 중환자실을 거쳐 죽음의 문턱을 돌아온 후 하나님께서 언제 부르실지 몰라 투병을 하면서 서둘러 자서전과 설교집, 수상집을 연이어 출판했다. 나를 위해 고생한 아내와 자녀 손들에게 남기고 싶어서 쓴 책이지만 일가친지들에게도 나누어 주었다. 그런데 남강동우회원 두 분이 10권씩 또 한 분은 20권을 자녀들과 아는 분들에게 선물한다면서 보내달라고 하셨다. 또 대구 교육자 선교회 장로님 한 분은 자기 교회 헌신예배에 초청을 하여 설교를 하게하고 책 300권을 보내달라고 하셨다. 두 누님과 두 여동생, 네 자매는 모두 감명 깊게 읽었다면서 의외의 축하금을 보내왔다.

무엇보다 잊혀지지 않는 것은 죽마고우竹馬故友인 홍석우 사장이 카페에서 만나자 하여 나갔더니 자기와 사위목사에게까지 책을 보내주어 고맙다면서 봉투를 하나 내밀기에 안 받으려고 서로 밀고 당기다 커피 잔이 바닥에 떨어져 요란한 소리를 냈다. 우리는 앞 다투어 깨어진 유리조각을 줍고 쏟아진 커피를 닦으면서 서로 쳐다보고 말없이 웃었다. 그 순간 변함없는 친구의 정성에 감동이 되어 내 뺨에는 나도 몰래 눈물이 흘러내리고 있었다. 카페 손님들에겐 폐를 끼쳤지만, 내게는 무르익은 우정이 물씬거리는 참 소중한 추억이 되었다.

아픈 만큼 사랑한다

　아픈 몸을 이끌고 아내와 함께 영화관엘 갔다. CGV 대구관 6층 6관에서 '아픈 만큼 사랑한다'는 박누가 의사 선교사의 다큐멘터리 영화를 관람했다. 전날 밤 남강교육상 동우회 부회장 홍인표 장로님의 부인되시는 신석순 권사님이 문자를 통해 기독교 영화 제작사 대표인 사위와 딸의 사연과 함께 갑자기 이 영화를 소개하셨다. 뇌출혈 재발로 2차 시술을 하고 C형 간염에 대한 약을 복용하며 투병 중이었지만 영화 제목이 마음을 끌었고 또 홍보를 해달라는 간절한 부탁이 있었기 때문이다.
　부와 명예보다 봉사를 택한 선교사는 살기 좋은 한국보다 필리핀 오지가 더 편했고, 하나님이 주신 생명을 활활 불꽃처럼 태우며 살다 갔다. 한국에선 별로 알아주는 사람이 없어도 오지에선 그가 움직이기만 하면 생명을 살려내었다.
　그는 아픈 사람들을 사랑하는 일에 자신을 다 바쳤다. "아픈 만큼 사랑한다. 아파 봤으니까, 아프기 때문에 더 사랑할 수 있었다"는 말을 남겼다. 그 힘든 일을 억지로 할 수 없다. 선교도 봉사도 즐기면서 해야 오래 할 수 있고 잘할 수 있다. 그는 자기의 아픈 것을 다 참고 이기면서 남을 사랑하고 봉사하는 일을 즐거움으로 감당한 하나님이 보낸 천사였다.
　그에겐 호화로운 집도 차도 없었으나 아픈 사람을 돌보는 누가병원이 있었고 중고 버스가 보물 1호였다. 버스가 집이고 병원이었다. 또 그에겐 필리핀 현지의 친한 친구 덴시오와 그 고난의 험지에서 끝까지 함께 했던 조카 간호사, 그리고 그를 날마다 기다리며 사모하는 수많은 오지의 병자들이 있었다.

그는 안 걸린 병이 없을 정도로 온갖 전염병에 다 걸렸고 3번 암 투병을 하였으며 투병 2년 동안에 필리핀을 20회 드나들다 결국 56세로 병사했으나 그의 죽음이야말로 고통 속에 신음하는 영혼들을 위한 고귀한 순교가 아닐까?

　그는 말하기를 "유명의사가 되어 돈을 벌었으면 40세도 못 넘기고 갔을 터인데 험한 오지에 뛰어다니며 선교와 봉사를 하다 보니 이만큼이라도 살았다"고 하였다. 또 "오래 살고 싶거든 봉사를 하고, 더 오래 살고 싶거든 선교를 하라"고 하였다. 의료선교 중 '새순 누가 교회'도 세우고 '누가 유치원'도 세웠으며 영혼과 육신을 구하는데 자신을 아낌없이 다 주고 갔다. 작은 밀알이 큰일을 이루었다. 그곳 사람들은 그가 가고 없을 때 "아버지를 잃었다"며 슬퍼했다. 그는 한결같이 어려운 사람들을 찾아다녔고, 자연과 동식물을 좋아했으며, 특별히 어린이들을 사랑했다. 그야말로 찌들게 가난하고 문명의 혜택이 없는 험한 오지의 예수님이었다.

　너무도 감명 깊었다. 나도 나름대로 열심히 살았다고 생각했는데 선교사님의 희생과 봉사의 삶을 보면서 큰 도전을 받았다. 죽음의 문턱을 돌아온 직후라서 그런지 정말 눈물이 줄줄 흘렀다. 성령의 감동이 충만하게 역사하는 것을 느꼈다. 부끄럽기도 하고 부럽기도 하였고 우리 교계에 이런 분이 있었다는 게 너무 고맙고 감사했다. 아울러 이 영화를 소개해 주신 권사님과 그 따님이 고마웠다.

　나도 아파보았고 죽음의 문턱을 넘나들었다. 아내도 매일 아프다. 아픈지가 오래되었다. 우리는 서로 아파보았고 지금도 아프기 때문에 '아픈 만큼 사랑한다'는 박누가 선교사처럼 서로 더 사랑하고 이웃을 사랑하며 살아야겠다고 다짐을 한다.

-건국의 시조 이승만의 다큐멘터리-
'건국전쟁'을 관람하고

　세계 어느 나라든지 건국지도자나 나라에 공을 세운 지도자를 기념하고 추앙한다. 미국 전역엔 워싱턴의 동상이 3,000여 개가 세워져 있고, 남아공의 만델라나 인도의 간디도 영웅으로 추앙을 하고 있다.
　그러나 우리나라 대한민국의 건국 대통령에 대해선 국내 어디에서도 기념관 하나 찾아볼 수 없고 그가 망명을 가서 서거할 때까지 살았던 하와이에선 쫓겨나다시피 되었으며, 오히려 살인자로 취급을 받고 있다고 한다. 지난 70여 년간 이승만 대통령에겐 모든 부정적 이야기로 가득하고 안 좋은 것만 다 붙어있고 나쁜 이미지로 각인되어 있을 뿐만 아니라 교육이 전혀 안되어 후세대들이 건국의 시조를 제대로 알지 못하고 있다.
　이런 상황에서 2024년 2월 1일 개봉된 김덕영 감독의 101분의 다큐멘터리 <건국전쟁>은 2월 27일 현재 한 달도 지나기 전에 누적 관객 100만을 넘어섰다. 제작기간 3년, 진귀한 기록필름과 국내외 20여 명의 증언자를 토대로 완벽히 복원한 이 영화는 대한민국의 건국 대통령 이승만을 재평가하는 것에 초점이 맞추어져 있다. 따라서 이 대통령에 대해 잘못 알려진 사실과 폄훼된 이미지를 바로 잡고 대한민국 건국의 역사를 올바르게 이해할 수 있는 계기가 되었다.

이승만 대통령은 고종 12년인 1875년 3월 26일 황해도 평산에서 전주이씨 양녕대군 16대손(왕손) 6대 독자로 태어났다. 19세에 배제학당에서 6개월 만에 영어과를 수료하던 때에 선교사를 통해 성경과 정치적 자유와 평등을 배웠다.

23세에 황제 퇴위와 근대 국가 건립을 모의하다 한성감옥에서 사형수로 수감되어 죽음에 이르는 고문을 당했고, 이때 감옥에서 하나님의 임재를 체험한 성령의 사람으로 청년시절부터 나라를 위한 일들을 시도했으며, 매일 성경을 읽고 죄수들을 전도하며 영어를 가르쳤다.

탁월한 영감으로 그가 25세에 쓴 책<일본 내막기>에는 언젠가 일본이 미국과 전쟁을 하게 될 것이며 미국이 승리하여 한국이 독립할 것이라고 41년 전에 예언하므로 베스트셀러가 되었고 미국사회에 많은 영향을 미쳤다.

5년 7개월 수감 후에 미국에서 5년 동안 조지워싱턴 대학교에서 학사, 하버드대학교에서 석사, 프린스턴대학교에서 36세에 국제정치학 박사학위를 받았다. 한국 최초의 미국박사 1호였다. 1913년 하와이에서, 사탕수수밭에서 노예처럼 일하는 한인들의 자녀교육을 위해 기숙사와 학교를 세워 교육 사업에 헌신하였다. 30여 년을 하와이에 거주하며 독립운동을 하고 세계 각국을 다니며 많은 인물들과 외교활동을 하느라 동분서주하였다.

1910년 일본의 국권침탈로 나라와 주권을 잃고 일본의 식민치하에서 억압과 수난을 겪다가 미국을 비롯한 연합국의 승리로 1945년 8월 15일 간신히 해방을 맞이했다. 그러나 스스로 통치할 자주국으로서의 여건이 조성되지 못하여 미소 신탁통치가 실시되었다.

1945년 8월, 이승만이 귀국하기 전에 먼저 북쪽에는 스탈린의 지령을 받고 소련의 공산주의 사상의 영향을 받은 김일성이 조선 노동당을 만들어 세력을 구축하였고 남쪽에도 박헌영이 남노당을 조직하여 세력을 형성하여 친소정부 수립을 추진하고 있었다.

1945년 10월 16일에 이승만이 미국에서 귀국하여 새로운 독립 국가를 건국하려고 할 때 한반도에 단일국가를 세울 수가 없었다. 당시 UN에서 조사한 바에 의하면 국민들 70% 이상이 '조선 인민공화국'을 선호하고 있었다. 자칫 잘못하여 이 때에 사회주의 계획경제와 김일성 주체사상을 신봉하는 망국적 이념과 사상에 빠져 공산주의 국가가 되었다면 지금 이 나라는 어떻게 되었을까?

이러한 풍전등화의 위기에서도 미국에서 오랫동안 독실한 기독교 신앙과 학문을 바탕으로 미국을 비롯한 세계 각국의 정치인들과 친분을 쌓으며 독립운동과 외교활동을 하던 이승만이 하나님이 기뻐하시는 나라를 세우겠다는 건국의 비전을 가지고 기독교 정신과 자유민주주의와 자유 시장경제를 건국 이념으로 하여 1948. 5. 10 남쪽만이라도 총선거를 실시하였다. 또 대통령과 부통령을 국회에서 간선제로 선출하여 1948. 7. 24 초대 대통령으로 취임했으며, 1948. 8. 15에 대한민국 정부를 수립하였고 그해에 토지개혁을 하여 농민들에게 토지 소유권을 줌으로 경작권만 준 북한보다 신뢰와 환영을 받게 되었다.

당시 단일국가를 수립해야 된다고 주장하던 김구는 김일성의 초청을 받아 북쪽을 방문하여 각본에 짜인 대로 이용되어 들러리를 서게 되었기 때문에 김구를 통일의 주역으로 생각하는 것은 잘못이다.

그리고 1948. 5. 10 UN 감시 하에 남한만이라도 총선거를 할 때 북측의 방해사건이 바로 제주 4·3사건과 여수 반란사건이었다. 결국 같은 해 9. 9에 북한은 사회주의(공산주의)사상을 바탕으로 한 계획경제체제의 공산국가(친소, 친중)를 세워 조선민주주의 인민공화국이라 불렀다.

1949년 6월에 미군이 철수하자 이듬해인 1950. 6. 25 새벽에 북한군이 소련의 스탈린의 사주를 받아 기습 침략하였다. 대통령의 능숙한 영어 외교로 세계 각국에 도움을 청함으로 자유를 수호하기 위해 세계 각국에서 군대와 물자를 보내왔다. 낙동강까지 밀렸으나 9.15 맥아더 장군의 인천상륙작전으로 서울을 수복하고 압록강까지 밀고 올라가 북진통일을 앞두고 있을 때 대규모의 중공군이 개입하여 1953. 7. 27 휴전협정을 체결할 때까지 3년간의 치열한 전쟁이 벌어졌다.

75세의 대통령은 미국 무초대사의 망명 권유를 물리치고 매주 군부대를 방문하여 279회의 연설을 하였다. 휴전협정 당시에 거제도 반공포로 2만 7천 명을 석방하였으나 이 대통령은 휴전을 반대하며 끝까지 서명을 하지 않았고 1953. 10. 1 능숙한 외교술과 탁월한 지도력으로 최빈국이 최강국과 한미상호방위조약(한미동맹)을 체결하여 미군을 주둔시키고, 한국군을 증강하며, 8억불의 경제 원조를 받아 전화戰禍에서 재건을 이루게 되었다.

1960년 제3대 대통령과 부통령 선거 유세 중에 대통령의 정적이던 민주당의 조병옥 박사가 신병으로 별세하므로 이대통령은 무투표 당선이 확실했으나 부통령 이기붕이 열세여서 3·15 부정선거를 획책하다 보니 전국에서 들불처럼 4·19혁명이 일어났다. 1주일 만에 대통령은 하야를 하고 1960. 5. 29에 빈손으로 잠깐 다녀오겠다며 하와이로 가셨는데, 거처할 곳이 없어 월버트 초이라는 한인의 집에 살다가 1965. 7. 19 별세하신 후에야 그토록 보고 싶었던 고국 땅을 밟으셨다.

그동안 70여 년간 북한의 이승만 지우기에 편승한 의도적인 역사 왜곡은 건국 대통령을 '독재자', '런 승만', '38선을 만든 자', '비자금 숨긴 자', '하와이 깡패' 등 부정적 이미지로 덧칠을 했다. 그러나 이번에 김덕영 감독은 역사적인 기록물과 20여 명의 증언을 통해 이승만 대통령의 부활을 견인해 냈다.

4·19혁명 당시, 서울대학병원에서 부상당한 학생들의 손을 잡고, "내가 총알을 맞아야 하는데 이 귀한 아이들이 맞았다" 하며 오열하시는 대통령의 모습과 하와이 8개 섬을 18일간 찾아다니며 사탕수수밭의 노동자들을 일일이 만나 자녀 교육을 권유하시고, 유기 여아를 데려오고, 인신매매로 한국에서 팔려온 여아를 격투 끝에 구하여 교육시키는 장면을 보며 대통령의 애국심과 교육열에 깊은 감명을 받았고, 작은 한 영혼도 등한시 하지 않는 그 사랑과 열정에 모든 관객들이 다 울었다.

특히 1954. 7. 25에 워싱턴을 방문하여 아이젠하워 미국 대통령의 영접을 받고 상하의원 합동연설에서 자유 수호자로서 연설 중 33번의 기립 박수를 받았고, 뉴욕 맨하탄 영웅의 거리에서 카퍼레이드를 할 때 세계 원수들 중 최초로 거리에 가득한 환영 인파 속에서 손을 흔들며 인사하는 모습은 너무도 자랑스럽고 영광스러워 가슴이 뛰었다.

이 대통령은 임종하는 순간에도 나라와 국민들을 위해 기도하셨다. "하나님, 나는 이제 아무 것도 우리나라를 위해 할 수 있는 게 없습니다. 모든 것을 하나님께 맡겨드립니다, 우리나라를 도와주시옵소서" 그리고 마지막 국민들에게 선포한 유언은, "그리스도께서 우리를 자유롭게 하려고 자유를 주셨으니 그러므로 굳건하게 서서 다시는 종의 멍에를 메지 말라"는 성경 갈라디아서 5장 1절의 말씀이었다.

1965. 7. 19 90세에 하와이에서 서거하셨고, 7.23 유해가 고국으로 돌아와 국립묘지에 안장되었다. 1920년 이승만의 중

국 밀항을 도왔던 절친 보스윅이 이승만 대통령 영결식에서 "내가 자네를 안다네. 내가 자네를 잘 알아. 자네가 얼마나 조국을 사랑하고 있는지. 그 애국심 때문 비난받고 살아온 것, 자네가 얼마나 억울한지를 내가 잘 아네"하고 절규하자 관객은 모두 울음이 터졌다.

나는 4·19 정신을 존중하지만, 대통령은 공산주의와 맞서 싸운 자유수호자였고, 기독교 정신 아래 대한민국을 건국한 초대 대통령이라고 생각한다. 그가 한 일 중 최고의 업적은 이미 공산화가 진전된 상태에서 그들을 척결하고 자유민주주의국가를 세운 것이다. 이 대통령의 희생이 밑거름이 되어 세계 최빈국에서 오늘날 세계 10위권 안에 들어가는 잘 사는 선진국이 되어 자유와 평화를 누리며 살아가고 있다.

******

이승만 대통령은 하나님이 이스라엘 백성에게 모세를 보냄같이 이 땅에 보내신 하나님의 종으로 위대한 민족지도자요, 선지자요, 건국의 아버지시다.

평생을 깊은 신앙과 학문을 닦으며 오로지 민족의 독립과 하나님이 기뻐하시는 건국의 비전을 갖고 싸워온 건국전쟁은 우리나라 역사에 가장 중요하고 거룩하고 빛나는 위대한 전쟁이었고 이로 인하여 오늘 우리나라 대한민국이 존재하고 있으며, 우리는 자유와 평화를 누리고 있음을 기억하자.

(2024. 2. 27)

두 번째 한강의 기적

　10월 10일 밤 한국인의 첫 노벨문학상 수상 소식이 발표되었다. "또 한 번 '한강의 기적'이 일어났구먼!" 하는 말이 무심코 튀어나왔다. 너무나 놀랍고 반가운 소식에 가슴이 뛰었다. 그날 밤 나는 너무 좋아서 좀체 잠을 이루지 못했다. 피와 땀으로 눈부신 경제발전을 이룬 한강의 기적보다 어쩌면 더 어렵고 힘든 노벨상 수상을 했으니 이 또한 놀랍고도 놀라운 기적 중의 기적이 아닌가. 마침 또 작가 이름이 '한강'이라 어떻게 이렇게 두 번째 '한강의 기적'이 딱 맞아 떨어지는가?

　나같이 부족한 문학도가 노벨 문학상을 수상한 작가나 작품을 논할 바는 아니지만 문학을 사랑하고 글을 쓰는 사람으로서 함께 기뻐하고 축하하며 응원하는 의미에서 거침없이 글을 써 나가게 되었다.

　소설가 한강 씨가 한국 첫 노벨 문학상을 수상하므로 온 국민이 감격하고 있다. 우리나라는 2000년에 김대중 대통령이 노벨 평화상을 수상한 것 외에는 어느 분야를 막론하고 한 번도 노벨상을 수상한 적이 없었다.

　그동안 우리나라에선 이과를 장려하고 과학 분야를 집중 육성했으나 결국은 문과에서 먼저 장원급제를 한 셈이다. 10여 년 전부터 '문송하다(문과생이어서 죄송하다)'라는 유행어가 우리 사회를 지배해왔다. 그간 문과생들은 적지 않은 굴욕과 수난을 당해왔다. 문과생들이 21세기의 불가촉천민不可觸賤民이 되어가는 우울한 상황에도 단비가 내렸다. 인문학도들의 오랜 설움이 한강 작가가 노벨 문학상 수상을 계기로 어느 정도는 가라앉았다. 문과생이 서러운 것은 전 세계적인 현상이라지만, 한국에선 유독 심했다. 콤플렉스 많기론 어디 가서도 지지 않는 우리나라 사람들이 넘을 수 없는 벽으로 여겼던 노벨상을, 국문과 출신의 54세 여성이 받아버린 것이다. 이는 인문학의 가치를 경시해온 시대 풍토에 경종을 울린 사건이다.

그동안 K-칼쳐라 하여 예능과 스포츠 등 한류문화가 세계적으로 이름을 날렸다. 또 세계에서 최고 우수한 글자로 한글이, 가장 아름다운 음악에는 아리랑이, 가장 맛있고 영양가 있는 음식으론 비빔밥이 선정되었다. 그 외에도 한 때 세계 반도체 생산율, 조선 산업, 철강제조 산업, 초고속통신망 보급률, 세계 공항 종합평가 등 세계 1위를 차지한 것도 많이 있었지만 학문적 연구 성과로 노벨상을 수상한 적은 없었다. 따라서 이번에 한강 씨가 노벨문학상을 수상한 것은 과연 한강의 기적임에 두말할 필요가 없는 놀라운 쾌거다.

스웨덴 한림원翰林院은 한강 씨의 작품에 대하여 "트라우마를 직시하고 인간 삶의 연약한 면을 강력하고 명료한 문체로 표현했다"며 선정 이유를 밝혔다. 한강 씨는 2016년 한국인 최초로 부커상 인터내셔널 부문을 수상한 뒤로 세계적인 반열에 올랐다는 평가를 받아왔다. 1980년 광주를 다룬 <소년이 온다>, 제주 4·3사건을 다룬 <작별하지 않는다> 등의 소설을 쓰면서 역사와 트라우마의 문제에 천착했다.

서영채 문학평론가는 "큰 관점에서 보자면 한국 전체 문화력의 향상으로 봐야 한다. 축하 받아야할 건 한강 작가겠지만, 칭찬받아야 할 존재는 한림원"이라고 했다. 1970년생인 한강은 1993년 '문학과 사회'에 시를 발표하고, 이듬해 서울신문 신춘문예에 단편소설 '붉은 닻'이 당선되며 작품 활동을 시작했다. 장편소설 '검은 사슴'(1998) '채식주의자'(2007) '바람이 분다, 가라'(2010) '희랍어 사건'(2011) '소년이 온다'(2014) '흰'(2016) '작별하지 않는다'(2021) 등을 썼다. 소설집 '여수의 사랑' '내 여자의 열매' '노랑무늬 영원' 등과 '서랍에 저녁을 넣어두었다' 등의 시집도 있다.

한국인 최초로 노벨 문학상을 받은 한강을 세계적인 작가 반열에 올린 작품은 2007년 장편소설 '채식주의자'다. 격렬한 꿈에 시달리다 육식을 거부하게 되면서 스스로 나무가 되어간다고 믿는 여성 영혜가 주인공이다. 어린 시절 트라우마로 거식증을 앓는 영혜를 둘러싼 인물(남편, 형부, 언니)의 시선에서 펼쳐지는 세 편의 연작소설, 국내에서 100만부 이상 판매된 베스트셀러다. 한강은 이 소설로 번역가 데버라 스미스와 같이 부커상 인터내셔널 부문을 수상했다. 한국 작가로는 최초다.

특히 우리나라는 한국어가 국제적으로 보편언어가 아니라는 장벽에 부딪혀왔다. 그동안 번역의 수준이 높지 않아 서구인들의 취향에 맞지 않았고, 스웨덴 한림원의 취향에 어필하지 못했다. 이번에 한강 뒤에는 영국인 데버라 스미스의 번역의 힘이 매우 컸다고 한다. 한국어를 독학으로 공부했다는 그녀가 2016년 한강의 '채식주의자'를 영역해 함께 맨부커 인터내셔널 문학상을 받으면서 번역의 장벽이 무너졌다. 그가 '채식주의자'를 굉장히 서양인의 취향에 맞게 번역한 효과가 컸다고 한다.

정명교 문학평론가는 "처음부터 자기문제에 대한 탐구가 강했던 그가 5·18, 4·3 등 한국사에서 중요한 사건을 다룸으로써 끈질기게 자기만의 길을 개척했다"고 평가했다. 그는 또 "한강은 대중 소설가이기 보다 전위소설가다. 초기에 그는 크게 주목받지 못했다. 오랜 기간 몰이해의 늪을 헐떡이면서 걸어온 그가 전 세계의 호응을 받기 시작했다. 그 순간부터 자신이 축적해온 문학적 역량이 자산이 됐다"라고 했다.

'소년이 온다'(2014)는 1980년 광주를 새롭게 조명한 소설이다. 무고한 영혼의 말을 대신 전하는 듯한 문장들이다. 이 작품으로 만해 문학상, 이탈리아 말라파르테 문학상을 수상했고, '작별하지 않는다'(2021)는 검고 어두운 한국사의 트라우마를 더듬는 한강의 정수를 보여주는 작품으로 제주 4·3의 비극을 세 여성의 시선으로 풀어냈다. 이로 인해 한국인 처음으로 프랑스 메디치 외국 문학상을 수상했다. 이 상은 페미나상, 공쿠르상, 르노도상과 함께 프랑스 4대 문학상 중 하나다.

이현자 문학 동네 국장은 "전 세계적으로 전쟁이나 분쟁이 빈발한 상황에서 한강의 작품이 역사적 비극을 마주쳐서 풀어나가는 섬세하고 강렬한 문학세계를 노벨위원회에서 더욱 의미 있게 평가한 것 같다"고 했다.

그러나 여기서 한번 짚고 넘어가야 할 문제가 있다. 그의 문학적 자질이나 능력에 대한 것이 아니라 그가 다룬 작품의 배경과 내용에 대한 문제다. 제주 4·3 사건과 5·18 광주 사태는 너무도 가슴 아픈 민족의 비극적 사건이다. 그런데 그 사건의 원인과 과정에 대한 역사적 진실이 왜곡되어 있다는 사실이다.

제주 4·3 사건은 남한만이라도 총선을 시행하여 자유민주주의 국가인 대한민국을 건국하려 할 때 이에 대항한 공산주의 세력의 반란을 당시 미군과 경찰이 진압하는 과정에서 수많은 주민이 희생을 당한 사건이다. 또 5·18 광주 사건도 그 주동자들이 파출소를 습격해 총기로 무장하여 일으킨 폭동을 계엄군이 진압하는 과정에서 수많은 젊은이들이 희생을 당했다. 그런데 좌파 운동권 정치인들이 그 사건의 원인과 과정은 무시하고 희생당한 영혼과 그 가족들의 고통만을 지나치게 부각시켜 이 사건을 민주화 운동으로 선동하고 이에 대한 보상을 법제화하였다.

따라서 보수주의자들의 시각에서는 이 사건을 다룸에 있어 왜곡된 역사의식으로 인해 그동안 많은 문제를 야기하였고, 앞으로도 지속적으로 일어날 파장을 생각할 때 심히 유감스러움을 표명하지 않을 수 없다.

덧붙여 노벨문학상을 거부한 사르트르나 2000년부터 노벨문학상 후보로 여러 차례 물망에 오르긴 해도 번번이 실패한 고은과 황석영 역시 좌파편향의 역사의식 때문에 많은 비판의 대상이 되어왔다.

몇 년 전 장흥에서 남강 수련회를 할 때 소설가 한승원 선생의 집필실 해산토굴海山土窟을 견학한 적이 있었다. 호수 같은 바다인 득량만이 내려다보이는 언덕에 자리 잡고 있었다. 장흥에는 소설가가 많이 나왔다고 한다. 또 시, 소설, 수필을 써서 문단에 등단한 사람만 대략 200명이라고 한다. 알고 보니 한강은 장흥이 고향이고, 그 소설가의 딸이었다. 3남매 자녀들이 모두 문학가라고 하니 결국 문학의 고장, 문학가 집안에서 노벨 문학상 작가가 나온 셈이다.

어느 분야에 있어 한 인물이 나오는 것은 어릴 때부터의 가정환경과 그 부모로부터의 재능과 교육이 지대한 영향력을 미친다는 교훈을 얻을 수 있다. 다시 말하면 선천적인 유전 인자와 후천적 교육과 환경의 바탕위에서 본인 스스로의 노력이 있어야 위업을 이룰 수 있음을 알 수 있다.

이번 한강의 노벨문학상 수상은 한국 문학의 높은 수준을 세계 최고 권위의 문학상을 통해 인정받았다는 점에서 한 씨 개인의 영예일 뿐 아니라 국가적 쾌거이기도 하다. 이로써 한·중·일 동아시아 3국 가운데 유일하게 노벨문학상을 배출하지 못했던 한국의 오랜 숙원이 풀리게 됐다.

또 노벨상을 받기 전에 2016년 '채식주의자'로 노벨문학상, 공쿠르상과 함께 세계 3대 문학상으로 꼽히는 영국 맨부커상을 수상했고, 지난해에도 한국인으로는 처음으로 프랑스 4대 문학상 중 하나인 메디치상을 수상하며 한국 작가 중 노벨문학상에 가장 가깝게 다가갔다는 평가를 받아왔다. 여기에는 한강 자신의 문학적 역량이 가장 크게 작용했겠지만, 한국을 노벨문학상 수상 국가 반열에 올리기 위해 한국문학번역원과 대산문화재단 등이 번역 지원을 통해 우리 문학을 꾸준히 세계에 알려온 공도 컸다.

한강의 노벨문학상 수상은 개인의 영광을 넘어 문화 강국 한국의 국제적 위상을 높여주는 계기가 될 것이다. 우리 문학 작품을 읽고자 하는 세계 문학 독자들의 주목을 받으며 한국

문학 시장의 규모를 전에 없이 키우고, 한국 문학 국제화에도 크게 기여할 것이 분명하다.

한국 문화에 대한 세계의 관심은 이전과 비교할 수 없을 만큼 뜨겁다. 방탄소년단과 블랙핑크의 K팝에 열광하고, '오징어 게임' '기생충' 등의 한국 영화 드라마는 아카데미상과 에미상의 주인공이 됐다. 여기에 한국 문학도 가세하며 한국은 명실상부 대중문화 뿐 아니라 문학에서도 세계 최고 수준으로 발돋움하게 됐다. 한반도 역사에 일찍이 없었던 큰 성취가 이어지고 있다.

아무튼 요즈음 시국이 어수선하여 어렵고 짜증나는 일들로 온 국민의 마음이 어둡고 무거운 때에 반갑고 놀라운 희소식을 듣게 되어 가슴이 후련하다. 우리나라도 노벨 문학상을 수상한 나라, 훌륭한 세계적 작가를 보유한 나라의 반열에 올랐다는 데 긍지가 생기고 자랑스럽다.

이번 쾌거를 통하여 특별히 미래의 주인공인 청년들이 시대적 어려움을 두려워하거나 절망하지 않고 우리도 '할 수 있다, 하면 된다.'는 희망과 용기를 가지는 기회로 삼았으면 좋겠다. 그리고 국민 모두가 더 멀리를 바라보고 각자의 주어진 일에 충실하여 물질적인 분야에서뿐 아니라 정신적 도덕적 학문적 분야에 이르기까지 다방면으로 세계 선진대열로 나아가는 계기가 되기를 소망한다.

(2024. 10. 12)

박수 칠 때 떠나라

떠날 때를 알고 떠나는 자의 뒷모습은 아름답다 했던가. 하지만 그 때를 알아채리기란 쉽지 않다. 이르지도 늦지도 않은, 그런 적당한 때를 어찌 알겠는가.

지난해 2월 라훈아가 가요계 은퇴의 뜻을 밝혔을 때만 해도 설마 했다. 그런데 10월 12일 대전을 시작으로 새해 1월에 서울서 '라스트 콘서트'를 한다는 일정이 공개되고 나니 비로소 그의 은퇴가 현실로 다가 왔다.

"가수가 마이크를 내려놓는다는 것이 이렇게 용기가 필요한 일인 줄 몰랐다"는 그는 '박수 칠 때 떠나라'는 말이 지닌 깊은 의미를 따른다고 했다. 순식간에 전석이 매진되는 그의 공연 예매는 성공하기가 쉽지 않다. 공연장에 가서 직접 실제로 보고 싶지만 한 번도 그런 곳엘 가보지 못했다. 목사이기 때문에 아내에게 같이 가자고 하다간 핀잔 받을 것이 뻔하다. 그렇다고 다른 누구와 같이 갈 사람도 없고, 갈 엄두도 내지 못했다.

어쩌다 월요일 밤 KBS에서 방영하는 가요무대나 수요일 아침 마당의 꿈의 무대를 가끔 보는 게 고작이다. 다행히 지난 2020년 9월 30일 추석 전야에 KBS에서 한 라훈아의 개인 콘서트 '대한민국 어게인(again) 라훈아'와 10월 1일 추석날 저녁 TV조선에서 한 '2020 트롯 어워즈(awards)'를 다 시청했던 것이 아직도 기억이 나고 그나마 위안이 되었었다.

오아시스 레코드사의 자료에 따르면 1947년 부산에서 태어난 라훈아(본명 최홍기)는 1966년 '내 사랑'으로 데뷔하였고 몇 달 뒤 '천리 길'을 발표하여 인기를 얻으면서 첫 번째 히트곡이 되었다고 한다. 올해 데뷔 59주년을 맞는 그는 그동안 200여 장의 앨범을 발표하였고, 발표곡 2800여 곡 중에 800여 곡이 자작곡이라고 한다. 민요, 팝송 등 장르에 구애받지 않고 타고난 천의 목소리와 특유의 음악적 감성으로 온 국민을 감동의 도가니로 몰아넣는 그는 올해 78세로 한국 가요계의 가황歌皇이라 불릴 만큼 천재적 실력과 높은 인기를 가진 최고의 가수요, 진정한 레전드(Legend)이다. 배우거나 연습으로 가질 수 없는 타고난 카리스마와 자신감 넘치는 노련한 경지에서 절로 풍기는 노래의 맛과 인생의 멋은 마치 선인仙人과 같이 느껴지기도 한다.

반면에 그는 평탄한 연예인이 아니라 그의 유별난 성격과 같이 삶의 굴곡이 많았다. 노래는 멋지게 잘하는 가수이지만 그의 인생은 순탄치 않았다. 결혼을 세 번 하고 이혼도 세 번을 하였다. 그는 자기의 고뇌 깊은 삶 속에서 깨달은 것을 노래와 멘트를 통해 국민에게 전해 주었다.

재미있고 공감이 가는 것은 그도 역시 모든 사람과 마찬가지로 세상 삶 속에서 어려움을 겪으며 고민하고 있음을 보여주며, 인생의 고뇌를 테스 형에게 물었다. 물어도 대답이 없다며 '공空'이란 노래를 통해 답을 하고 있다.

"살다보면 알게 돼 일러주지 않아도/너나 나나 모두 다 어리석다는 것을/ (중략) 살다 보면 알게 돼 버린다는 의미를/내가 가진 것들이 모두 부질없다는 것을"

또 '사내'란 노래로 "사내답게 살다가 사내답게 갈거다."하면서 언제나 콘서트를 인생 삶에 대한 주제가 뚜렷한 멋진 한 편의 드라마와 같이 펼친다.

그의 콘서트는 그동안 히트를 하던 노래와 세월을 달관한 신곡과 경상도 특유의 사투리로 웃음과 위로와 희망과 용기를 불어넣어주고 응어리진 답답한 가슴을 후련하게 해준다. 은색 머리를 질겅 동여매고 찢어진 청바지에 민소매 티를 입었다가 하얀 모시 두루마기를 입었다 하면서 단순히 노래만 부르는 가수가 아니라 자기 삶의 철학을 담은 작사가, 작곡가, 철학가로서의 면모를 느끼게 한다. 뿐만 아니라 그의 노래는 사람들의 삶과 추억을 어루만지는 힘을 가졌다. 그가 만들어 낸 뒤집고 꺾는 창법은 단순한 기술이 아니라 예술의 경지에 이른다.

그동안 그가 한국 대중 음악사에 남긴 발자취는 대단하다. 서정적인 감성으로 사랑 노래의 진수를 보여준 '사랑'이나 '영영', 독특한 미감을 전해주는 '잡초' '무시로' '갈무리' 등은 직접 작사 작곡하였다는 점에서 그의 수준 높은 창작능력을 보여준다. '머나먼 고향' '고향역'처럼 고향을 소재로 한 노래가 지금까지도 인기를 얻고 있고, '사내' '남자의 인생' '사나이 눈물'과 같은 노래는 남성성을 부각하여 한 시대를 풍미하였다. 최근까지도 그는 '테스 형'과 같은 신곡을 발표하며 왕성한 창작열을 보여주고 있기에 은퇴가 아쉽기만 하다. 은퇴 후에도 그의 음악적 열정과 영감은 후배 가수들에게 이어질 것이고, 애절하게 불렀던 그의 노래는 때때로 우리를 위로해 줄 것이다.

59년이란 긴 세월동안 그는 자신의 노래로 대중을 울리고 웃기며 위로해 왔다. 2025. 1. 10-12 서울 올림픽 공원 kspo 돔에서 열린 마지막 콘서트를 끝으로 은퇴를 선언하여 스포트라이트에서 물러났다.

"훈아답게 살다가 훈아답게 갈거다"라는 그의 말 한 마디는 평생을 통한 삶의 철학을 단순하면사도 강렬하게 표현했다.

'훈아답게 산다'는 것은 타협하지 않고 자기 자신을 잃지 않으며 자신의 길을 끝까지 걸어간다는 의미일 것이다. 또한 이 말은 오늘 우리에게 중요한 질문을 던진다. 지금 나는 얼마나 나답게 살아가고 있는가? 삶을 꿈처럼 노래했던 그처럼 나도 나의 방식대로 삶의 이야기를 만들어 나가야겠다.

그는 자신의 히트곡 '사내'를 개사해 부르며 작별을 고했다. "긴가민가하면서 조마조마 하면서/설마설마 하면서 부대끼며 살아온/이 세상을 믿었다 후회 역시도 없다" 그의 노랫말은 노래를 넘어 인생에 대한 고백이었다. 화려했던 삶 뒤에 숨겨진 고뇌, 그리고 그럼에도 불구하고 후회 없는 삶을 담대히 노래했다.

'박수 칠 때 떠나라'는 말을 실천하며 몸소 자신만의 방식으로 아름다운 이별을 선택했다. 단순한 가수가 아니라 그의 노래는 사랑, 인생, 고향에 대한 이야기를 담은 시였고, 그의 무대는 하나의 살아있는 예술이었다.

세월이 아무리 흘러도 그리움으로 남을 그의 뒷모습에 깊은 감사와 존경의 마음을 담아 박수를 보낸다. 끝으로 그의 라스트 콘서트 제목처럼 그동안 "고마웠습니다."라고 인사와 함께 한 번 더 손을 흔들어 본다.

(2025. 1. 13)

(6)

그치지 않는 비는 없다

약속
대장부
삼함지계
신의 한 수
새로운 결단
통일 대한민국
그치지 않는 비는 없다
세계 최고 수준의 의료계

약속

　약속約束은 장래 일을 상대방과 미리 정하여 어기지 않을 것을 다짐하는 것이다. 그러므로 약속은 반드시 지켜져야 한다. 지키지 않을 약속이나, 지키지 못할 약속은 애초에 하지 말아야 한다. 서로가 인격을 걸고 지키기로 한 것이기 때문에 만약 이행하지 않을 때에는 무시와 경멸을 받아도 당연하다.

　그러나 분주 복잡한 세상을 살아가다보면 약속이 깨지는 수가 있다. 인간이기에 잊어버리거나 피치 못할 사연이 생겨 못 지킬 수도 있고, 대수롭지 않은 것이라고 예사로 여기고 안 지킬 수도 있다. 그러나 이러한 일이 반복되어 습관이 되면 아주 몹쓸 사람이 된다. 아무리 가까운 사이, 하찮은 일이라도, 또 어린아이와 한 약속이라도 지켜야 하고 부득불 지킬 수 없을 때는 속히, 솔직하게 사과를 하고 용서를 빌어야 한다. 서로 더불어 살아가는 사회생활 속에서 신의信義를 지키는 것보다 중요한 일은 없다. 신의를 잃으면 모든 것을 다 잃게 된다.

　옛날 중국 진秦나라 재상 상앙이 대궐 남문 앞에 있는 나무를 북문으로 옮기는 자에게 금 10냥을 주겠다고 약속을 했다. 사람들은 이 제안을 믿지 못하여 행동으로 옮기지 않았다. 재상은 다시 금 20냥을 주겠다고 제안했고 어떤 사람이 실행을 하자 금 20냥을 주었다. 얼마 후 다시 원래의 장소로 옮기는 자에게 금 50냥을 주기로 했지만 사람들은 그 말을 믿지 않았다. 그러나 전번에 그 나무를 옮겨 상금을 받았던 그 사람이 또 옮겨 금 50냥을 받았다. 그 일이 있고 난 후에 진나라 국민은 왕과 재상의 말을 신뢰하고 따르게 되었다고 한다. 사마천의 사기와 사마광의 자치통감에 나오는 이 사목지신徙木之信(옮기는 나무를 보고 믿다)이란 고사성어故事成語는 나라가 행한 약속은 반드시 지키는 것이 국민의 신뢰를 얻는 중요한 일임을 일깨워주고 있다.

14대 대통령 선거에서 낙선한 DJ는 정계를 은퇴한다며 외국으로 간 후 여건이 바뀌자 돌아와 다시 대통령 후보로 나서면서 "나는 약속을 어겼지만 거짓말은 안한다."는 유명한 일화를 남겼다. 또 대통령이 된 후 "북한은 절대 핵을 만들지 않는다"며 국민을 속이고 햇볕정책을 주장하여 막대한 자금을 지원하므로 오늘날 북한이 핵무장을 하는데 기여를 했다. 그러자 YS는 그를 보고 "DJ는 숨 쉬는 것 외에는 전부 거짓말"이라고 했고, 전광훈 목사는 "DJ는 숨 쉬는 것조차도 거짓"이라고 했다.

그의 뒤를 이은 N 대통령은 청렴결백과 정직을 내세워 수많은 젊은이들의 지지를 받아 정권을 잡았으나 부정을 저질이고 뇌물수수로 퇴임 후 수사를 받게 되자 그를 지지하던 노사모들이 돌아서므로 그가 한 말과 행동이 부끄러워 자살을 했다.

그의 친구이자 민정수석과 비서실장으로 그를 보좌하던 M은 대통령이 된 후 취임사에서 "한 번도 경험해보지 못한 나라를 만들겠다"며 '기회는 평등하고, 과정은 공정하고, 결과는 정의로울 것'이라고 해놓고 실제로는 이 말과 완전히 배치되는 국정운영을 하여 국민의 마음에 불을 질렀다. 그는 지도자로서 언행이 불일치한 위선자요 소신과 철학이 없고 비겁하며 사리판단의 분별력이 없는 우유부단한 사람이었다. 잘못된 경제정책으로 부동산을 폭등시키고 얼마 가지 않아 경제를 나락으로 떨어뜨렸으며, 잘못된 외교정책과 남북관계로 국력을 약화시키고 불평등과 양극화를 더욱 심화시켰다.

M 정권을 대변할 수 있는 두드러진 특징은 무능과 위선과 거짓과 뻔뻔함을 들 수 있다. 또 거기에다 해도 해도 너무하다는 지나침을 하나 더 첨가할 수 있다. 우리는 그동안 보아왔다. 정도가 심하면 스스로 터지거나 양심 있는 자들이 깨어나 독주와 폭주를 멈추거나, 차기 선거 때 심판을 받게 되는 것을--- 민심은 천심이다. 이런 정권은 오래 갈 수 없다. 오래 가서는 안 된다. 하늘은 절대로 무심치 않았다. 차기 대선에서 결국 무너지고 말았다.

정권 연장에 실패한 L은 반성도 없이 당대표와 국회의원이 되어 불체포특권을 내려놓겠다 해놓고 검찰수사로 위기가 다가오자 자기당 의원들에게 부결을 시켜달라고 하며 약속을 어겼고, 대선 후보 때 위성정당을 절대로 만들지 않겠다 해놓고 총선이 가까워오자 선거에 멋지게 지면 무엇 하냐며 또 이를 어기고 꼼수를 부렸다. 심지어 대구 서문시장에 가서는 "박근혜 대통령을 존경한다"고 해놓고 얼마 가지 않아 "내가 박대통령을 존경한다 하니까 정말로 존경하는 줄 알더라"하며 말을 바꾸고 조롱을 하였다.

개인 상호간에도 약속을 어겨선 안 되지만 지도자라면서 국가와 국민을 상대로 약속을 해놓고 지키지 않고 어기는 것은 질이 나쁜 큰 거짓말로서 국가 사회를 어지럽히며 국민의 삶을 해치는 망국적 행위다. 약속은 인격을 가진 상대가 그 인격을 걸고 서로 간에 지키기로 다짐하는 것이므로 지키지 않을 때는 어떤 비판과 모욕도 마땅히 받아야 되는 것이다.

창조주 하나님께서 인간에게 하신 말씀의 약속이 곧 언약言約이며 이것이 구약舊約과 신약新約으로 이루어진 성경이다. 사람을 지으시고 에덴동산을 허락하시며 선악과善惡果 언약을 주셨는데 그 언약을 지킬 때는 약속하신 무한한 축복을 베풀어 주시지만 언약을 어겨 선악과를 먹으므로 죄를 범하여 사망에 이르게 되었다. 그러므로 약속은 참으로 귀하고 엄중한 것이다.

오늘날 세상이 어수선하고 시끄러운 것은 기본 원칙과 신의를 지키지 않아 정의가 무너지고 불의가 판을 치기 때문이다. 약속을 한 번 어기긴 쉬우나 잃은 신뢰를 회복하기는 쉽지 않다. 지도자적 위치에 있는 사람부터 솔선수범하여 모두가 양심을 갖고 약속을 잘 지켜 정직하고 신실한 국민으로 거듭날 때 선진국가로 나아갈 수 있을 것이다.

(2024. 2. 15)

대장부

대장부大丈夫란 건장하고 씩씩하며 배짱 있는 사내를 일컫는 말이다. 반대로 졸장부拙丈夫는 도량이 좁고 졸렬한 사내를 의미한다. 이스라엘에 축복의 대명사로 불리는 다윗 대왕은 죽음을 앞두고 아들 솔로몬에게 "너는 힘써 대장부가 되고 하나님의 명령을 모세의 율법에 기록된 대로 지키라"(왕상 2:1-3)라고 유언을 하였다. 여기서 '대장부가 되라'고 한 것은 하나님 앞에서 온전하고 율법에 흠이 없는 사람, 다시 말하면 죄의 문제에 떳떳하여 어느 곳에서나 누구 앞에서나 당당한 사람이 되라는 것이다.

다윗은 하나님의 마음에 맞는 자로 인정을 받아 왕으로 선택을 받았고(행 13:22) 어디를 가든 무엇을 하든 하나님이 함께하심으로 형통한 은혜를 입어 승승장구하였으나 통일왕국의 왕이 된 후 나태하고 교만하여 밧세바를 탐하고 그 남편이자 충성된 신하 우리아를 죽이며, 하나님을 전적으로 의뢰하지 않고 인구조사를 하는 등 죄를 범하여 자기 개인뿐 아니라 백성 전체가 징벌을 받았다.

솔로몬도 처음에는 겸손히 하나님이 기뻐하시는 삶을 살아 지혜와 부와 존귀와 영화를 전에도 후에도 그보다 더 누린 자가 없을 만큼 복을 받았지만, 말년에 하나님을 떠나 죄를 범하므로 받은 복을 다 누리지도 못하였고 나라도 분열되었다.

그러나 구약 성경에 나오는 인물 중에 정말 멋진 대장부가 있다. 바로 갈렙이다. 그는 이스라엘 민족의 지도자 모세 수하에서 여호수아와 함께 40여 년을 훈련을 받은 수종자로서 가나안을 정탐하고 가나안을 정복한 인물이다. 그는 여호수아와 함께 민족의 공동대표가 될 수 있었으나 동료 여호수아가 모세의 후계자가 되어도 원망 불평하거나 시기하지 아니하고 여호수아를 돕는 일에 솔선수범했다. 45년을 한결같이 하나님 여호와께 충성하였으며 여호수아가 가나안 땅을 분배할 때도 우선권을 주장하거나 조그만 욕심도 부리지 아니하였다. 85세의 나이에도 오히려 여호수아의 마음을 편하게 하고 그가 미처 다하지 못한 부분 곧 아직 정복하지 못한 크고 견고한 성읍, 아낙 사람이 차지하고 있는 험한 헤브론 골짜기를 자기에게 맡겨달라고 하였다.(수 14:6-15) 정말 갈렙이야말로 의리의 사나이, 진정한 대장부라고 할 수 있다.

또 한 사람 신약성경에 나오는 품격 있는 사람, 멋진 대장부 바나바를 들 수 있다. 그는 당시 대제사장의 위협과 경제적 빈곤으로 고난을 겪을 때 받은 축복을 공동체를 위해 내어놓았고 다메섹 도상에서 주님을 만나 회심한 사울(나중에 이름이 바울로 바뀜)이 예루살렘에 가서 제자들과 동역하고자 하였으나 그들이 선입견을 품고 사울을 두려워하여 멀리할 때도 사울을 잘 안내하고 소개하여 복음 사역에 동참케 하였다. 또 안디옥교회의 목회자로서 다소에 가서 사울을 데리고 와서 함께 사역하였으며 성령의 인도를 따라 함께 전도 여행을 떠났다. 나중에 자기보다 재능이 뛰어나고 더 큰 일을 하게 되는 사울을 동역자로 삼으며 공동체를 역동적으로 만들기 위하여 자리를 내어주고 기회를 제공함으로써 사울(바울)을 세계적인 전도자로 만들었고 세계 복음화의 기초를 닦았다. 정말 그는 고상하고 품위 있는 대장부였다.

요즘 국회의원을 비롯해 정계에서 목소리를 높이는 정치인 중에 이렇게 다른 사람을 세워주고 도와주고 배려해주는 이런 품위 있고 멋진 대장부를 찾아보기가 힘든다. 모두가 자기 욕심을 채우기 위해 남이 하는 것은 옳고 그름을 떠나 무조건 반대하고, 남을 헐고 깎고 자기를 나타내기 위해 수단 방법을 가리지 않는 이기적인 행동을 일삼고 있다. 이미 세움을 받은 사람은 인정해주고, 다른 사람의 생각도 존중해주며 옳은 일을 할 땐 상대편이라도 밀어주고 도와주는 헌신적인 사람이 필요하다.

나는 우리나라의 대통령을 비롯해 각계의 중요한 위치에 있는 인사들이 오늘 소개한 갈렙이나 바나바 같은 이런 품위 있는 지도자, 멋진 대장부大丈夫가 되었으면 좋겠다. 지난 좌파 정권 때 위선과 불법에다 내로남불의 극치로 나라를 어지럽히는 조국 문제를 해결하기 위해 총대를 멘 추미애 법무부 장관과 살아있는 권력도 철저히 수사하라는 부름을 받은 검찰총장 윤석열의 대립과 충돌은 여야의 정치세력은 물론 온 국민에게 신경을 쓰게 하였다.

이렇게 같은 법무부의 두 권력자가 서로 협조하기는커녕 한 치의 양보나 배려도 없이 계속 싸우기만 했으니 한심하기 짝이 없고 또 대통령은 자기가 임명한 두 사람의 문제를 조속히 해결하지 않고 구경만 하고 있었으니 졸장부의 면모를 벗을 수 없다. 그때까지 5선 의원에 여당 대표까지 지내고 서울시장이나 대권까지 바라보며 소신과 강단과 치열함의 진면목을 보이던 추다르크(추미애)는 당당한 여장부였다. 그러나 화려한 관록과 야망을 어디다 던져버리고 문 정권의 시녀가 되어 가볍고 역겹게 처신하다 졸장부로 전락하여 토사구팽을 당하고 추풍낙엽이 되었다.

하지만 국민은 윤석열 검찰총장이 추 탱크를 앞세우고 폭주하는 문 정권과 다수당의 세력에도 굴하지 않고 공평과 정의를 앞세우고 법대로 소신껏 수사하고 불법에 항거하는 모습을 보며 참 대장부답다는 생각을 하기 시작했다. 뿐만 아니라 이러한 문 정권의 잘못된 사상과 불법과 거짓이 난무하고, 권력에 아부하는 간신배들이 판을 치며 편 가르기로 나라가 심히 어지러울 때, 대다수 국민은 정의를 앞세우는 솔직하고 깨끗한 지도자를 선망하였다. 그리하여 똑똑하고 경험은 많으나 간교하고 사악한 때 묻은 정치인보다 정치에 경험이 없어 매끄럽지 못하고 다소 어설프지만 정의를 사랑하고 법을 존중하며 의롭고 당당한 소신이 있는 정치 초년생이 대통령으로 선택되었다.

아니나 다를까 그는 여러 면으로 잦은 실수를 하지만 인기에 연연하지 않고 국가의 장래를 위하여 노동, 연금, 교육의 개혁을 단행하며 북한의 핵무장을 두려워하지 않고 국가안보를 튼튼히 해나가고 있다. 무수한 간신배들의 사술에 현혹되지 않고 당당하게 국제무대에 나가 국위를 선양하며 묵묵히 소신을 지켜나가는 대한민국의 대장부 대통령으로 만들어져 가고 있다.

특별히 지도자는 하나님과 국민 앞에서 양심적으로나 법률적으로 온전하고 흠이 없는 사람, 다시 말하면 죄의 문제에 떳떳하고 당당하며 솔직하고 정직하여 신뢰와 존경을 받을 수 있어야 한다. 그러나 인간이기에 실수할 수도 있다. 그럴 때 반성과 사과와 개선이 있으면 용서와 격려의 박수를 보낼 수 있는 국민의 아량도 있어야 한다.

CTS 기독방송의 '내가 매일 기쁘게' 프로에 유명 정치인들이 종종 나와 간증을 한다. 사회자의 말에 의하면 300명 의원 중에 스스로 자기 종교가 기독교라고 밝힌 자가 150여 명이라고 한다. 절반이 기독교 신자다. 나이나 지위를 보아 대부분 장로나 집사의 직분을 가졌다. 3·1운동이 일어날 때 당시 기독교인 수는 적었지만, 독립운동 대표 33인 중에 17명이 기독교 신자였고 그들은 나라를 위해 앞장서서 헌신했다. 지금도 기독 정치인들이 바로 서면 얼마든지 바른 나라를 세울 수 있고 어려운 현실을 이겨낼 수 있다. 믿음의 사람 이승만 초대 대통령이 성령의 인도를 따라 기독교 신앙의 바탕 위에 세운 이 나라를 기독교 정신으로 바로 세워나가기를 날마다 기도한다.

　아울러 기독교계 지도자들은 자기만 옳다 하고 남을 비판하는 데만 혈안이 되지 말고 다른 사람을 나보다 낮게 여기며 서로를 위해 기도하고 아량을 베풀며 서로 사랑하고 하나가 되어 하나님의 의를 위해 그리고 나라를 위해 일하는 한 공동체를 이루어 나갔으면 좋겠다. 불법과 불의에 항거하며 바른 나라를 세우기 위해 광화문 집회를 인도하는 전광훈 목사도 심히 위태롭고 어지러운 이 시대 이 나라의 선지자로서 나름대로 수고와 희생이 참으로 많다. 그러나 간첩 사상에 빠지고 거짓선동으로 국민을 속이고 나라를 망치는 사람을 욕하는 것은 용납할 수 있지만, 동역자를 욕하고 자기만이 최고라는 것을 과시하는 것은 옳지 않다. 통속적 일반적 지도자가 아니라 영적 지도자요, 성직자로서 품위를 지키면 더욱 존중받고 설득력이 있을 것이다.

(2022. 9. 30)

삼함지계(三緘之戒)

　정치란 국가의 권력을 획득하고 유지하며 행사하는 활동이다. 따라서 국민들이 인간다운 삶을 영위할 수 있게 하며 상호간의 이해를 조정하여 사회질서를 바로잡는 역할을 해야 한다. 물론 어디까지나 법절차에 따라 국민의 지지를 받아 이루어져야 한다. 그런데 양심을 저버리고 국민을 속이고 선동과 투쟁으로 일관하여 혼란을 야기하는 정치인들 때문에 국가 사회가 심히 어지럽다.
　지난 M 정권 때는 사회주의 체제를 신봉하고 김일성 주체 사상의 영향을 받은 친북 좌파 세력들이 국회와 사법부와 언론을 다 장악했다. 그리하여 자기들 입맛대로 정치를 하며 편가르기를 하여 국민의 마음에 상처를 주고 실의와 좌절에 빠지게 하였다. 그러다 촛불로 잡은 원한 맺힌 정권을 빼앗기자 여소야대의 절대 다수 야당은 울분을 토하며 사사 건건 집권 여당의 발목을 잡고 정책을 제대로 펼 수 없도록 횡포를 부리고 있다.
　뒤집기의 신공神功들이요, 파워 트립(power trip : 누군가가 권력을 가지고 있다고 느끼게 해주는 활동이나 행동방식)을 일삼는 좌파 운동권들의 정체와 실상을 분별하지 못한 채 지지하고 따르거나, 알면서도 한편에 서서 무조건 동조하는 사람들을 볼 때 너무나 답답하다.
　더욱이 '노사모', '대깨문'과 '문빠', '개딸' 같은 팬덤정치가 물의를 일으키고 있다. 팬덤(fandom)은 특정 인물이나 분야를 사랑하는 사람들을 의미한다. 문제는 특정 정치인에 대한 무조건적이고 맹목적인 지지 때문에 객관적으로 옳고 그름을 판단치 못하여 결국은 그 정치인의 생각과 판단을 흐리게 할 우려가 있다.

남아공의 만델라 같은 사람은 인권운동을 하다가 투옥되어 26년간의 긴 여정을 감옥에서 보낸 후 그것이 훈장이 되고 발판이 되어 국민의 추앙을 받아 대통령이 되었고 흑백갈등이 없는 나라를 만들었다. 그러나 자기의 영리를 위하거나 불법과 비리를 저질러 수사를 받고 재판을 받는 사람이 정치를 하고 지도자가 되겠다고 공개석상에 나오는 것은 잘못된 것이다. 버젓이 재판을 받고 있고 1, 2심에서 징역형의 유죄를 선고받고도 활개를 치며 정당을 만들고 국회에 입성하려는 사람이나 이를 용납하는 나라나 다 부끄럽고 화가 난다.

정치뿐 아니라 나라와 국민의 삶을 위해 존재하는 모든 기관도 국민의 존경과 신뢰를 받으며 국민의 안녕과 행복증진을 위해 그 기능을 바르게 감당해야 한다. 민주주의의 꽃이라고 하는 선거를 공정하게 관리해야 할 선관위가 불법을 저질거나, 재판을 공정하게 하여 법질서를 바로 세워야 할 법관들이 사법제도를 무너뜨린다면 나라는 바로 설 수가 없다. 또 국민의 생명을 지켜야 할 의사들이 자기들의 권익만 생각하여 환자를 버리고 병원을 떠나거나 대학교수가 양심을 저버리고 교육에 불법과 비리를 저진다면 국민들은 심한 불안과 마음의 상처를 입게 된다.

N 대통령은 자살이란 못난 죽음으로 생을 마감했지만, 그의 청렴하게 포장했던 말과 행동의 불일치한 비굴한 자취는 부엉이 바위가 존재하는 한 역사에 길이 남아 있을 것이다. 그래도 그는 양심이 있는 사람, 부끄러움을 아는 사람이었다. 그러나 그의 가는 길을 외면하고 '당신은 정치를 하지 말라'

는 친구의 부탁마저 거부한 채 정권을 잡아 김정은의 대변인 역할을 하며 나라를 망쳐놓고도 퇴임 후 얼마나 불안한지 경호원을 65명이나 두고, 또 뭐가 부족한지 요즈음 앞치마를 두르고 책과 빵을 팔기에 여념이 없는 전직 대통령의 모습은 가관可觀이다.

　양심을 속이고 거짓말을 일삼으며 자녀교육에 수도 없는 불법을 저질러 국민의 공분을 사던 J교수는 자신과 아내와 자녀가 다 범죄 가족이 되어도 미안함이나 한 점 부끄러움도 모른다. 오히려 어깨에 힘을 주고 고개를 쳐들고 머리칼을 휘날리며 의기양양하다. 숨기고 감추기에 도를 넘은 사람, 입장이 곤란하면 '모른다', 불리하면 '아니다'로 일관하며 능글맞게 변명을 해 대더니 이제는 국회에 입성하여 정치를 하겠다고 당을 만들어 설치고 있다. 또 그 정당엔 후보자 중 4명이 재판 중이거나 혐의를 받고 있는 자라고 한다.

　정치에 입문하여 의원과 장관을 지낸 후로 줄줄이 낙선을 한 U 씨는 정계 은퇴를 선언하고 작가로 변신했으나 잊을 만하면 이따금 정권의 틈새를 기웃거리고, 기생오라비 같은 게슴츠레한 웃음을 지으며 기회에 편승하여 교활하고 얄팍하고 간사한 말로 국민의 마음에 열불을 지른다. 지식과 언변이 있다고 어디든 나서고 끼어드는 촉새, 방송에 나가 해잘 거리는 그의 모습은 몸의 덩치와 수염의 무게도 아랑곳하지 않고 아무 말이나 일단 뱉어 문제를 일으켜 놓고 능청스럽게 웃어넘기는 뉴스공장의 K 씨와 함께 가증스럽고 역겹기 그지없다.

　6선 의원에 교육부 장관과 총리, 당대표까지 지낸 정치 9단 노장은 오랜 정치 경륜과 술책에 능하여 좌파를 지휘하고 조종하는 원로다. 그는 권력의 단맛에 취하여 50년 정권 연장을 꿈꾸다 5년 만에 빼앗긴 허탈감으로 휘청거리며 잡귀의 악몽에 시달린 모습으로 저승사자처럼 나타나 아직도 엉큼한 궤변을 늘어놓고 있다. 은퇴했는가 했더니 선거 등 중요한 고비마다 '도깨비 방망이'를 들고 나타나는 그가 선거를 앞두고 또다시 훈수 아닌 교사巧詐에 나섰다. "민주당이 단독 과반을 넘기느냐 아니면 지난 총선처럼 180석을 먹느냐가 관건이다"라고 하며 또 염장을 지른다.

한 때 추다르크라 불리며 5선 의원에 당대표까지 지낸 경륜과 배짱과 뚝심의 여성 정치인은 서울 시장이나 대권 주자의 반열에 오르기까지 하였다. 그러나 M 정권의 시녀가 되어 법무장관이 된 후에 "조국이 하지 못한 일을 내가 하겠다."고 나서서 거들먹거리며 대장부 검찰총장 윤석열을 제거하려고 폭주를 일삼다가 토사구팽兎死拘烹을 당하고 추풍낙엽이 되었으며, 결국은 윤석열 총장의 지지율을 높여 차기 대통령으로 만드는 공로자가 되었다.

전과 4범에다 각송 사법리스크로 인하여 지난 대신에서 패배한 거대야당 후보는 자성의 기간도 없이 곧바로 편법을 써 당대표와 국회의원이 되었고, 방탄을 통하여 비리와 불법을 모면하려고 발버둥을 치고 있다. 달변의 쌍욕으로 형수를 공격하던 그는 '셰셰 외교'와 '퍼주기 공약'을 남발하며 입만 벌리면 거짓말을 쏟아내어 구설수에 오르고 있다. 이토록 파렴치한 본인이야 그렇다 치고 이를 두둔하며 아부하는 같은 당 의원들이나 그와 동조하며 그를 지지하는 주변사람들을 보노라면 남미의 아르헨티나 국민처럼 포퓰리즘을 좋아하는 망국적 길을 가고 있는 것 같다. 도대체 이게 나라냐? 이게 민주국가의 국민이냐? 헷갈리기도 하고 부끄럽기도 하고 한심하기도 하고 화도 나고 걱정스러워 잠이 오지 않는다. 아직도 총선이 끝나려면 한 달이 남았는데 매일 밤잠을 설치니 어찌하면 좋을꼬?

우리나라는 강대국 사이에 끼어있는 작은 나라요 분단 국가다. 그러나 오늘날 세계에서 제일 살기 좋은 나라로 각광을 받고 있다. 각종 분야에 뛰어난 사례를 가진 자랑스러운 나라다. 그러나 다만 한 가지, 정치만은 낙후되어 있다. 정계에는 여야를 막론하고 내로남불을 일삼으며 거짓말을 밥먹듯이 하여 악취를 풍기는 자들이 쓰레기처럼 늘려있다. 또 우리나라에는 독한 바이러스가 기생하고 있다. 코로나보다 더 무서운 것은 나쁜 정치 바이러스다. 국민에게 미치는 폐해가 이만 저만이 아니다. 쓰레기와 바이러스 때문인지 새봄이 와서 시원한 쑥국이 밥상에 올라도 통 밥맛이 없다.

　공자의 언행, 일사 및 그의 문답을 수록한 책인 공자가어(孔子家語) 관주(觀周)편에 보면 '삼함지계'(三緘之戒 : 입을 세 번 봉하는 경계로 말을 삼가라는 뜻)란 말이 있다. 공자가 주나라에 갔을 때 주나라 시조인 후직(后稷)의 묘 계단 앞에 동상이 서 있는데, 그 입을 세 군데로 꿰맸고 그 등에 '옛날 말을 삼간 사람'이라 새겨져 있더라고 하였다. 정치는 주로 말을 통해 한다. 약속을 지키지 않고 함부로 말하는 이 말쟁이들의 입을 세 번 철사로 꿰맸으면 좋겠다.

(2024. 3. 11)

신의 한 수

 바둑을 둘 줄 아는 사람들에겐 가로 세로 19줄 바둑판은 우주와 같이 넓은 세계다. 온 우주를 누비며 꿈을 펼치기도 하고 지혜를 다 쏟아 대전을 치르다보면 별별 기이하고 다양한 경우의 수가 나온다.
 천태만상으로 전개되는 대국에 골몰하다보면 시간 가는 줄도 모를 만큼 흥미진진하나 바둑을 모르는 사람은 도무지 신선놀음의 그 맛을 알 수가 없을 것이다.
 바둑에는 대체적으로 평범한 일반수 곧 정수가 있지만 대국을 하다보면 이따금씩 악수, 졸수, 꼼수, 헛수를 두기도 하고 특별히 명수, 묘수, 신의 한 수가 나오는 경우가 있다.
 '장고 끝에 악수'라 하여 너무 깊이 오래 생각하며 욕심을 부리다 잘못 둔 한 수가 악수가 되어 패전을 하는 경우가 있다. 반면 기가 막히는 '절묘한 묘수'를 통하여 죽었던 말이 살아나거나 상대를 곤경에 빠뜨려 대국의 흐름을 바꾸기도 한다. 그러나 때로는 인간의 한계와 능력을 초월할 정도의 신비한 한 수를 통하여 승패를 뒤집는 경우가 있다. 이를 '신의 한 수'라고 한다.
 바둑에 나오는 용어인 '신의 한 수'는 어떤 일을 처리하거나 해결하는 데에 매우 뛰어나고 기묘한 수단을 비유적으로 이르는 말이다. 우리가 일상에서 무언가를 한 번 시도했는데 그것이 결과적으로 아주 잘했던 결정, 정확하게 옳았던 선택이 된 걸 표현하는 말로서 선견지명先見之明(어떤 일이 일어나기 전에 미리 앞을 내다보고 아는 지혜)이란 말도 있다.
 2014년에 '신의 한 수'란 영화가 개봉되었고, 그 후속작으로 2019년에 제작 개봉한 '귀수편'이 있다. 바둑으로 모든 것을 잃은 자신을 사지로 내몬 냉혹한 내기바둑판에 뛰어들어 전국을 돌아다니며 귀신같이 바둑을 두는 자들과 대결을 펼친다. 또 최근에 바둑을 통해 스승과 제자의 관계 속에서 인간적인 갈등을 다루고 있는 '승부'란 영화가 개봉되었다.

지난해 12월 3일 밤 10시 35분에 윤석열 대통령은 갑자기 '비상계엄'을 선포했다. 계엄은 불과 6시간 만에 해제를 하고 군을 철수하여 아무 사고 없이 조용히 끝났으나 현 정부에 불만을 품고 대통령을 탄핵하려던 거대야당은 기다렸다는 듯이 좋은 기회로 포착하여 야수같이 달려들어 내란 수괴로 몰아 탄핵소추를 시도하였고 여당의 대표와 일부 의원들이 동조하고 모든 언론이 선동하므로 나라가 심한 혼란에 빠졌다.

대다수 사람들은 윤대통령의 이 무모한 계엄을 보고 정신 나간 극단적 자충수라고 생각하지만 105세의 철학가 김형석 교수는 '신의 한 수'라고 했다. 나라의 숱한 위기를 직접 체험하고 대한민국의 역사와 함께 걸어온 철학가 노교수의 지혜와 경륜에서 나온 견해대로 잠시 폭풍을 몰고 왔으나 그것은 나라를 살리고 어둠에 빠진 국민을 일깨우는 과연 신의 한 수였는지 두고 볼 일이다. 그는 대통령의 고도의 통치행위이자 특권인 비상계엄 선포로 나라의 온갖 치부가 다 드러났기 때문에 오히려 각성하고 나라를 바로 세우는 계기가 될 수 있다고 하였다. 거의 마비상태에 이른 국정의 상황을 국민이 낱낱이 알도록 경종을 울리고 단시간에 평화롭게 해제를 함으로써 계엄이 아니라 '계몽령'이라고도 하였다.

12·3 비상계엄 선포와 담화문을 통하여 드러난 사실을 요약하면 다음과 같다.

첫째, 계엄선포에 대한 담화문으로 민주당의 몽니와 깽판이 드러났다. 29회의 줄 탄핵 남발과 필수 예산 삭감, 불법 제정

양산 등으로 국정을 방해하는 다수 야당의 횡포가 드러나 국민에게 알려짐으로 계몽령이 되었다고 하였다.
둘째, 선관위의 부정선거 이슈를 공론화했다.
셋째, 좌파들의 나팔수로 전락한 언론들의 실체를 알렸다. 지상파 방송과 일간지, 종편의 좌경화된 실상이 드러났다.
넷째, 여당인 국민의 힘에 숨어있던 위장 우파들을 색출했다.
다섯째, 군 내부의 쓰레기 장성들을 색출했다. 명령에 불복한 장성, 국회 청문회에 나가 찔찔 짜는 장성들, 똥별들을 볼 수 있었다.
여섯째, 좌파에 부역하는 좌빨 연예인들을 색출했다.
일곱째, 탄핵 찬성집회와 선관위 부정선거에 중국인들이 개입한 것을 알렸다. 김 교수는 이러한 사실을 국민들에게 알린 것만도 비상계엄은 성공이었다고 했다.

　그러니 이로 인하여 윤대통령뿐만 아니라 대통령 권한대행인 국무총리 역시 탄핵소추를 당하여 헌법재판소에 회부되었고, 부총리가 권한대행의 대행이 되어 국정을 주관하게 되었으며, 계엄에 관련된 군관계자와 경찰 수뇌부도 구속수사를 받게 되었다. 내란죄의 수사권한도 없는 공수처가 대통령을 내란의 우두머리로 몰아 수사, 체포를 하는 과정에서 불법에 불법을 거듭하여 난리를 쳤다. 대통령을 체포하려는 경찰과 경호처가 팽팽히 대립을 하는 일촉즉발의 위기에서 대통령은 스스로 구치소로 들어가는 신의 한 수를 띄웠다. 이로 인하여 아무 사고도 없었고, 오히려 뚝심 있고 배짱 있고 용감하고 통 큰 대장부대통령으로 박수를 받았다.
　대통령은 구속된 채 먼저 헌재의 변론과정에서 불리하고 아쉬운 점이 있었지만 담담히 참고 수용하므로 변론이 종결이 되어 선고를 기다리게 되었다. 그 다음 형사재판을 앞두고 중앙지법에 구속 취소를 신청하였는데 간신히 인용이 되어 그토록 강행된 체포 구속에서 가까스로 석방이 되었으니 또 한 번의 신의 한 수가 있었던 모양이다. 뿐만 아니라 이 구속 취소의 판결에서 모든 과정의 절차에 대한 하자의 지적이 있으므로 인하여 헌재의 탄핵심판에도 영향을 미칠 것으로 기대하게 되었다.

특별히 헌재에서는 변론 기일을 일방적으로 지정하였고, 수사 중인 서류의 송부 촉탁을 수용하였고, 탄핵소추의 사유 중 핵심내용을 변경하는가 하면 증인들의 번복된 증언을 채택하고 우리법연구회에 소속된 재판관들의 부적절한 입장과 변론 과정에서 공정성보단 신속성으로 졸속 진행하는 등 여러 가지 위법사례가 있었다. 따라서 헌재가 신뢰를 받지 못하고 선고를 지연하며 뒤죽박죽 하는 모습을 보이므로 국민이 여야를 중심으로 탄핵의 반대와 찬성 양편으로 갈려서 날마다 시위를 벌이고 있다. 마치 바둑판에 흑백이 치열한 공방을 펼치는 것만 같다. 실리를 점하거나 세를 과시하기도 하고, 위험을 감수하고 날선 공격을 하거나 방어위주로 안전하게 몸을 사리기도 한다. 때로는 상대를 속이려고 꼼수를 두거나 욕심을 부려 패착을 범하기도 하고 선수를 빼앗겨 손해를 보기도 하는 등 온갖 수가 난무하고 있다.

이제 막바지에 또 어떤 수가 나올지, 양측은 날마다 다양한 묘수를 찾고 있다. 과연 또 한 번의 신의 한 수를 둘 수 있을지 아니면 어느 쪽이 악수를 두어 참패를 당할지 기로에 서 있다.

뚝심과 배짱을 가진 통 큰 대장부 대통령은 지난 검찰총장 때 법무장관 추미애와 문대통령 그리고 수많은 좌파 세력과 싸워 이긴 전력이 있다. 그 저력을 이번에도 과연 발휘할 수 있을지? 이대로 파멸될 것인가 아니면 복귀하여 남은 임기동안 헌법을 개정하고 새로운 미래로 전진할 수 있는 계기를 만들 것인가? 온 국민과 세계의 관심이 집중되고 있다.

2월 15일 헌재의 변론이 종결되어 3월 초·중순에 선고가 내려진다더니 3월 말이 다 되어도 선고가 나오지 않아 양당이 치열하게 싸우고 온 국민이 연일 시위를 하는 대 혼란이 계속되고 있다.

국민이 믿고 기대하던 대통령, 국민을 먼저 생각하며 잔머리 굴리지 않고 서슬 퍼런 정권 앞에서도 한 치 비겁함 없이 정면으로 맞서는 용장형 리더십을 가진 대통령, 공정과 상식이라는 보편적 가치를 무기로 싸우는 힘 있는 대통령, 궁지에 몰려도 피하려하지 않고 위기가 닥쳐도 타협하거나 우회하지 않고 직진으로 돌파하며 작은 전투에선 무수히 졌지만 큰 싸움에서 판세를 뒤집어 빛을 발하는 승부사 대통령, 그는 이번에도 기필코 승리의 개가를 부르며 돌아올 수 있을까?

그는 역대 정부가 다 포기한 노동개혁과 의료개혁을 시작하면서 그토록 끈질긴 근성과 투쟁력 있는 강성노조 앞에서 표를 잃을지라도, 인기에 연연하지 않고 공익을 위한 법과 제도를 바로 잡겠다고 말한 대로 진정 나라와 국민을 위한 대통령으로 역사에 길이 남기를 바란다.

바둑을 둘 때 신의 한 수는 자주 나오는 게 아니다. 인간의 한계를 초월한 영적, 신적인 기묘한 수를 찾는다면 큰 행운이다. 그러나 꼭 신의 한 수만이 아니라 평범한 한 수 한 수라도 확신을 가지고 끈질긴 도전을 한다면 승리할 수 있다. 이것이 바로 승부사의 근성, 승부사의 기질이 아닐까.

취임식과 삼일절 기념식에서 자유를 그토록 외친대로 반국가세력들과 싸워서 승리하고 불끈 쥔 주먹으로 국민을 향하여 화답하는 대장부 대통령의 모습을 과연 다시 한 번 볼 수 있을까?

(2025. 3. 29)

새로운 결단

 2025. 4. 4 헌재에서 윤대통령의 파면이 선고되었다. 따라서 조기 대선을 60일 이내 곧 6월 3일에 치르게 되었다.
 윤대통령에게 김형석 교수가 예언한 신의 한 수는 내리지 않았다. 경험 부족과 가족 문제와 감당할 대책도 없는 무모한 계엄선포와 믿고 세운 후배인 자당 대표의 배신과 일부 의원들의 반발로 집권 3년을 채우지도 못한 채 불명예스럽게 대통령직을 잃게 되었다. 뿐만 아니라 내란죄로 재판을 받고 감옥에 갈지도 모른다. 뚝심과 배짱을 가진 통 큰 대장부 대통령이라고 믿고 응원했으나 결국 극단적이고 무모한 자충수를 두어 허무하게 무너져 버렸다. 대통령 개인에 대한 동정과 아쉬움보다 나라의 앞날이 더 걱정되며, 대외 신인도와 국격國格을 생각하면 자존심이 상한다.
 혹독한 겨울을 지내고 새봄을 맞이했으나 4월은 잔인하게 나라와 국민에게 절망과 깊은 한숨을 남겨 주었다. 그러다 갑자기 5월 1일 대법원에서 야당대표의 공직선거법 재판이 다시 고법으로 파기 환송되고 잇달아 5월 15일에 첫 재판기일을 정하여 대선 판도에 큰 변수를 가져왔다. 그러니까 이번엔 또다시 거대 야당에선 대법원장 탄핵, 대법관 청문회와 특검 등으로 사법부를 흔들며 나라를 나락으로 떨어뜨리려 하였다.
 그러더니 또 느닷없이 서울 고법에서 공정한 선거를 위해 재판을 대선 후 6월 18일로 연기한다고 발표를 하였다. 바둑판에서 치열한 공방이 펼쳐지듯 한참동안 공방을 계속하더니 어느 날 탄핵 기각으로 복귀한 총리가 사임을 하고서 대선에 뛰어들고, 부총리는 탄핵이 두려워 사임을 하므로 서열 4위인

사회 부총리가 대통령의 권한대행을 맡아 대선을 관리하게 되었다. 궐위된 국무위원이 많아 심지어 국무회의 정족수가 모자랄 정도로 무정부상태가 되어버릴 지경에 이르렀다.

조기 대선 국면에서 야당대표는 거의 90% 지지를 얻어 후보로 결정되었는데 여당은 뒤늦게 후보 경선을 하면서 계파 싸움을 하다 보니 그야말로 기울어진 운동장에서 시합을 하는 꼴이 되었다. 후보자 등록 날짜는 다 되어가고 야당 후보는 전국을 누비는데 여당에선 늦은 경선에다 총리와의 단일화 문제로 심한 내홍을 겪었다. 가까스로 후보가 결정되었으나 당 지도부가 책임상 사임을 하여 선거의 조직과 운동에 있어 협조가 잘 이루어지지 않았다. 여당은 '내란당'이란 흠도 있는데다 이렇게 집안싸움을 하느라 국민의 신뢰와 환영을 받지 못하여 야당 후보가 사법 리스크로 평판이 좋지 못한 데도 이길 수가 없었다.

야당대표가 대통령에 당선이 되자 6월 18일로 미루었던 선거법 재판은 5년 임기 이후로 다시 연기가 되었고 다른 재판까지 점차적으로 연기가 될 판이다. 헌법 84조를 해석하는 견해는 각기 다르겠지만 관련 판사는 국민의 지지를 받아 당선된 대통령이 임기동안 소신껏 정치를 잘 하도록 하기 위함이라고 하였다.

당선자는 후유증은 많지만 새 대통령으로 무사히 취임식을 마치므로 정권교체는 일단락되었고 사법 리스크도 피하게 되었다. 그렇다면 이제 앞으로 어떻게 하여야 할까?

성경에는 "각 사람은 위에 있는 권세들에게 복종하라. 권세는 하나님으로부터 나지 않음이 없나니 모든 권세는 다 하나님께서 정하신 바라. 그러므로 권세를 거스르는 자는 하나님의 명을 거스름이니 거스르는 자들은 심판을 자취하리라"(롬 13:1-2)라고 하였다.

제 21대 대한민국 대통령 이재명, 그는 실제로 행정 경험이 많고 능력이 탁월하든지, 카리스마로 당을 장악하고 국민의 지지와 환영을 받았든지 아니면 소위 말하는 운수가 좋은 사람이든지 그것도 아니면 상대가 너무 못하고 문제가 많아서인지는 몰라도 어쨌든 거뜬히, 당당하게 당선이 되었다. 유권자 과반에 가까울 정도의 지지를 받았다.

순식간에 새 대통령이 통치하는 새 시대, 새 정부가 되었다. 우리는 이제, 여기서, 새로운 결단을 해야 한다. 당선자를 대통령으로 인정하고, 당연히 존중하고, 나라를 올바르게 다스리도록 협조하고 응원해야 한다. 마음에 다 차지 않거나 당분간 어색함이나 부족함이 있어도 지켜보며 기다려야 한다. 비록 내가 지지한 사람이 아니더라도 무조건 싫어하거나 반대해선 안 된다. 권세 곧 지도자는 하나님으로부터 나지 않음이 없다고 했다. 특별히 우리나라는 애국가 1절 가사처럼 하보우만(하느님이 보우하사 우리나라 만세 : 하느님이 지키시고 도우셔서 길이길이 번영한다)의 나라다. 좋든 싫든 하나님이 세우셨으니 하나님의 뜻이 있을 것이다. 그러므로 위에 있는 권세들에게 복종해야 한다. 다만 바로 하지 않을 땐 합법적인 수단을 통하여 건의하고 바로 잡아 나가야 한다.

이전보다 급변하는 국제정세에 잘 대처하고 국내적으로 그동안 얽히고설킨 갈등과 분쟁으로 침체되고 소모된 분야를 바로 세우고 채워야 한다. 우리 모두가 각자의 위치에서 마음과 안목을 넓히고 진지하게 각성을 해야 할 때다. 나 또한 위정자들에게 선한 마음과 지혜와 능력을 부어달라고 이 나라와 이 민족을 사랑하시고 보우하시는 하나님께 기도하는 건전하고 선량한 국민의 한 사람이 되어야겠다. 이것이 나라의 안정과 발전을 위한 길이 아니겠는가?

(2025. 6. 7)

통일 대한민국

　애국가, 태극기, 통일！
이 세 가지는 말만 들어도 가슴이 뛰고 눈물이 날려고 한다. 까마득한 옛날 작은 반도의 나라에 3국이 일어나 서로 세력다툼을 했다. 주변의 큰 나라에 비하면 도토리 키 재기와 같다. 그러다 신라가 통일을 했고, 그 후 또 다시 나뉜 3국을 고려 왕건이 통일을 해서 조선으로 이어졌다.

　조선 말기에 일본에게 침략을 당하여 온갖 수난을 겪다가 1945. 8. 15 해방을 맞이했다. 3년간 미·소 신탁통치하에 있다가 자치 국가를 수립할 때 북은 평등에 방점을 둔 공산국가 '조선민주주의 인민공화국'으로, 남은 자유를 기반으로 하는 자유 민주주의국가 '대한민국'으로 각각 분리 되었다.

　이 비극의 원인은 해방 후 북쪽에 주둔한 소련의 영향을 받은 김일성이 노동당을 만들어 공산국가를 세우려고 사전 공작을 다 하고 있었고, 남쪽에도 박헌영이 남로당을 조직하여 세력을 형성하고 있었기 때문이다. 그러나 미국에서 공부를 하고 외교활동을 하며 독립운동을 하던 이승만이 늦게 귀국하여 남한만이라도 총선을 시행하므로써 대한민국을 건국했다.

이때가 우리 역사에 가장 아찔하고도 위험한 순간이었고, 대한민국 건국은 역사에 가장 잘 한 일이 되었다. 만약 그때 우물쭈물하며 통일국가를 수립해야 한다면서 북쪽을 따르거나 북과 손을 잡았더라면 오늘의 대한민국은 없었을 것이다.

남북이 분단된 지 벌써 76년이 되었다. 그동안 우리는 기독교 정신을 바탕으로 하여 정치적으로는 자유민주주의 체제와 경제적으로는 자유시장경제 원칙을 그리고 굳건한 한미동맹의 바탕위에서 경제발전을 이룩하여 한강의 기적을 이루고, 산업화 민주화를 거치면서 선진국의 대열에 올라섰다. 그러나 북한은 공산주의 계획경제와 3대 세습체제하에서 빈곤을 면치 못하고 인권마저 유린당하는 지옥 같은 삶을 살고 있다. 1,000만 이산가족들이 분단의 고통을 겪고 있으며 그동안 대화와 교류보단 비방과 분쟁을 하며 대치하다 급기야 북한은 핵실험을 하고 핵을 보유하기까지 하였다. 이제는 이념과 사상이 서로 다른 체제로 굳어져 사실상 통일이 어려운 지경에까지 왔다.

북한은 수많은 간첩을 통하여 대남공작을 해오며 줄기차게 미군 철수와 연방제 통일을 주장하고 있으며 심지어 대한민국의 좌파 운동권 종북주의자들까지도 끊임없이 이러한 주장을 하고 있다. 미군이 철수한 나라는 어찌되었나? 필리핀, 베트남은 과거에 잘 살던 나라가 침체에 빠졌다. 반면 일본, 독일, 영국, 이탈리아, 우리 대한민국은 미군의 도움으로 튼튼한 안보의 바탕위에 발전을 거듭하여 선진국이 되었다.

지난 9월 19일 광주 김대중 컨벤션센터에서 열린 '9·19 평양 공동선언 6주년' 기념행사에서 지난 문재인 정권 때 비서실장을 지낸 임종석이 느닷없이 "통일 하지 말자. 통일을 꼭

해야 하는 강박관념을 내려놓자"라는 말을 하여 나라를 시끄럽게 하고 있다. 이는 통일 자체가 아닌 '한반도 평화'로 목표를 바꾸자는 취지의 주장인데, 북한 김정은 국무위원장이 작년 말(2023년 12월)에 밝힌 '반(反)통일 2국가 선언'에 보조를 맞추는 격이라는 비판을 받고 있다.

 2018년 남북정상회담 준비 위원장을 지낸 임 전 실장은 2019년 11월 정계 은퇴를 선언하면서 "통일 운동에 매진하겠다"고 했었다. 그러던 그가 돌변하여 "객관적인 한반도의 현실에 맞게 모든 것을 재정비하자"며, '한반도와 그 부속 도서'를 대한민국 영토로 규정한 헌법 3조 개정과 국가보안법 폐지, 통일부 정리 등도 제안했다. 북을 찬양하고 동조하던 그가 김정은이 말한 것을 그대로 따라 한 것은 결국 김정은의 대변인 역할을 한 것이다. 김정은의 2국가론으로 북한의 입장이 바뀌었으니 그에 따라 우리의 접근도 바뀌어야 한다는 취지다.

 그는 정치권에서 평생 '통일'을 정체성으로 내세웠었고 '조국의 자주 평화 통일을 발족 선언문에 명시한 전대협 의장 출신이다. 1989년 전대협 3기 의장으로 '임수경 방북'을 주도하면서 "7,000만 겨레의 살아 숨 쉬는 조국 통일의 염원을 누가 가로막을 수 있느냐"고 했다. 학창시절부터 이렇게 "통일 운동"을 외치며 통일 운동에 매진하겠다던 그가 갑자기 "통일을 접자"고 하니 많은 논란이 일어나지 않을 수 없다. 또 정계를 은퇴한다 해놓고 22대 국회의원 출마를 앞두고 공천문제로 정계를 떠들썩하게 하다가 탈락의 고배를 마셨다.

 이런 종북주의자, 기회주의자, 거짓된 변절자와는 달리 평생을 통일의 꿈을 가지고 재야운동을 하던 장기표 신문명정책

연구원장이 9월 22일 담낭 암으로 별세를 했다. 그는 병상에 있을 때 윤대통령에게 "통일 대한민국을 위해 흔들림 없이 나아가야 한다, 또 8·15 광복절 경축사에서 공개한 8·15 통일 독트린을 지켜야 한다"라고 통일에 대한 확고한 의지를 밝혔다. 또 "현 대통령의 통일 어젠다는 이 정부뿐만 아니라 앞으로의 정부들이 계속 가져가야 하고, 통일은 반드시 이뤄야 한다"고 했다. 죽어가면서도 통일에 대한 염원이 식지 않고 끝까지 통일의 꿈을 안고 갔으니 이런 분이 진정한 애국자다. 그는 평소 여야를 막론하고 쓴 소리를 많이 했는데 그의 장례식엔 유독이 이재명 대표와 더불어 민주당만 아무런 논평도, 메시지도 내지 않고 조문은커녕 조화 하나도 보내지 않았다고 한다. 이 전에 이재명 대표의 비리를 규탄하고 불체포 특권을 내려놓아야 한다고 비판을 한 때문이다. 이렇게 속이 좁고 감정에 치우쳐서야 어찌 나라의 큰일을 하겠는가.

'우리의 소원은 통일!, 꿈에도 소원은 통일!'
우리는 어릴 때부터 이 통일의 노래를 수없이 불러왔다. 우리 헌법에도 명시되어 있는 통일! 우리 민족의 한이 서려있고, 민족의 꿈이 어려 있는 통일! 나라를 사랑하며 큰 뜻을 가진 민족지도자들은 이 통일을 평생의 꿈과 목표로 삼고 살아왔다.

그런데 최근 서울대 통일평화연구원이 7월 1일부터 23일까지 19세 이상 1200명을 대상으로 한 '2024년 통일 의식 조사'결과를 발표했다. "통일이 필요한가"라고 물었을 때 '그렇다'는 응답이 36.9%, '그렇지 않다'는 응답이 35%로 집계됐다. 성인 35%가 "통일이 필요하지 않다" 특히 20대(47.4%)와 30대(45%)에서 통일이 필요하지 않다는 의견이 많았다. '남북이 사실상 2개 국가로 분단된 현재대로가 좋다'고 한 응답자도 31.2%로 2007년 첫 조사 후 역대 가장 높은 수치를 기록했다고 한다. 또 통일이 되지 말아야 할 이유로는 '통일에 따르는 경제적 부담'(33.9%)과 '통일 이후 생겨날 사회적 문제'(27.9%)가 지목됐다. '통일이 이념 갈등이나 범죄, 빈부 격차와 부동산 투기 등을 악화시킬 것'이라는 부정적 응답이 전체의 60% 이상이었다.

 물론 분단이 된지 76여 년이 지나 현재의 체제에 익숙해져 6·25 전쟁의 비극과 분단 가족의 고통도 모르는 국민이 많겠지만 그러나 김정일 세습체제에 시달리는 북한 동포들에게 자유와 행복을 안겨주고 또 남북이 힘을 합쳐 세계를 주도하는 위대한 나라를 만들기 위해서 민족 통일은 꼭 이루어야 한다. 이를 위해서라면 모든 면에서 북한보다 우위에 있는 우리 대한민국이 경제적 부담뿐만 아니라 어떠한 희생도 감수해야 한다.
 통일에는 평화통일과 무력통일이 있고, 자주통일과 외세에 의한 통일이 있다. 또 우리 남한이 주장하는 자유민주통일이 있고 북한이 주장하는 연방제통일 곧 사회주의 통일, 적화통일이 있다. 우리는 북한의 남침으로 쓰라린 민족 전쟁을 경험한 바가 있다. 다시는 절대로 무력 전쟁이 있어선 안 된다. 또 미소 양군이 주둔하므로 남북 분단이 된 것처럼 다른 나라를 끌어들이거나 의존해서도 안 된다.

 무엇보다 중요한 것은 공산 사회주의를 선택하므로 자유를 유린당하고 빈곤과 흑암에 빠진 북한체제로 넘어가서는 절대로 안 된다. 그렇다면 자주통일로, 자유민주주의체제의 평화통일을 해야 한다. 그러기 위해선 동서독과 같이 국민이 스스로 깨어나야 하고 경제적 비용을 감수해야 한다. 그러나 가장 좋은 방법은 북한에 복음이 들어가 서로 사랑하고 하나가 되는 복음적 통일이 가장 지혜롭고 복된 방법이다.

우리 대한민국은 경제력이 세계 10위권에 있고 많은 분야에 뛰어난 점이 많다. 그 중에도 가장 위대하고 유력한 것은 지금 대한민국은 세계 선교 1위국으로 세계복음화를 주도할 수 있는 나라다. 복음의 불꽃이 한국에서 타오르고 있다. 기독교 역사나 세계역사를 보면 하나님은 복음을 주도하는 나라를 축복하셨고 붙들어 쓰셨다. 지금 하나님이 가장 기뻐하시고 축복하시는 나라는 대한민국이다.

우리는 하나님의 주권을 믿고 하나님의 능력에 의지하여 복음으로 통일을 이루어야 한다. 복음이 들어가면 모든 것이 저절로 변한다. 이것이 가장 쉽고 또 바람직하다. 복음이 들어가면 하나의 나라, 통일 대한민국이 반드시 이루어진다. 그 나라가 바로 가슴 뛰는 나라다. 그런 세상이 가슴 뛰는 세상이다. 우리는 이 꿈을 가지고 합심하여 계속 기도하자. 하나님은 무엇이든지 하실 수 있다. 하나님이 하시면 된다.

통일 대한민국! 그 날이 올 것을 믿는다.

(2024. 9. 23)

그치지 않는 비는 없다

　최근 수도권에 극한 호우 피해가 집중되고 있다. 7월 17-8일 이틀 동안 서울과 수도권 등 중부지방에 최대 600mm 폭우가 쏟아지고, 파주엔 1년 치 강수량(1296.8mm)의 절반을 채웠다. 파주시 탄현면의 어느 주민은 "물난리에 도로가 바다가 된 것 같다. 비를 보고 이렇게 무서웠던 건 생전 처음이다."라고 말했다.
　보통 장마철엔 일본 쪽 북태평양 고기압에서 불어오는 고온다습한 공기가 강우량을 늘리는 변수로 작용한다. 그런데 올 여름에는 여기에 건조한 북풍까지 가세하면서 비구름대 덩치를 키우고 있다. 이 때문에 거리상 북쪽에서 불어오는 바람의 영향을 크게 받는 수도권에 호우 피해가 심하다.
　기상청에 따르면, 장마전선(정체전선)의 영향으로 17일 밤부터 18일 새벽까지 9시간 동안 시간당 50mm 이상의 폭우가 쏟아지며 경기 파주, 연천, 인천 강화, 옹진 등의 지역에 호우 긴급 재난 문자가 24번 발송됐다. 호우 재난 문자는 '1시간 강수량이 50mm 이상이면서 3시간 강수량이 90mm 이상인 경우'에 발송된다. 작년 수도권에선 재난 문자가 한 해를 통틀어 총 6번 발송됐다. 그런데 이번에는 채 하루가 안되는 시간에 이보다 4배 많은 24번의 경보음이 울린 것이다.
　기상청에서 발령하는 기상특보에는 3단계가 있다. 1단계 '호우 주의보'는 3시간 강우량이 60mm 이상이거나 12시간 강우량이 110mm 이상 예상될 때 발령하고, 2단계 '호우 경보'는 3시간 강우량이 90mm 이상이거나 12시간 강우량이 180mm 이상이 예상될 때 발령한다. 3단계 '극한 호우'는 1시간 누적 강수량이 50mm 이상이거나 3시간 누적 강수량이 90mm 이상일 때 재난이 예상되는 경우로 긴급 문자의 발송 대상이다. 이는 매우 짧은 시간에 특정 지역에 집중되는 극단적인 호우로 2023. 6. 15부터 사용하기 시작한 용어다.

연일 쉴 새 없는 물벼락에 피해가 속출하고 있다. 산림청은 서울, 인천, 경기, 강원 지역의 산사태 위기 경보 수준을 '심각' 단계로 높였다. 산사태 경보는 관심, 주의, 경계, 심각 등 네 단계로 구분하는데 심각이 가장 위험한 수준이다.

지난 3월 초에 토함산 등산을 하며 석굴암을 돌아보았다. 석굴암 가는 길 중간 중간 돌담을 쌓는 보수 공사를 하고 있었다. 2년 전 힌남노 태풍 (22. 9. 6) 때 유실된 부분을 복구하는 중이라고 하니 그때의 피해가 얼마나 심했는가를 가히 짐작할 수 있었다. 전국적으로 지난해에 피해를 입은 곳도 아직 다 보수가 안 되었는데 이번에 또 폭우로 산사태를 비롯한 각종 피해가 우려되는 곳이 많다.

내가 지금 사는 팔공산 기슭의 경산시 와촌면은 대구와 경주·포항 사이 영천 부근이다. 영천은 전국에서 강수량이 매우 적은 지역으로 탄약고가 많이 있다. 여름에 더위는 좀 심하지만, 비가 농사에 적절하게 내리고 겨울엔 눈도 별로 오지 않는다. 이곳에 정착한 이래 15년 동안 자연재해가 한 번도 없어 다행이지만 전국적으로 연일 산사태, 하천 범람, 농경지 침수, 차량 침수 등 수많은 피해에 마음이 너무 아프다.

태풍이 북상해올 때마다 지리적으로 일본은 우리의 방파제 역할을 해준다. 해마다 일본은 우리나라보다 장마나 태풍의 피해가 훨씬 심하고 지진도 자주 일어난다. 그러다 보니 일본은 재해에 대한 방지책이 잘 되어 있어 웬만한 위기에도 잘 대응을 하고 고난도 잘 이겨낸다. 또 일본 국민은 정직하기로 유명하고 질서도 잘 지키며 한때 패전국으로 원폭 피해를 입기도 했으나 경제적으로 세계 제1위를 달리기도 했었다. 이렇게 일본이 선진 문화 국민으로서의 정신과 삶의 태도를 형성한 배후에는 역사적 이야기가 숨어 있다.

영화 <바람과 함께 사라지다>의 명대사로 알려진 "내일은 내일의 태양이 뜰 거야"는 원문 "After all, tomorrow is another day"를 창의적으로 의역한 초월 번역의 걸작 사례로 꼽힌다. 이 문장을 일본에서는 "내일은 내일의 바람이 불 거야"로 번역하기도 했다고 한다. 일본어에는 '바람에 맡기다'라는 표현이 있는데 이는 돛단배가 갈 길을 바람에 맡기듯, 어려움이 닥쳐도 낙담하지 말고 일이 되어가는 상황에 맞춰 대처하면 된다는 의미로 통한다고 한다. '내일은 내일의 바람이 분다.'라는 일어 번역은 이러한 연상 작용을 이용한 절묘한 선택이라 할 수 있다.

또 일본에는 이와 비슷한 의미를 가진 '그치지 않는 비는 없다'란 속담이 있다고 한다. 이에는 오이 가와에 얽힌 스토리가 전해진다. 오이 가와는 도쿠가와 막부의 근거지 슨푸와 에도 사이의 간선 교통로를 가로지르는 강이다. 막부는 군사적 이유로 이 강에 다리를 놓는 것은 물론 배를 띄우는 것조차 금지했다. 강을 건너는 유일한 방법은 '가와고시난소쿠(川越人足)라 불리는 인부들이 사람과 짐을 어깨에 메고 나르는 것이었다.

흥미로운 것은 그때그때 수위에 따라 통행료가 다르게 측정되었다는 것이다. 허벅지-가슴-어깨 수위 순으로 통행료가 올라갔고, 그 이상 수위가 높아지면 아예 통행이 금지되었다. 장마나 호우로 물이 불어나면 여행자들은 발이 묶이고 인부들은 돈을 벌지 못해 며칠이고 발을 동동 구르게 된다. 이때 이들이 초조한 마음을 다스리기 위해 입버릇처럼 하던 말이 '그치지 않는 비는 없다'였다는 것이다. 요즘으로 치면 '이 또한 지나가리'(This too shall pass)와 비슷한 자기 위안의 주문이라고 할 수 있다.

장마철에는 사람들의 심신이 처지고, 경제활동도 위축되곤 한다. 갑자기 물벼락을 맞아 인명 피해를 입은 유가족은 망연자실茫然自失하고, 엄두도 낼 수 없는 물질적 피해를 입은 사람은 어떻게 살아가야 할지 용기를 잃고, 하늘을 원망하고 가슴을 치며 통곡을 하며 발을 동동 구른다. 어찌할 수가 없다. 이럴 때일수록 국가의 세밀한 보살핌과 국민 서로 서로의 위로와 도움이 절실히 필요하다.

TV에 나온 어느 농부는 "농사를 잘 지으려고 아무리 노력해도 농부의 역할은 30% 정도밖엔 안 되고 70%는 하늘이 도와야 한다."라고 하였다. 하늘이 돕지 않으면 안 되는 불가항력不可抗力의 일들도 많다. 미지의 인생길을 걸어가다 보면 예상치 못했던 뜻밖의 일이 일어나거나, 마음먹은 대로 일이 되지 않을 때가 있다. 그럴 때는 잠시 걱정을 내려놓고, '그치지 않는 비는 없음'을 떠올리며 비 그친 뒤를 준비하는 마음가다듬기 시간을 가져야 할 것이다.

(2024. 7. 19)

세계 최고 수준의 의료계

　의료대란으로 나라가 온통 난리 법석이다. 여·야·의·정(與野醫政) 협의체를 만들어 해결해 보겠다고 안간힘을 써 보지만 의료계가 참여를 하지 않고 있다. 의료계는 정부 때문이라며 서로 강대 강으로 부딪쳐 도무지 해결의 기미가 보이지 않고 있다. 그러는 동안 환자들은 입원 치료의 불편과 심적 불안으로 하루하루 고통이 가중되고 있다.
　이번 추석 연휴 때는 "아프지 마세요"란 인사가 유행했다. 탈진한 의사들이 한계에 몰리고 '응급실 뺑뺑이'가 잇따르는 현실 앞에 '아프지 말라'고 한 것은 그야말로 실존적인 불안감의 표현이었을 것이다. 의료개혁엔 누구나 동의한다. 그러나 정부의 실행 방식이 너무도 거칠고 과격하고 무모했다. 개혁을 한다면서 개혁 대상을 어떻게 설득할지 면밀한 계획도 없이 밀어붙이기만 했다. 따라서 개혁은 꼬일 대로 꼬인 채 의사 집단만 반정부 투사로 내몰고 말았다.
　지금 윤석열 정부는 의료개혁뿐만 아니라 연금, 노동, 교육의 4대 개혁을 선포하고 다방면으로 노력하고 있다. 개혁은 혁명보다 어렵다. 혁명은 저항세력을 힘으로 제압하지만 개혁은 설득해서 안고가야 하기 때문이다. 국민의 호응과 관련 분야 전문가들의 지지와 협조를 받지 못하면 성공하기 힘들고 자칫 잘못하면 개혁의 주체가 걸림돌이 될 수 있다. 혁명에 실패하면 망하고, 개혁에 실패를 해도 국가발전에 역행할 수 있다. 그러므로 지도자는 상황을 잘 파악하여 문제를 해결하고 신중하고 원만하게 국가정책을 펴나가야 한다.

9월 19일자 조선일보에 'K의료는 더 강해졌다'란 대문짝만한 타이틀 밑에 '세계 최고 수준의 의료계'란 제목의 기사가 실렸다. 하필 이런 시기에 이런 기사가 실렸으니 사실 보기도 듣기도 싫은 말이었고, 하도 어이가 없어 과연 그러한가 내용을 자세히 살펴보았다.

미국의 시사주간지 뉴스위크가 18일 발표한 '2025 세계최고 전문병원' 평가에서 국내병원 3곳이 암분야 10위 안에 포함됐다. 의료계에선 '전공의 이탈 여파에도 불구하고 한국 의료가 다시 한 번 세계적으로 높은 평가를 받은 것'이라고 한다.

삼성 서울 암병원은 세계 최고 전문병원 3위에 올랐다. 1-2위는 미국 MD 앤더슨 암센터, 메모리얼 슬로언 케터링 암센터가 각각 차지했다. 이 두 병원은 암 치료만 전문으로 하는 곳임을 감안할 때 종합병원 중에서는 삼성 서울병원의 암 치료 역량이 가장 뛰어난다는 의미다. 암분야에서는 또 아산병원(5위), 서울대 병원(8위)도 톱 10위에 들었다. 이우용 삼성 서울병원 암병원장은 미국을 제외하고 단일국가에서 10위안에 3곳이 포함되었다는 것은 정말 대단한 성과라며 진료의 질과 임상, 연구, 교육 모두 좋은 평가를 받은 것이라고 한다. 서울 아산병원은 내분비(3위), 소화기(4위), 비뇨기와 암(5위) 등 4개 분야에서 세계 5위권 내에 들어가는 기록을 달성했다. 4개 이상의 분야에서 5위권 이내에 이름을 올린 곳은 아산병원 외에 미국 메이요 클리닉, 클리블랜드 클리닉, 매사추세츠 종합병원, 존스홉킨스병원, 독일 샤리터병원 등 5곳에 불과하다.

의료계에선 국내 병원이 세계적으로 높은 평가를 받는 것은 발 빠른 신기술 도입과 뛰어난 의료진 역량이 합쳐진 결과라고 분석을 한다. 삼성 서울 병원은 2008년 단일 건물로는 아시아 최대 규모의 암병원을 열었고, 2015년 미, 일, 영, 독 등 일부 선진국에서만 이뤄지던 양성자 치료를 국내 민간 병원 최초로 선보였다. 서울 아산병원 심장병원은 2010년 국내 최초로 '대동맥 판막 치환술'을 시행했다. 대동맥 판막이 좁아져 제대로 기능을 못하는 환자에게 '개흉수술' 대신 최소 절개로 인공판막을 넣는 방식이다. 한 해 300건 넘게 실시하고 성공률도 99%로 세계적인 수준이다. 이번 평가에서 서울대병원도 10개 분야에서 100위 안에 이름을 올렸다. 이강영 세브란스 병원장은 '한국 의료가 해외 의료를 따라가는 것에 그치지 않고 새로운 치료법을 많이 개발해 세계의 중심으로 올라서고 있다'고 했다.

그렇다면 여기서 따져봐야 한다. 세계 최고 수준의 의료계라면서 왜 이렇게 의료문제가 심각한 단계까지 이르렀는가? 그 위업은 누가 이루었는가? 그 중심역할을 한 자들이 의사들이라면 지금 의사들은 도대체 무엇을 하고 있단 말인가? 의문이 생기지 않을 수 없다.

복잡다단한 시대를 살다보니 때로는 믿기지 않는 일들이 더러 있다. 세계여행을 많이 해본 사람에 의하면 한국이 세계에서 가장 살기 좋은 나라라고 한다. 그러나 정치지도자들을 비롯해 국민의 도덕수준을 보노라면 과연 그러할까 의문스럽다. 또 경제 수준이 세계 10위권 안에 들면서 여러 가지 면에 있어 앞서는 점이 많은데도 불구하고 UN이 발표한 올해 대한민국 국민의 행복지수는 세계 52위였다. 참으로 의아스럽다.

지난 2월, 2025년도 의대생 모집 증원 계획을 발표한 후 수개월이 지났지만 정부와 의료계는 여전히 '의대 증원 원점 재논의'라는 문제를 두고 줄다리기 중이다. 지난 2월 상황과 달라진 것이 없다. 환자 단체들은 '양측이 충분히 접점을 찾을 수 있는 상황'이라고 했지만 해결의 기미가 보이려고 할 때마다 정부와 의료계는 다시 강경해지고 있다. 좋은 의료는 얼마나 많은 환자를 제 때에 치료하고, 생명을 살릴 수 있는가에 달렸다.

 국민의 한 사람으로서, 두 명의 의사 자녀를 둔 의료계 가족으로서, 또 뇌질환이 있어 정기 진료를 받고 있는 환자로서 현재의 의료문제에 대하여 통탄하며 권고하고 촉구한다. 진정 나라와 국민을 위하고 인간의 생명을 존중하며 이웃을 사랑하는 정신을 가진 의사요, 지식과 전문기술을 가진 지성인이라면 자신들의 이권과 주장을 다소 양보하고 협의체에 참여하여 이 중대한 문제를 해결해야 하지 않는가? 이러고도 의료선진국이라 자부하는가? 세계 최고 수준의 의료계란 평가가 부끄럽지 않은가? 또 정부기관에서도 진정 나라와 국민의 권익을 위해서라면 의료계의 의견을 수렴하여 정책을 펴나가는 것이 원만한 국정운영이 아닌가? 대통령과 집권 여당의 지지율이 어디까지 내려가야 정신을 차릴 것인가?

 집권 여당은 의료개혁과 의대 증원문제로 총선에서 큰 피해를 보았고 의사들은 최선을 다해 환자들을 돌보는 데도 정부의 정책에 무조건 반대하며 지나친 욕심과 고집을 부린다고 국민으로부터 원성을 듣고 있다. 그럼에도 불구하고 세계 의료진은 한국 의료수준을 최고급이라고 높게 평가하고 있다. 자타가 의료선진국이라 하는 나라에서 "아프지 마세요"란 인사가 유행한다는 것은 참담한 얘기가 아닌가. 다른 사람이 아니라 바로 우리 모두의 생명과 평안과 행복이 달려있는 문제다. 그런데도 서로 '네 탓'이라며 책임 공방만 하고 있으니 도대체 어쩌자는 것인가? 의정 갈등상태를 하루빨리 해결하지 않고 이대로 나가면 앞으로도 계속 이 수준을 유지할 수 있을까? 이러고도 살기 좋은 선진 복지국가를 과연 기대할 수 있을까? 내 조국 대한민국, 이 나라를 사랑하고 매일 기도하는 사람으로서 너무 안타까워 잠이 오지 않는다.

고매한 정신과 아름다운 감성을 가진 한국의 슈바이처 장기려 박사는 기독교 정신과 의료 봉사와 북에 두고 온 아내의 그리움으로 평생을 살았다. 그가 목사님들과 함께 차린 무료 진료기관인 작은 복음병원이 오늘의 고신대 병원이 되었다. 1968년 최초 민영 의료보험조합을 만들었으며 1977년 박정희 대통령때 직장 의료보험제도를 시행토록 촉진제 역할을 했다. 지금보다 훨씬 어려운 시절, 의료 문제가 가장 절박했을 그 때에 그가 언제 정치적 해법 같은 걸 말했나. 오직 의료인의 소명과 히포크라테스 선서에 입각해 지순한 사랑과 희생정신으로 모범을 보이며 존경받는 아름다운 삶을 살지 않았는가?

의료계와 정부의 갈등은 부질없는 짓이다. 정부보다 민간의료가 먼저 있었다. 이를 알고 존중해야 한다. 의료에 대한 국가의 지배, 권위주의적 통제는 안 된다. 의료개혁이 필요하면 해야 한다. 그렇다면 의료계가 먼저 시작을 하고 앞장을 섰어야 한다. 그리하여 의료계(의사, 간호사)의 자발성과 자긍심이 존중되는 개혁이 되어야 하고 정부는 이에 협조해야 한다.

다시 한 번 간절히 바라며 촉구하는 것은 의료계가 개혁에 앞장을 서고, 정부는 의료계를 존중하고 지원하여 하루속히 갈등을 해결하여 세계 최고 수준의 의료계를 가진 나라답게 선진 복지 국가를 이루어 가는데 서로가 협조하는 미덕을 보여주었으면 한다.

(2024. 9. 20)

(7)

푸른 풀밭 쉴 만한 물가에서

갓바위 가을 산행
아미산 등산
다시 돌아본 토함산 석굴암
팔공산 케이블카를 타고
불굴사를 돌아보다
시온동산
동산의 사계절
푸른 풀밭 쉴 만한 물가

갓바위 가을 산행

오늘은 가을의 마지막 달 11월의 첫날이다. 산에는 단풍이 곱게 물들고 들에는 황금물결이 출렁이는 아름다운 계절이다. 팔공산 남쪽 자락 무학산 기슭에 자리 잡은 내가 운영하는 시온 동산(전원교회 겸 수양원)에도 가을이 무르익고 있다.

7년 전 이 좋은 날에 나는 하마터면 가을과 동산, 가족과 친구들을 두고 다시 올 수 없는 곳으로 영원히 떠날 뻔했다. 영천의 강변에서 뇌출혈로 쓰러져 사경을 헤매었다. 다행히 죽음의 문턱을 돌아왔지만, 그날의 악몽은 아직도 여전히 트라우마 trauma로 남아있다. 이 사건은 아내를 통해 예수님을 만난 것과 하나님의 소명과 사명을 받고 목사가 된 것에 이어 내 인생의 세 번째 터닝 포인트 turning point가 되었다.

이런 끔찍한 일이 발생한 날, 내 인생의 놀라운 전환점이 된 날, 바로 이날, 우리 삼총사는 시온 동산에 모여 팔공산 갓바위까지 등산하기로 했다. 나는 몇 번 다녀왔지만 두 친구는 아직 그렇게 소문난 갓바위를 가보지 못하였다. 우리는 불교 신자로서 수도한다거나 마음의 소원이 있어 갓바위에 기도하러 가는 것이 아니라 갓바위를 돌아보며 가을 경관을 구경하고 운동도 할 겸 산행의 코스로 잡은 것이다.

나는 되도록 가벼운 차림으로 잠시 산행을 하려 했으나 아내는 배낭에 생수병과 귤과 초콜릿, 사탕, 그리고 휴지와 밴

드 등 만반의 준비를 해주었다. 항상 반갑고 고마운 50년 지기 우리 삼총사 친구들은 매월 한 번씩 만나는 기쁨과 감동이 변하지 않는다. 지난번 우리 집에서 모일 땐 아내가 집밥을 하여 대접을 했다. 몸도 아픈데 그렇게 하지 않아도 된다고 말렸으나 아내는 상관없다며 직접 준비를 하였다. 내 친구들에 대한 아내의 신뢰는 대단하다.

대구~포항 간 고속도로 와촌 IC에서 팔공산 순환도로를 따라 대구 방향으로 10분 정도면 갓바위 네거리가 나온다. 왼쪽은 신한리 마을이며 불굴사로 가는 길인데 개울 건너 시온동산이 보인다. 오른쪽은 대한리 마을이고 갓바위로 가는 길이다. 이 대한리에서 갓바위까지 개울을 따라 '갓바위 올레길'을 만들고 있다. 현재는 주차장까지의 절반 정도만 공사하였기 때문에 우리는 올레길을 걸어서 올라가지 않고 바로 차를 몰아 갓바위 공동주차장에 주차했다.

영환이가 커피를 한잔하고 가자고 하기에 여기 배낭 안에 모든 것이 다 준비되어 있다고 하였으나 그는 먼저 매점으로 들어갔다. 할 수 없이 따라 들어갔다. 라떼 커피 큰 컵을 하나씩 들고 산길을 올랐다. 예전엔 그냥 흙으로 된 경사로가 중간 중간 있었으나 갓바위가 소속된 선본사는 돈이 꽤 많은지 지금은 전부 대리석 돌계단으로 단장을 했다.

갓바위는 경산에 속해있지만, 대구 갓바위, 경산 갓바위로 나누어 부른다. 대구 쪽에서 올라가는 앞갓바위길은 경사가 심하고 험한 데 비해 경산 쪽에서 올라가는 뒷갓바위길은 경사가 완만하고 잘 단장을 해놓았다. 특히 수능 고사가 가까워지면 전국에서 많은 사람이 찾아온다. 마산, 부산에서는 매일 갓바위에 오는 버스가 있다.

　오늘, 평일 오전 10시에 출발을 했는데 많은 사람이 줄을 지었고 벌써 다녀서 돌아 내려오는 사람도 많았다. 등산길 주변은 온갖 나무들이 서로의 자태를 뽐내듯 뒤엉켜 숲을 이루었다. 휘익 휙 바람이 불 때마다 각색의 단풍잎이 우수수 소리를 내며 마치 봄날의 벚꽃이 질 때 꽃비가 내리듯 무수히 쏟아진다. 도랑 위에는 수북수북하게 쌓이기도 한다. 배낭을 멘 등산객들은 끼리끼리 그룹을 지어 휴대폰으로 저마다 좋아하는 노래를 들으며 산을 오르고 내린다. 그래도 예절을 지켜 이어폰을 끼고 듣는 자들도 있다. 신나는 유행가에다 누가 듣는지 어디선가 찬송가 소리도 나직이 들리지만, 절에서 틀어 놓은 염불 소리가 터줏대감 노릇을 하는지 텃세라도 하는 양 제일 크게 들린다.

　사람들은 저마다 등산복을 차려입었으나 그냥 평복차림도 많다. 젊은 여성들이 제일 많고 남성들은 나이가 많은 노인들이 대부분이다. 조용조용히 대화를 나누는 부부 같아 보이는 남녀는 자녀의 입시를 위해 기도하러 온 것 같이 조심스럽고, 깔깔거리며 시끌벅적한 여자들은 친구들과 어울려 여가를 즐기러 온 것 같다. 머리가 희끗희끗한 노인들은 우리처럼 건강을 위해 운동 삼아 온 것 같다. 중간쯤 오르니 온몸에 땀이 났다. 나는 영환이에게 배낭을 맡기고 경치가 좋은 곳을 핸드폰에 담았다. 차라리 흙을 밟고 오르는 산길이면 좋으련만 우리는 단련이 안 되어 돌계단이 익숙지 못하고 힘들었다. 나는 전반적으로 몸이 좀 약한 편이고, 영환이는 허리가 구부정하고, 오석이는 대체로 건강하나 머리가 벗겨져 모자를 벗으면 아주 노인이 된다.

그럭저럭 갓바위까지 다 올라갔다. 주차장에서 보통 40분 정도 걸린다고 하나 우리는 한 시간 걸려 도착했다. 팔공산 갓바위는 관봉석조여래좌상冠峰石造如來坐像이라고도 불리며 평생 한 가지 소원은 꼭 들어주는 것으로 유명하다. 또한, 갓이 학사모와 비슷하여 각종 시험 기도를 많이 한다. 1965년 9월 1일에 보물 제431호로 지정되었으며 현재 옆에 있는 선본사(은해사의 말사)가 소유하고 관리를 맡고 있다. 갓바위 아래는 마당 같은 아주 넓은 반석이 펼쳐져 있다. 많은 사람이 돗자리를 깔고 자리를 잡고 앉으므로 벌써 빈자리가 없었다. 갓바위 주변은 온통 바위다. 엄청나게 큰 바위들이 즐비하게 포개져 있다. 우리는 여기저기 경관이 좋은 곳에서 기념사진을 찍었다.

날씨가 참 좋았다. 구름 한 점 없는 가을 하늘은 마치 큰 거울처럼 팔공산을 다 담았다. 그 속에 저 바위도 나무도 수없는 단풍잎과 지금 우리까지도 다 들어 있는 듯했다. 활짝 펼쳐진 아름다운 산야를 내려다보니 속이 시원했다. 북쪽으로 멀리 보이는 팔공산 정상으로부터 우람한 바위들과 뒤엉킨 고목들 사이로 내뿜는 정기를 받고, 단풍으로 뒤덮인 골짜기의 아름다운 정취 속에서 풍겨 나오는 맑은 공기를 마시며 마음껏 가을을 만끽했다. 또 반대쪽 멀리 남단 무학산 기슭에 있는 시온 동산의 우리 교회도 어슴푸레하게 보였다.

팔공산은 대구광역시, 경산시, 영천시와 칠곡군, 군위군 5개 시군에 걸쳐있는 영남지방의 대표적 명산으로 1980년에 도립공원으로 지정되었다가 2023년에 국립공원으로 승격되었다. 해발고도는 1,192.3m이며 최고봉인 비로봉을 중심으로 동봉과 서봉이 양 날개를 펴고 있는 모양이다. 옛 이름은 공산公

山 또는 부악父岳이었는데 후삼국 시대 고려의 태조 왕건이 후백제의 견훤에게 포위를 당하자 신숭겸을 비롯한 8명의 공신이 왕을 살리고 모두 전사했다 하여 팔공산八公山이라 부르게 되었다고 한다. 따라서 팔공산 일대에는 왕건과 관련된 지명과 전설이 많이 전해진다. 사방에 경관이 좋고 동화사, 은해사를 비롯하여 크고 작은 600여 개의 사찰과 문화재가 산재해 있다.

 나는 어쩌다가 골짜기마다 수많은 우상이 늘려있고 마귀가 우글거리는 팔공산 기슭에, 그것도 경산시에서 가장 오래된 사찰 불굴사 입구에 교회를 세워 진리의 불빛을 밝히고 악령과 싸우며 노후를 보내게 되었을까? 그러나 반딧불 같은 작은 불빛이라도 빛은 거대한 어둠의 세력을 이길 수 있다. 주님의 도우심이 아니면 하루도 버티기 힘들지만 그래도 나는 날마다 푸른 초장 쉴만한 물가에서 목자의 인도와 보호를 받으며 부족함이 없는 삶을 살고 있다. 화려한 불빛, 차 소리, 와글거리는 사람들의 모습을 보면서 대도시에 살다가 지금은 팔공산 크고 넓고 아름다운 산에서 산을 바라보며, 산을 오르내리며, 산에서 기도하며 산속에 살고 있다. 법정은 산에 사는 사람은 큰 스승을 둔 사람이요 자연만큼 뛰어난 스승은 없다고 하였다. 그래서 그는 산에 살면서도 산에 오르기를 좋아했는지 모른다.

 대구 시민들은 등산을 하거나 모임이 있으면 으레 팔공산을 택한다. 이 골짜기 저 골짜기 길을 따라 양쪽에 식당과 찻집이 빼곡히 늘어서 있다. 오늘은 경산 쪽 갓바위를 등산했으나 다음에는 팔공산 순환도로를 따라 본부라 할 수 있는 동화사 쪽으로 올라 케이블카가 있는 온천 쪽으로 나들이를 해야겠다.

 우리 부부는 매주 온천욕을 한 후에 팔공산에 있는 다양한 음식점을 차례로 골라가며 외식을 즐긴다. 우리 집에서 3분 거리에 있던 웰빙스파와 4km 거리에 있던 사일 온천은 코로나 유행으로 문을 닫았으나 팔공산 온천은 여전히 유명하다.

뜨거운 온천수로 휴식과 여유와 건강을 찾을 수 있는 팔공산 온천은 가공 입수액이 전혀 섞이지 않은 천연 보양 온천으로 자연이 준 보약과 같다. 또 팔공산 경관과 어우러진 호텔을 겸하고 있어 각종 행사를 하기에 좋다.

팔공산에 얽힌 이야기를 비롯해 이런저런 담소談笑를 나누며 산을 내려오다 보니 금방 주차장에 도착했다. 예약해놓은 숲속식당에 가니 준비가 다 되어 있었다. 올라갈 때 들고 간 커피 때문에 아내가 준비해준 과일과 음료수는 꺼내 보지도 못한 채 식당의 오리 불고기로 점심을 먹었다. 비교적 가벼운 등산코스였으나 오랜만에 가파른 산을 올라서인지 다리가 뻐근했다. 땀도 흘리고 대화도 많이 나눈 것이 즐거웠는지 우리는 가을이 가기 전에 산행을 또 하기로 했다. 다음에는 오석이가 사는 군위에 있는 아미산으로 정했다. 시온동산 우리 집으로 내려와 동산을 둘러보며 좀 더 대화를 나누다가 가져갔던 음료수와 떡과 과일을 집에 가서 먹으라고 나누어 주고 헤어졌다.

2023. 11. 1

아미산 등산

　우리 친구 삼총사는 매월 한 번씩 만나 산행을 하거나 문화재 답사 또는 관광지 여행을 한다. 두 주 전에 팔공산 갓바위를 다녀온 우리는 날짜를 앞당겨 이번엔 군위에 있는 아미산을 등산하기로 했다.

　경주에 사는 영환이가 와촌에 있는 나를 태우고 군위 의흥에 있는 오석이 집으로 갔다. 커피와 밤과 감홍시를 먹고 삼국유사면에 있는 아미산으로 향했다. 조금 가다보니 오른쪽에 인각사가 있었다. 인각사는 643년 신라 선덕여왕때 원효대사가 창건을 했고, 고려 충렬왕때 보각국사 일연이 삼국유사를 완성한 사찰이다. 동구에 바위벼랑이 우뚝한데, 옛 말에 기린이 이 벼랑에 뿔을 걸었다하여 인각사麟角寺라 부르게 되었다고 한다. 예전엔 크고 유명하였으나 임란때 소실되었고, 6.25전쟁 때 최후의 방어선을 지키던 전쟁격전지로서 폐허가 되어 복원 중에 있으며 지금은 영천 은해사의 말사로 소속되어 있다. 지난번에 인각사와 일연공원은 이미 돌아보았기에 오늘은 그곳을 그냥 지나면서 우리는 삼국유사에 대하여 다시 한 번 되새겨 보았다.

　삼국유사와 삼국사기는 현존하는 한국 고대 사적의 쌍벽을 이루는 역사책이다. 고려 중기 유학자이며 정치가인 김부식이 사관들과 함께 편찬한 삼국사기는 정사正史로서 체제와 문장이 정제된 방면, 일연 혼자의 힘으로 쓴 삼국유사는 야사野史

로서 체제나 문서가 삼국사기에 미치지 못하지만 삼국사기에는 없는 고조선에 대한 서술 곧 단군신화에 대한 기록이 있다.

　일연은 내가 지금 살고 있는 삼성현三聖賢(원효대사, 일연, 설총)의 고장 경산에서 태어나 이곳 군위에 있는 인각사에서 수도를 하며 귀한 업적을 남겼는데 이를 기리고 빛내기 위하여 군위군에서는 이곳을 2021년에 고로면에서 삼국유사면으로 행정구역상의 명칭을 변경하였다.

　인각사에서 똑바로 가면 일연공원이 나오고 좌측으로 가면 군위댐이 나온다. 일연공원은 군위댐 하류에 조성이 되어있으며 차박을 즐기는 사람과 물놀이를 즐기는 가족단위 여행객이 많은 곳이다. 절벽에서 떨어지는 일연폭포가 장관이며 삼국유사와 관련된 볼거리들이 많고 산책로는 유모차와 킥보드를 이용하기에 불편이 없도록 조성해 놓았고 운동시설이 잘 갖추어져 있다.

　군위댐은 인각사 부근에 댐을 조성하는 것이 입지 조건에 제일 적합했으나 사찰 때문에 지금의 위치로 옮겼다고 한다. 댐 안에는 물 위에 태양광 시설이 설치되어 있으나 주민들의 반대로 가동도 해보지 못한 채 철거도 못하고 흉물로 남아 있다. 댐을 구경하면서 한참 올라가니 멀리 보이는 아미산 앞쪽에 멋진 바위가 장군의 모습처럼 치솟아 있다. 우리는 주차장에서 만반의 준비를 하고 등산을 시작했다.

　구름다리를 건너 산 입구에 다다르니 등산로 초입부터 계단이 시작되어 경사가 가파른 테크 계단이 아득히 설치되어 있었다. 일단은 이 계단을 통해 어느 정도 올라가야 계속 계단으로 오르든지 비탈 산길을 헤쳐가든지 선택을 할 수 있었다.

온통 크고 작은 바위와 돌들로 이뤄진 산에 많은 소나무들이 자태를 뽐내고 있었다. 돌과 소나무는 서로 조화가 잘 된다. 그래서 석송石松은 더불어 함께 있어야 멋이 있고 운치가 나는가 보다. 소나무는 흰 바위 때문에 더 푸르며 고결하고, 바위는 소나무를 품어서 고상하고 품격이 있다. 흙 한줌 없는 바위와 깎아지른 절벽에 뿌리를 박고 뒤틀려 자라고 있는 소나무가 참으로 용하고 장하고 신기하다. 얼마나 오랫동안 비바람을 맞으며 뜨거운 태양의 작열을 견디어 왔을까. 그럼에도 수많은 가지와 솔잎을 달고 싱싱하고 늠름하게 버티고 있는 그 위용이 참으로 대단하다. 한 두 그루가 아니다. 험한 돌산에 이렇게 숱한 세월을 살아 온 소나무들이 숲을 이루고 있다. 우리는 그 나무들 사이사이로 돌산을 올랐다. 나무들을 붙잡기도 하고 매달리기도 하며 소나무를 의지하여 오르고 또 올랐다. 나무 때문에 오를 수 있었다.

앞을 막아선 바위가 너무 웅대하게 솟아 있어 그 정상에 오른다는 건 아예 엄두도 낼 수 없고 가까이에서는 정상을 쳐다볼 수도 없었다. 다시 바위 밑으로 좀 내려가 뒤쪽으로 올라가니 큰 바위산의 중간쯤에 '앵기랑 바위의 유래'란 안내판이 있었다. 그곳의 위치는 경북 군위군 삼국유사면 양지리 산 74였고 이 바위는 해발 365m로 마을에서는 이 암봉과 폭포, 마당바위, 송곳바위를 통틀어 아미산峨嵋山이라 부르고 있다. 이는 삼국유사를 저술한 일연국사의 시에서도 나타났듯이 높은 산 위에 또 높은 산이 있다(산이 높고 위엄이 있다)는 의미에서 아미峨嵋로 불리게 되었다고 한다.

아미산은 높이로 말하는 산이 아니다. 작은 산이지만 기암괴석과 험악함을 따지자면 '작은 설악'이라 할만하다. 산세가 수려하여 산은 작아보여도 바위 형태가 만물상을 이룬 듯하다. 바위 틈 사이에서 자라 짧게 뻗은 소나무 가지들은 분재 같은 모양으로 아름다움을 더해 준다. 산은 크게 다섯 개의 바위 봉우리로 이루어졌는데 모양은 다섯 개의 바위 봉이 나란히 어깨를 맞댄 형국이고, 많은 병사들이 무기를 들고 마을을 지키는 듯한 모습이다.

양지리 마을에서 보면 애기 동자승의 모습을 띄어 앵기랑 바위, 석산리에서는 코끼리 바위, 학암리에서는 왕암 바위라고 각각 불리는데 특별히 양지리에서는 6.25동란, 월남전 참전용사의 인명피해 및 마을의 흉사가 없도록 지켜주는 수호신의 역할을 했다고 전해진다.

앵기랑 바위를 지나 무시봉(해발 737.3m)을 넘어 병풍암 삼거리에서 대곡지 방면으로 하산을 해야 제대로 아미산 등산이 되지만 우리는 앵기랑 바위 중턱에서 가져간 과일을 먹고 사진도 찍으며 좀 쉬다가 다시 주차장이 있는 쪽, 올라갔던 길로 산을 내려왔다.

점심식사를 하기 위해 효령면에 있는 '이로운 한우' 불고기집으로 가면서 군위군에 대하여 얘기를 나누었다. 군위군은 한 때 인접한 구미시와 병합을 하려다 대구 경북 통합신공항이 군위와 의성 사이로 이전할 계획에 따라 2023년 7월부터 대구광역시로 편입이 되었다. 이에 따라 대구광역시는 7구 2군으로 면적이 70% 증가하여 전국 특, 광역시 중에 가장 큰 면적을 갖게 되었다.

지금까지는 내가 사는 경산 와촌이 대구와 제일 가깝고, 영환이는 경주 시내에 사니까 도시이고, 오석이가 군위에 살아 제일 촌이었다. 그러나 이제 오석이는 대구광역시민이 되었고, 영환이는 유서 깊은 도시 경주시민인데 나는 이름 그대로 와촌瓦村의 촌놈으로 남아있게 되었다.

 우리는 군위에 갈 때마다 한우집에 가서 소고기를 구워먹는다. 오석이는 고기를 맛있게 잘 굽는다. 점심시간이 좀 지나긴 했지만 정말 맛이 있었다. 얼마나 많이 시켰는지 계속 먹어도 고기가 남아 있었다. 억지로 다 먹고 또 밥과 누룽지도 먹었다. 정말 포식을 했다.

 식후에 오석이 집으로 가서 비닐하우스 안에 있는 다육식물과 아래 건물에 진열된 국화를 구경했다. 꽃가꾸기에 취미와 소질이 있어 잘 가꾸어 놓았다. 전에는 영환이 집에 꽃이 제일 많았는데 지금은 오석이가 더 많이 재배를 하는 것 같다. 넓은 집 안과 뜰, 비닐하우스 안에도 꽃으로 가득 찼다. 맘에 드는 것이 있으면 뭐든지 가져가라며 이것저것 먹을 것과 화분을 차에 실어 주었다. 또 금년도 지은 농사라면서 쌀을 한 포대씩 주었다. 우리는 비싼 소고기로 포식을 하고 염치없이 쌀과 꽃까지 얻어오게 되었다.

 오늘도 친구들과 만나 등산을 하고 함께 점심을 먹고 여러 가지 얘기를 나누며 멋진 하루를 보냈다.

2023. 11. 15

다시 돌아본 토함산 석굴암

　오늘은 토함산 정상을 등산하고 석굴암을 관람하기로 했다. 지난 날 몇 번씩 가보았지만 걷기운동도 할 겸 다시 한 번 돌아보기로 했다. 땅이 얼었다 녹는 중이라 길바닥이 질었고 조금 오르니 눈이 녹지 않아 길이 미끄러웠다. 불국사와 석굴암이 있는 이름난 국립공원이기에 많은 사람이 찾아오는 곳이라 등산길은 깨끗하고 아주 잘 조성되어 있었다. 울창하게 뒤엉킨 겨울의 나목裸木 사이사이에 멋진 소나무와 새로 심은 듯한, 곧게 쭉쭉 뻗은 새파란 전나무들은 겨울 산을 생동감 있게 해 주었다. 날씨가 흐리고 미세먼지가 꽉 끼어 경주 시내나 동해 바다는 도무지 보이질 않았다.

　'토함산吐含山'이란 이름은 '해가 산을 넘어갈 때 전경을 토해 내는 것 같다'는 데서 유래했다고 한다. 또 '안개와 구름을 머금고 토한다' 곧 속세를 벗어난다는 뜻으로 토함산 불국사와 석굴암은 부처의 나라를 세우겠다는 신라인들의 의지가 담겨 있는 듯하다. 어떤 사람은 숨을 내쉬고 들이 쉰다는 뜻을 가진 산이라고 하여 동해를 바라보며 숨 쉬러 온다고도 한다는데 토함산의 가수 송창식의 노래는 다음과 같이 시작된다.

　　토함산에 올랐어라 해를 안고 앉았어라
　　가슴속에 품었어라 세월도 아픔도 품어 버렸어라

신라시대 오악五岳 중 토함산은 동악(東岳)이라 하여 왜구의 침범을 막는 호국의 진산이었으며 서쪽 기슭엔 불국사, 동쪽 기슭엔 석굴암이 있어 경치가 수려한 역사와 문화의 명산이다. 정상에 가까이 다다랐을 때, 멋진 언덕 위에 화로 같은 봉화대가 있었다. 알고 보니 경사스러운 행사가 있을 때 성현들이 남기신 슬기와 화랑정신을 계승하고 지역발전과 화합을 위하여 성스러운 불꽃을 채화하는 성화 채화지였다. 우리나라엔 전국체전이나 큰 행사가 있을 때 대표적으로 강화도 마니산 참성단(해발 472m)에서 성화를 채화하여 개최지로 봉송을 한다.

  50여 분 걸었을까 토함산의 정상을 알리는 표지석(해발 745m)이 커다랗게 세워져 있었고, 석탈해왕 사당터가 있었다. 그렇게 높은 산은 아니었다. 정각 12시 한낮이 되니 맑은 햇살이 따뜻하게 비췄다. 사진을 몇 장 찍고 곧장 돌아서 내려오는데 내려올 땐 구름과 미세먼지가 어느 정도 걷혀 날씨가 조금 맑아졌다. 그러나 경주 시내와 동해가 자세히 보일 정도는 아니었다. 내려오는 길은 아주 쉬웠고 빨랐다.

  주차장까지 내려와 이번엔 다시 석굴암으로 향했다. 산 중턱을 가로질러 옆으로 가는 평탄한 길에다 길바닥도 하얀 마사토로 깔려 있어 걷기가 참 좋았다. 토함산 정상으로 가는 길은 좀 한산했으나 석굴암 가는 길은 많은 사람이 붐비었다. 어린애들과 외국인도 많이 보였는데 지난번 갓바위 갔을 때와는 달리 이곳엔 노인들은 별로 보이지 않았다. 중간 중간 돌담을 쌓는 공사를 하고 있었다. 22년도 9월 6일 힌남노 태풍 때 유실된 부분을 아직도 복구하는 중이라고 하니 그때의 피해가 얼마나 심했는가를 가히 짐작할 수 있었다.

주차장에서 10분 정도 걸려 석굴암에 도착했다. 석굴 사원은 인도에서 만들어지기 시작해 중국을 거쳐 우리 땅에 전해졌다고 한다. 인도나 중국에서는 절을 짓기보다 돌을 파서 그 안에 부처를 모시는 게 쉬웠으나 우리나라 산은 화강암이 많기 때문에 굴을 뚫기가 쉽지 않아 돌을 쌓아올려 인공적으로 석굴을 만들게 되었고 세계적으로 유일한 석굴이 탄생했다고 한다.

석굴암 석굴은 사각형의 앞방을 지나면 원형의 뒷방이 이어지는데 통로에는 동서남북을 지키는 사천왕이 자리 잡고 있다. 원형의 뒷방으로 들어가면 방 벽면에 여러 불상들이 좌우 대칭으로 새겨져 있다. 둥근 천장은 360여 개의 넓적한 돌로 교묘하게 축조를 했는데 이러한 건축기법은 세계의 유례가 없는 뛰어난 기술이라고 한다. 석굴암은 751년에 세워진 이래 무려 1200여 년이 넘도록 잘 보존되고 있다. 신라의 장인들은 석불사원을 평지가 아닌 샘이 흐르는 비탈에 건축하므로 내부의 습기가 아래로 흐르게 하고 통풍이 잘 되도록 열린 구조로 설계하여 자체적으로 습도 조절과 환기를 할 수 있도록 했기 때문이라고 한다.

역사와 문화재를 잘 아는 오석이가 또 일장 연설을 했다. 우리나라에서 가장 유명한 석굴은 경주 석굴암이지만 가장 오래된 석굴은 군위 부계에 있는 제2석굴암으로 이보다 100년이나 앞섰다고 하였다. 군위군 부계면에 있는 제2석굴암(아미타여래 삼존석굴)은 국보 제109호로 천연절벽의 거대한 암벽에 자연동굴을 뚫어 만든 석굴 사원이라고 한다. 자기가 살고 있는 지방의 문화재에 대해 잘 알고 있는 것 같았다.

문화해설사실에 '경주역사문화탐방 스탬프 투어'를 소개하는 팜플릿이 있었다. 경주의 대표적인 역사문화 명소 16곳을 방문하고 스탬프 날인을 받은 사람에게 소정의 기념품을 주는 것이었다. 내가 지금까지 방문했던 곳을 체크해보니 11곳이었다. 경주에 사는 영환이도 다 가보진 못했다고 하였다.

우린 다시 주차장으로 돌아와서 벤치에 앉아 음료수를 마시며 경주 시내를 내려다보았다. 멀리 남산과 영지란 연못이 보였다. 오석이가 또 아사달과 아사녀 얘기를 꺼내니 영환이가 거들어 무영탑 얘기를 늘어놓았다.

백제의 석공 아사달은 당시 최고의 명성을 떨치던 건축가로서 신라에 초빙되어 석가탑을 건축했는데 사랑하는 아내가 찾아왔으나 작업에 열중하는 남편에게 부정한 영향을 줄까봐 만나지 못하고 멀리 연못가에서 남편의 모습을 바라보며 기다리다가 너무 그립고 힘든 마음에 연못에 몸을 던졌다고 한다. 그 후 그 연못은 영지影池라 불리게 되었고, 석가탑은 그림자를 비치지 않는 무영탑無影塔이란 별명이 붙게 되었다. 이 전설은 사랑과 희생 그리고 인간의 정열을 담고 있다. 단순한 건축물이 아닌, 한 시대의 역사와 사람들의 삶, 그리고 그 아내의 사랑과 감정까지 담고 있는 작품이다.

불국사와 석굴암을 만든 사람은 신라 중대의 재상 김대성이라고 일반적으로 알고 있지만 삼국유사에 의하면 김대성은 이생의 부모를 위해 불국사를 수리 하고, 전생의 부모를 위해 석굴암을 짓기 시작했다고 한다. 불국사는 528년에 법흥왕의 어머니인 영제부인이 처음 세우고 574년 진흥왕의 어머니인 지소부인이 보수를 했고 751년 경덕왕 때 재상이었던 김대성이 다시 수리를 했다. 이 때 석가탑과 다보탑, 그리고 청운교

백운교를 만들었으며 774년 혜공왕 때에 80종의 건물과 2,000여 칸이 있는 대규모의 불국사 모습으로 완성되었으나 임란때 대가람이 전소되어 소실되었으며 1969년부터 1973년까지 보수하여 지금의 모습을 갖추게 되었다. 신라가 삼국통일의 위업을 달성하고 수백 년간 전성시대를 누리며 화려하고 독창적인 불교문화를 꽃피워 불국사는 고려시대부터 조선 초까지는 우리나라에서 가장 큰 사찰로 추정되며 상주하는 승려의 수가 1,000~2,000명 정도나 되는 대규모의 사찰이었다고 한다.

불국사는 문화재 사적 제 502호, 석굴암은 국보 제24호로 지정되어 있으며 1995년 유네스코 세계문화유산 목록에 등록되었다.

불국사 근처까지 내려오니 좌측에 '동리목월문학관'이 있었다. 옛날 교대 로고스 문학써클 야유회로 불국사에 왔을 때 뒤쪽 오른편으로 조금 오르니 '청마 시비'가 있어 그 주변에서 국문과 교수님의 강연을 들었던 기억이 난다. 영환 친구는 이 문학관에서 하는 '동리목월문예창작대학'의 강좌를 여러 해 들으며 문학공부를 해왔다. 너무나 저명한 박양근 교수와 한상열 작가의 책을 빌려주기도 하고 좋은 얘기를 많이 해 주었는데 알고 보니 내가 수필작가 신인상에 당선이 되어 등단을 할 때 심사를 하고 심사평을 해주신 바로 그 분(한상열 교수)이었다. 우린 그 분과 수필에 대한 얘기를 나누며 불국사를 지나 감포로 향했다.

차창 밖으로 펼쳐지는 아름다운 가을 길 코스모스와 먼 산의 단풍을 보니 지난 시절의 추억이 떠올랐다. 대학 1학년 때 경주 신라문화재에 참가한 적이 있었다. 가을이 한창 무르익는 날 반월성 잔디밭에서 한글시 백일장 일반부에 참가하여

<불>이란 제목으로 썼던 시가 입상을 했었다. 겸연쩍지만 정말 오랜만에 기억을 되살려 친구들에게 한 번 읊어보았다.

<불>

내 생애의 간절한 소망은
순수보다 뜨거운 가슴으로 불 지펴 놓고
안으로 안으로 무르녹는 열기 속에
심혈이 약동하는 새아침이요

내 생애의 참다운 본질은
정월 대보름 달집을 사루는 사람들의
구수한 인정이
피로 용해하는 축제요

내 청춘의 푸른 염원이 진 진홍빛으로 물들어 가면
목 타 오르던 태양의 분노도
소슬한 갈바람에 꿈을 묻고
한 백 년 나돌다

서라벌의 가을 꽃 진자리에서
약 오른 단풍과 범벅이 되어
끊임없이 타는
내 심장.

두 친구가 박수를 치며 환호를 했다. 영환 친구는 수필보다 시를 쓰는 것이 좋겠다고 하였다. 나는 부끄러워 얼른 말을 다른 데로 돌렸다. 우리는 감포 횟집에 도착하여 여러 종류의 회와 매운탕으로 점심을 먹고 활어회 센터에서 집에 가져갈 생선을 샀다.

돌아오는 길에 영환이는 또 차를 몰고 전촌과 나정 사이를 잇는 인도교가 있는 바닷가로 갔다. 신라 야사에 떠오르는 만파정萬波亭이라는 정자의 흔적이 남아있어 '만파식적' 형상(대나무 피리 모양)의 인도교를 건립해놓았다. 만파식적萬波息笛(세상의 온갖 파란을 없애고 평안하게 하는 피리란 뜻) 설화에 의하면 신라 신문왕이 아버지 문무왕을 위하여 감은사를 짓고 추모를 하는데 죽어서 바다용이 된 문무왕과 하늘의 신이 된 김유신이 합심하여 동해의 한 섬에 대나무를 보냈는데 그 대나무로 만든 피리를 불면 나라의 걱정과 근심이 해결되었으며, 병이 든 사람은 낫고, 물결은 평온해졌다고 한다.

우리는 그 인도교를 건너가 바다를 구경하며 모래사장을 거닐었다. 넘실거리며 밀려와 하얗게 부서지는 파도와 장난을 치며 사진도 찍고 한참을 놀다 느직이 돌아왔다.

토함산과 동해의 맑은 공기를 마시고 싱싱한 회를 먹어서인지 집에 도착하여도 배가 불러 저녁식사도 마다하고 안마의자에 앉아 쉬다가 일찍 잠자리에 들었다. 눈비가 자주 온 짓궂은 겨울을 보내고 오랜만에 신춘 나들이를 했으나 별로 피곤하진 않았다. 이른 봄날 친구들과 함께 산을 오르고 바닷가를 거닐어 참으로 즐겁고 행복한 하루였다.

(2024. 3. 4)

팔공산 케이블카를 타고

　봄이 와서 꽃이 피는지, 꽃이 피어 봄인지 모르겠다. 만물이 소생하는 춘삼월 새봄이 엊그제 같더니 순식간에 꽃피는 사월이 되었다. 내가 가꾸는 시온 동산 푸른 초장 쉴만한 물가에도 갖가지 꽃이 피기 시작했다. 먼저 매화가 피더니 산수유가 따라 피고, 개나리가 피는가 했더니 진달래가 숨어서 피고, 자두가 피니 복숭아가 다투어 핀다. 하얀 천사 같은 목련이 우아하게 피더니 벚꽃이 갑자기 피어 동산이 환하도록 온통 꽃으로 뒤덮였다. 개울 길을 따라 철쭉과 영산홍도 피려고 봉오리를 맺었다.

　오늘은 마침 4월 5일 식목일이며 총선 사전투표일이다. 영환이와 오석이가 경주와 군위에서 봄기운을 몰고 봄꽃 속으로 달려왔다. 영환이는 6시에 사전 투표를 하고 왔고, 오석이는 또 꽃모종과 화분을 가지고 왔다. 오랜만에 날씨가 화창하다. 자주 짓궂게 내리던 봄비로 동산 중앙에 흐르는 도랑물이 제법 많이 불어 물소리가 동산에 가득하다. 꽃뿐만 아니라 온갖 풀들도 힘차게 솟아나 온 동산에 생동감이 넘친다.

　우리 삼총사는 4월 산행을 지난번 약속한 대로 팔공산 국립공원 벚꽃 길을 드라이브하여 팔공산 케이블카를 타고 팔공산에 올라 봄산의 정취를 감상하기로 하였다. 팔공산의 중심지인 동화집단시설지구의 맨 뒤쪽 언덕에 있는 케이블카 타는 곳으로 갔다. 바로 그 언덕 아래엔 힐 사이드 호텔이 있다. 나에겐 잊을 수 없는 추억이 어려 있는 곳이다. 경화여고에 근무하면서 주경야독으로 신학교를 졸업하고 계명대학교 교육대학원 상담심리학과를 다닐 때 이곳에 유숙하면서 집단 상담을 공부하기도 했었다. 그 후 내가 목회를 하기 위해 1991년도 8월 31일 날 교사 퇴임을 했는데 직원들이 이곳에서 송별회를 해준 곳이다. 그날 손남규 교장 선생님의 송별사가 있고 나서 나는 답사 대신에 <내 평생 살아온 길>이란 찬송가로 화답을 한 기억이 난다.

> 내 평생 살아온 길 뒤를 돌아보니
> 걸음마다 자욱마다 다 죄뿐입니다.
> 쓰리고 아픈 마음 가눌 길 없어서
> 골고다 언덕길을 지금 찾아갑니다.

> 예수님 나의 주님 사랑의 내 하나님
> 이제는 예수님만 내 자랑삼겠어요
> 나의 남은 인생길 주와 걸어가면서
> 예수님 복음 위해 굳세게 살겠어요.

벌써 33년이 지났다. 그때는 푸른 산 아래 하얀색의 건물로 아담하고 멋진 호텔이라 행사도 많이 하던 곳이었는데 세월도 많이 흘렀지만, 손님이 없어서인지 건물이 낡아서인지 영업이 중단되고 폐허가 되어 있었다. 우리는 호텔 마당에 주차하고 계단을 통해 언덕 위에 있는 케이블카 타는 곳으로 올라갔다.
팔공산 일대는 벚꽃 피는 계절치고는 한산했다. 그러나 케이블카 타는 곳에는 외국인도 보이고 많은 사람이 붐볐다. 케이블카를 타는 곳은 팔공산로 185길 51(용수동)이고 구간은 집단시설지구에서 신림봉까지 1.3km이다. 시간은 약 5~10분

걸리고 요금은 대인 1인당 편도 7,000원, 왕복 12,000원이며 1,000원의 경로우대가 있었다. 정원이 6인승이며, 24대가 40초 간격으로 자동으로 왕복 순환하였다.

케이블카를 타고 오르니 종착지인 신림봉(820m) 꼭대기에 정상역頂上驛 건물이 있었다. 그 안에는 매표소, 화장실, 음식점(럭셔리한 콘솔, 미식 투어 솔마루)과 스카이 휴게실, 전망대와 포토 존도 있었다. 케이블카의 종착지인 이 신림봉에선 정상(비로봉)에서 동봉 쪽으로 병풍처럼 펼쳐진 기암괴석의 장관과 동서남북 사방을 환하게 볼 수 있었다. 봄에는 훈훈한 봄바람에 꽃향기, 여름엔 신선하고 푸른 바람과 숲 그늘, 가을엔 단풍 숲, 겨울엔 눈꽃을 감상할 수 있는 조망이 탁월한 위치다.

건물계단을 빠져나가니 큰 괴석들이 조화롭게 모여 운치를 더해 주었고 건너편 최정상인 비로봉(1192.8m)이 눈앞에 보이고 좌우 서봉(1,153m)과 동봉(1,168M)이 날개를 편 것처럼 펼쳐져 있는데 팔공산의 형상은 봉황이 날아오르는 형상이다. 또 이곳 신림봉의 세 개 바위(코끼리, 고인돌, 달마 바위)는 마치 봉황포란鳳凰抱卵(봉황이 알을 품은)의 형상形狀을 하고 있어 명당 중의 명당이며 기氣가 맑은 곳으로 좋은 기운을 듬뿍 받아갈 수 있는 곳이다.

큰 괴석들 중에 '지극하면 이루어진다.'라고 새겨진 '소원의 바위'가 있는데 온 바위에 기도하는 마음을 담은 동전이 빼곡히 붙어있고 그 옆에는 '아름다운 사랑의 맹세 가든'이 있어 연인들의 사랑 약속을 의미하는 자물통, 그리고 추억의 사연들을 적은 카드와 쪽지들이 수없이 빽빽이 걸려 있었다. 소원의 바위를 둘러보시던 노인들은 예전에는 걸어서 오르던 이

길을 케이블카가 생겨서 얼마나 좋은지 모른다고 하였다.

　갓바위와 동화사, 소원의 바위는 팔공산 3대 소원성취 코스로 인기를 얻고 있다. 우리는 소원의 바위 앞에서, 그리고 반대쪽 정상을 배경으로 사진을 찍고 바위 동산을 요리조리 오르내리며 운동도 하고 감상도 하였다. 봄날의 맑고 훈훈한 향기가 기분을 유쾌하게 해주었다. 맑은 정상의 자연림 속에서 20~30분간 천천히 걸으며 산림욕으로 건강샤워를 하면 인체에 유해 병원균을 없애주고 음이온이 풍부하여 피로 해소에 도움을 주며 자율신경을 안정시켜 스트레스가 줄어들고 면역을 증진한다고 한다.

　영남의 명산 팔공산은 높이가 1192.8m, 길이는 254km에 걸쳐 동서로 칠곡군과 영천시에 이르는 큰 산이다. 영험靈驗한 산으로 알려진 팔공산은 곳곳에 1,000년 사찰들이 신라 이후 자리를 잡아 불교 성지로도 유명하다. 그러나 신라 이전의 오랜 토착 신앙, 임란 방어를 위한 유림 문무 32현의 거사, 그 후 한티의 천주교 순교 피난지임을 볼 때, 산은 영원한 정기精氣를 내뿜어 우리 고장에 정신의 양식을 주어 왔다고 볼 수 있다.

　멀리 바라보이는 주봉(비로봉)에는 제천단祭天壇이 있으며 이곳은 동쪽에 있는 갓바위 불상과 함께 기복신앙의 장소로 알려져 있다. 제천단과 이곳 케이블카 정상역과 월드컵경기장은 일직 선상에 놓여있으며 이는 풍수지리상으로 주봉의 기운이 뻗어나는 선상에 있음을 말해준다. 달구벌 대구와 영남의 수많은 인재를 배출하고, 6·25 전쟁에서 낙동강을 지켜 나라를 구해준 팔공산에 감사의 마음으로 산을 오르면서 우리는 모두 자연보호라도 잘해야 하겠다.

정상역인 신림봉에선 여러 갈래의 탐방로가 있었다. 동봉까지는 2.2km, 동화사까지는 2.0km, 눈앞에 내려다보이는 동화 집단 시설지구까지는 1.3km다. 내려갈 땐 걸어서 가면 좋은데 우리는 왕복권을 구매했기 때문에 다시 케이블카를 타고 내려왔다.

만개한 벚꽃을 감상하며 팔공산 순환도로를 따라 수태골과 노태우 생가가 있는 동네를 지나 칠곡 동명 쪽으로 가다가 '곤지곤지'라는 식당에 들어갔다. 평일인데도 넓은 주차장에 차를 댈 곳이 없을 만큼 붐볐고, 자리가 없어 대기 순번을 뽑으니 20번이라 한참을 기다렸다. 된장과 채소 위주의 비빔밥 전문집인데 우리는 영양돌솥밥을 선택하고 더덕 돼지 불고기를 추가로 주문하였더니 배가 불러 억지로 다 먹었다. 돌아올 땐 왔던 길 곧 팔공산 횡단도로로 가지 않고 지묘동 쪽으로 내려와 신숭겸 동상이 있는 삼거리를 돌아 백안터널을 거쳐 시온 동산으로 돌아왔다.

지난 주간에 오석 친구가 와서 마무리 전지를 해준 과수원을 돌아보며 한창 피고 있는 꽃나무 밑에서 사진을 찍고 민들레꽃들로 뒤덮인 주차장을 거닐며 환담하다가 다음 달을 기약하며 아쉬운 마음으로 헤어졌다.

(2024. 4. 5)

불굴사를 돌아보다

　삼성현三聖賢(원효, 설총, 일연)의 고장 경산시 와촌면에는 이름난 사찰 둘이 있다. 서로 가까이에 있으며 마주 보고 있다. 하나는 팔공산 갓바위가 있는 선본사이며 또 하나는 팔공산 남쪽 무학산에 있는 불굴사이다. 두 사찰은 다 같이 대한불교 조계종 제 10교구 본사인 은해사의 말사이며, 둘 다 내가 살고 있는 주변에 있고, 또 대구와 경산의 경계지역의 산에 있다는 공통점을 가지고 있다.

　팔공산 갓바위 산행은 지난해 가을에 했고, 무학산 불굴사는 오늘 돌아보게 되었다. 천년고찰 불굴사는 팔공산 남쪽 기슭에 있다하여 팔공산 불굴사, 경산시 와촌면 무학산에 있다하여 와촌 불굴사, 또는 무학산 불굴사라고도 부른다. 어떤 사람은 이름이 비슷한 경주 불국사와 골굴사로 착각을 하여 잘못 찾아갈 때도 있다고 한다.

　대구 포항 고속도 와촌 청통 IC에서 팔공산 쪽으로 10분 정도 오면 갓바위 사거리가 나온다. 여기서 좌측은 불굴사, 우측은 갓바위로 가는 길이다. 도로명 또한 불굴사길, 갓바위길이며 각각 그 길의 종점에 주차장이 마련되어 있다. 불굴사는 주차장 위에 바로 사찰이 있지만 갓바위(선본사)는 주차장에서 40여 분 산길을 올라가야 한다.

불굴사는 내가 운영하는 시온동산에서 가파른 오르막길로 약 3km거리에 있다. 차로는 5-7분, 도보로는 30분 정도 걸린다. 시온동산은 큰 도로에서 불굴사로 올라가는 길 입구에 있다. 15년 전에 공직에서 은퇴를 하고 서울에서 내려와 이곳 산골로 들어와 전원교회 겸 수양원을 설립했다. 당시 주변에 작은 절 4개가 있어 아침저녁으로 사방에서 목탁소리와 염불소리가 끊임없이 들려왔다. 그러나 이곳 신한리에는 교회가 없고 또 수양원은 산을 끼고 있는 게 좋기 때문에 마을에서 좀 떨어진 산 밑에 자리를 잡았던 것이다. 그 후 주변의 산과 과수원 등을 매입하여 7,000여 평으로 확장을 하고 조경도 아름답게 하였다.

  교회 간판을 세우고 십자가를 달고 진리의 불빛을 밝혔으나 팔공산 일대에 600여 개의 사찰과 암자가 있고, 마귀가 우글거리는 우상의 집결지, 악령의 소굴과 같은 곳이라 처음에는 두렵기도 했다. 마치 갈멜산의 엘리야가 바알의 선지자 450명과 아세라 선지자 400명을 상대해야 하는 것과 같았다. 그러나 흑암의 세력이 아무리 크고 강하고, 진리의 빛은 반딧불같이 작을지라도 빛이 어둠을 이기는 법이니 하나님을 의지하고 담대하게 시작을 하였다.

  처음 몇 년 동안은 텃세라도 하는 듯 초파일이 다가오면 불굴사로 올라가는 길 입구부터 양쪽에다 총총히 등을 달았다. 심지어 교회 표지판과 대문과 울타리에까지 등을 달았다. 기세가 등등하였다. 나는 아무 대항도 하지 않고 가만히 두고 보았다. 그러던 어느 해 초파일을 앞두고 강한 비가 연일 억수같이 쏟아져 수많은 등이 견디지 못하고 다 훼손되었다. 그때 이후로는 교회 근처에는 등을 달지 않았다. 그리고 몇 년이 지나자 부근에 있던 작은 절들이 하나 둘 떠나가더니 다 없어졌다. 따라서 목탁소리와 염불소리도 사라졌다. 뿐만 아니라 동네 입구 삼거리에 있던 불교 용품점도 자취를 감추었다. 매일 십자가 불빛을 밝히고 거저 조용히 기도하고 예배만 드렸는데도 사탄이 물러가고 우상이 사라졌으니 하나님의 능력은 참으로 신기하고 놀라웠다.

불굴사가 지척咫尺에 있지만 그동안 한 번도 가보지 않은 것은 단순히 종교가 다르기 때문만은 아니다. 불교 지역에 와서 사찰로 올라가는 입구에 교회를 세우고 십자가 불빛을 밝힌 것이 미안하기도 하고 또 초파일 연등사건이 있기도 했기 때문이다. 스님들과 불교 신자들이 수없이 오르내리면서 교회 십자가를 볼 때마다 얼마나 거슬렸을까를 생각하면 가볼까 하는 마음이 왠지 내키지 않았었다. 그러다 이번에 이곳에 온지 15년 만에 친구들과 함께 불굴사 경내를 돌아보게 된 것이다. 친구들은 자세한 연유를 모르고 "이렇게 유명한 문화 관광지가 가까이 있었는데 미처 가보질 않았구나" 하면서 의아해했다.

불굴사는 주차장에서 바라보면 우측에 홍주암 원효굴이 있고 좌측 무학산 중턱에는 미륵불상이 세워져 있어 서로 마주 보이며 그 가운데 평지에 사찰이 있다. 주차장에서 곧바로 계단을 오르면 이곳은 사찰마다 있는 일주문과 천왕문이 없이 그냥 경내로 들어간다. 불굴사는 신라 신문왕 10년(690) 원효대사가 창건하였고, 조선 중기까지 대사찰이었으나 임란때 불타버린 뒤 여러 차례 중창했으나 1739년 대홍수 때 산사태로 떠내려가 3층 석탑만 남게 되었다고 한다.

또 불굴사佛窟寺는 자연석굴 안에 부처님을 모셨다고 해서

붙여진 이름인데 지금은 약사보전 전각 안에 자연석 위에 세워진 약사여래불(석불입상)이 있을 뿐이다. 1736년 산사태로 묻힌 것을 조계종 송광사의 노스님이 중건하면서 현몽으로 찾아냈다고 한다. 전체적으로 훼손이 심해 얼굴 부분은 이목구비를 다시 조각했으며 왼손도 분실해 현재는 보주를 받치고 있는 모습으로 바꾸었다고 한다.

불굴사 약사여래불은 6km 떨어진 팔공산 관봉의 갓바위 약사여래불과 마주 보고 있다. 갓바위 약사불은 갓을 쓴 남성이고, 불굴사 약사불은 족두리를 한 여성모습을 하고 있어 마치 부부처럼 음양의 이치에 맞춰 같은 시기에 조성된 것으로 영험한 불상이란 소문이 났다. 특이한 것은 불굴사 주변에 우기가 있으면 석불 얼굴에 땀이 나고 큰 비가 오기 전에는 불상이 온 몸이 흠뻑 젖는다고 한다. 지금도 비가 온다는 일기예보가 있거나하면 반드시 석불의 몸에 습기가 가득 찬다고 한다.

  1988 주지 스님이 번성하던 시절의 옛 대웅전 초석을 찾아낸 뒤 그 자리에 적멸보궁을 짓고 인도에서 모셔온 부처님의 전신사리를 봉안해 현재의 모습을 갖췄다고 한다. 적멸보궁 앞 3층 석탑은 높이 7.43m로 이중 기단위에 3층의 몸돌을 쌓아올린 형식으로 9세기 통일신라시대 석탑양식을 따르고 있으며 보물 제429호로 지정되어 있다.

불굴사에서 널리 알려진 가장 유명한 것은 홍주암紅珠巖인데 홍주紅珠는 붉은 구슬을 뜻하며 태양을 상징한다고 한다. 이곳은 엄청나게 큰 바위들이 만들어낸 자연동굴로 원효대사가 최초로 수련을 했던 곳이기도 하고 김유신 장군이 삼국통일을 염원하여 기도한 기도 굴로서 신비스러운 기운이 느껴진다. 산꼭대기 바위틈에서 나오는 약수는 김유신 장군이 기도하며 마셨다고 장군수라고도 불리는데 '아동제일약수我東第一藥水'라는 글귀가 뚜렷하게 새겨져 있었다. 피부와 신장에 좋은 만병통치 약수라고 하여 우리는 한 바가지씩 받아마셨다. 동굴의 가장 높은 독성각에는 소원지가 많이 걸려 있었고 아래로 굽어보이는 와촌면 신한리와 대한리의 전경이 한 눈에 펼쳐 보이고 우리 시온동산의 앞산도 보인다. 산중턱에는 대구 포항간 고속도로가 가로지르고 그 아래로 불굴사길이 꼬불꼬불 이어져 있다.

올 여름은 몹시도 더웠고 9월 추석 연휴 때까지도 더위가 기승을 부렸다. 그래서 추석秋夕인지 하석夏夕인지 헷갈릴 정도였고 결국은 '한가위 열대야'란 신조어가 나오기도 했다. 그러다 며칠간 비가 오고 난 후 10월에 접어들면서는 갑자기 기온이 내려가 '9월 폭염(가을 폭염)'에 이어 또 '10월 한파(가을 한파)'란 말도 나왔다. 오늘은 추석 긴 연휴와 10월 공휴일 여러 날을 다 보내고 10월 11일 오랜만에 덥지도 춥지도 않은 평년 기온을 되찾은 날이다.

천고마비의 계절에 친구들과 경치 좋고 공기 맑은 무학산 불굴사 가을 산행을 하니 활력이 솟구쳐 올랐다. 정말 유쾌하고 즐거웠다. 푸른 가을 하늘에 뭉실뭉실 떠 있는 흰 구름을 보니 마치 푸른 초장에 흰 양떼 꼬리를 문 것 같다. 갑자기 까마득한 중학교 문학소년 시절에 거창의 아림 예술제 백일장에서 장원을 했던 '가을'이란 제목의 시가 떠올랐다. (중학교 때 쓴 시를 생각하니 동심으로 돌아가 초등학교 때 학예경연회에 나가서 입상을 했던 동시도 생각이 났다.)

<아림 예술제 장원>

<가을>

대성중학교 3학년
이 영 호

태양이 놀다간 온 누리에 갈바람 불면
푸맑은 하늘엔 흰 양떼 꼬리를 물고
땀방울 어린 들판엔 황금물결 출렁인다.

짙푸른 잎새들 고운 옷을 갈아입고
집집마다 오곡백과 그득하니
농부들 너털웃음에 아가가 잠잔다.

코스모스 들국화 춤을 추고
고추잠자리 온 종일 숨바꼭질 하는 새
벌써 귀뚜라미 노래하고 기러기 울어 옌다.

가을아, 낙엽아!
부디 아갈랑 깨우지 말고
고이 가거라.

<거창군 학예경연회 입상>

<바람>

개명초등학교 6학년
이 영 호

오월!
보리가 다 패었어
온 세상이 연초록 바다
어쩜 이렇게도 싱그러울까

바람!
보리가 다 쓰러졌어
간밤 하룻밤 새
어쩜 요렇게도 얄미울까

웬 오월에
심술궂은 바람이야
우리 아가 움켜쥔 배
언제 불려주려고.

푸른 초장, 쉴 만한 물가
시온동산

　40년 공직에서 은퇴하고 2008년 8월에 산골 마을로 들어왔다. 서울 한복판과 팔공산 남단 무학산 기슭은 완전 딴판이었다. 화려한 불빛, 차소리, 와글거리는 사람들의 모습을 볼 수 없는 적막한 밤이 오면 짐승소리 바람소리에도 놀라지만, 주변의 환경보다 오히려 외로움이 더 무서웠다. 여름에는 모기를 비롯한 많은 벌레가 괴롭혔고, 겨울에는 허술한 조립식 건물의 창틈으로 들어오는 바람도 차지만 산꼭대기에서 불어 내리는 바람소리는 더욱 추위를 느끼게 했다. 당분간은 아내도 따라오지 않으려 해서 혼자 외딴 집에서 버텨야 했다.

　귀농이나 휴양을 위함은 아니었다. 남은 때에는 지금까지의 경험을 바탕으로 더 보람 있는 일을 해야겠다고 마음먹었다. 막상 산골의 전원으로 들어와서 보니 무엇을 해야 할지 막막했다. 교사 출신 목사로서 교회를 중심으로 한 복음 운동과 봉사활동이 아니고는 딱히 할 수 있는 것이 없었다.

　먼저 마을에서 떨어진 산 밑에 있는 춘하추동이란 외딴 식당과 주변의 땅을 매입하여 수양원과 전원교회를 마련했다. 그리고는 두 가지 특수사역을 위한 준비를 하기 시작했다. 첫째는 후진 양성을 위해 신학교 강의를 하고 둘째는 '고령화 사회-백세시대'를 맞아 노인들을 위해 봉사활동을 하고 싶었다. 이 일이 내가 노년에 할 수 있는 가장 귀하고 또 적합한 일이라고 생각했다.

식당 건물의 주방 시설은 그대로 살리고 홀은 예배실로, 방 6개는 숙소 및 제자훈련실로 활용할 수 있어 전원교회 겸 수양원을 하기에 안성맞춤이었다. 이름을 성경에 나오는 '시온산'을 본따 '시온동산(전원교회 겸 수양원)'이라고 붙였다. 그 이유는 누구든지 내게로 오라고 하신 주님의 말씀을 따라 자유와 평화, 은혜와 축복을 베푸는 동산이 되도록 하기 위함이요, 또 하나는 어릴 때부터 성전에서 기도로 키운 외손자 시온이를 위해 기도하는 동산이 되어, 장차 글로벌 리더(세계적인 영적 지도자)로 키우기 위함이었다.

'시온산'은 역사적으로 예루살렘에 있는 한 산의 이름이며, 요새화된 언덕으로 '시온산성' 또는 '다윗성'이라 부르기도 했다. 또 '시온'은 선민 이스라엘을 지칭하기도 하고 특별히 어린양 예수님이 계시는 자유와 평화, 은혜와 축복의 산을 지칭하기도 하며 오늘날은 신령한 교회를 의미하기도 한다.

시온동산의 주소는 경북 경산시 와촌면 신한리 250번지(불굴사길 13)이고 위치는 갓바위로 가는 길 맞은편 무학산 중턱에 있는 불굴사로 올라가는 길 입구다. 대구-포항 고속도 와촌 IC에서 10분 거리이며 대구에서 팔공산 순환도로 상으로는 30~40분 정도 걸린다. 다행히 동산 근처에 경산에서 갓바위를 오가는 시내버스 정류장이 있다.

처음에는 경제적으로 어렵고 사람이 없어서 무척 서글프고 외로웠다. 지금까지 살아오면서 이렇게 혼자의 시간을 많이 가져본 적은 없었다. 유달리 적막 깊은 산골의 긴 겨울밤은 고통스러웠으나 시간이 갈수록 밤마다 적막을 배우며 친해지기 시작하였다. 혼자 있는 것은 외롭고 쓸쓸한 시간이 아니라 진정 나를 발견하고 성장할 수 있는 기회임을 차츰 깨닫게 되었다. 홀로 있는 것을 견디지 못하면 외로움이 되지만 즐기면 고독이 된다는 말처럼 나만의 자유로운 시간과 공간속에서 고독에 익숙해지고 고독을 즐기게 되었다. 적요寂寥 가운데 침잠하여 고독을 씹으며 나를 내려놓고 하나님께 기도로 매달릴 때 새로운 에너지를 얻을 수 있었다. 장석주 시인은 그의 산문집 <고독의 권유>에서 "인류에게 유익한 그 무언가 경이로운 것은 모두 정금과도 같은 순도 높은 자기만의 시간에서 탄생한다."고 했다. 고독 속에서 사유의 시간을 숙성시키면 영혼을 살찌우는 자양분을 공급받고 어쭙잖은 깨달음이라도 얻을 수 있다는 기대감이 생겼다.

도시의 복닥거림에서 벗으나 산골에서 전원교회와 수양원을 운영하다보니 이 교회 저 교회 기웃거리며 철새처럼 떠도는 교인들 붙잡으려고 애를 태우거나 시간에 쫓기어 허둥대지도 않고 나달이 바뀌는 풍경을 바라보며 시간의 한유閑裕를 즐길 수도 있게 되었다.

꼬박 2년을 기도하면서, 차근차근 신학교 강의 준비와 노인복지에 대한 공부를 하며 기다렸다. 때가 되었는지 아내도 결국 오게 되었고, 교인들도 모여들기 시작했다. 나는 서울에서 내려왔지만 대구에서 목회를 하고 있는 제매이자 동역자인 박이택 목사가 신학교와 요양원을 소개해 주었다. 하나님의 은혜로 준비하던 사역의 길이 가까스로 열렸다. 드디어 평소에 가장 꿈꾸고 원했던 사역인 신학교 강사로 초빙을 받아 경산 시내에 있는 '대구총회신학교'와 '글로벌 영성신학교'에 강의를 하게 되었다. 또 이웃에 있는 '우리 집 요양원'에 원목으로 청빙을 받아 설교를 하며 요양원을 돌보게 되었고, 이어서 독거노인을 보살피는 '와촌둥지회'에 가입하여 봉사활동도 하게 되었다. 마치 예비되어 있었던 일처럼 순서대로 착착 진행되었다. 여호와 이레(여호와께서 준비하심, 창 22:14)의 축복이었다. 모든 일은 다 때가 있고(전 3:1) 또 하나님은 언제나 준비된 자를 쓰신다는 말씀이 그대로 이루어졌다.

그뿐만 아니라 어느 날 교회 주변의 땅 주인이 찾아와서 사업을 하다 어려움을 당하여 땅이 은행에 잡혀 있으니 싼 가격으로 매입해 달라고 사정을 하였다. 땅이 많이 필요한 것은 아니지만 교회와 수양원이 전원에 있다 보니 숲과 잔디밭, 시냇물과 바위가 있으면 좋을 것이며, 또 그 땅을 가장 가까이에 있는 사람, 날마다 바라보고 거닐며 사랑하는 사람이 가꾸고 활용한다면 더욱 아름답고 유익하리라 생각했다. 이 사실을 알게 된 의사인 큰딸과 사위가 교회 옆에 있는 과수원과 건너편 임야를 은행 대출금을 승계하여 구입해 주었다.

얼마 후 그 옆에 통로가 없는 맹지盲地를 가지고 있던 사업가 황회장님이 연수원을 짓기 위해 진입로를 내주면 개울에 다리를 놓고 주변 조경을 해 준다고 하여 좋은 기회인 줄 알고 서로 협조를 했다. 하나님께서 또 이렇게 르호봇(장소가 넓음, 창 26:22)의 축복을 베푸셔서 동산의 지경이 확장되고 조경 공사가 시작되어 동산이 새롭게 바뀌었다.

2년이 넘도록 산골짜기의 외로움과 재정적으로 곤고했던 내게 홍해의 기적 같은 일이 연이어 일어났다. 마치 여기 이 동산에 이때를 위하여 예비해 두었던 것처럼 자연스럽게, 아니

호박이 덩굴째 굴러들어오는 것처럼 순조롭게 이루어졌다. "너는 내게 부르짖으라 내가 네게 응답하겠고 네가 알지 못하는 크고 은밀한 일을 네게 보이리라"(렘 33:3)라고 하신 말씀대로 생각했던 것보다 더 좋게, 구한 것보다 더 크게, 그리고 더 쉽게, 더 빨리 역사해 주셨다.

시온동산은 대지, 농지, 임야를 합하여 전체 부지 면적이 약 7000평이 되었다. 동산 중앙에는 개울이 흐르고 숲은 울창하고 아름답다. 다행스럽게도 무엇을 하든지 개발이 가능하고 쉬운 계획관리지역이었다. 동산 전체의 마스트 플랜(master plan)을 세우고 기본 조경을 마친 다음 3년 후 교육관을 건축하였다. 1층은 도서관 겸 강의실과 남강 기념관으로, 2층은 사택으로 꾸몄다. 개울 건너편에는 운동장 겸 주차징이 있고 과수원과 텃밭도 있으며 사육장을 만들어 여러 종류의 가축도 기르게 되었다.

산속에는 나무에 따라 벚꽃길, 단풍길, 백일홍길 과수원길 등 산책길을 만들었고 그 산책길을 따라 군데군데 기도처와 쉼터를 마련했다. 구입 당시 일부는 과수원이라 자두, 복숭, 사과, 배, 매실 등 각종 과일이 많이 나고 두릅과 산딸기, 산나물도 많이 난다. 과수는 재배가 어렵고 관리가 힘들어 차츰 줄이고 소나무, 벚나무, 단풍나무, 백일홍 등 600그루의 조경수를 새로 심었는데 탄력을 받아 잘 자라고 있다.

공기가 맑고 깨끗하고 조용하고 아름다운 청정지역이라 동산을 방문한 많은 사람이 에덴동산(창 2:8)이라고도 하고 가뭄이나 홍수 등의 재해가 전혀 없고 나무가 잘 자라고 곡식도 잘 되어 물댄 동산(사 58:11) 같다고도 한다. 그야말로 젖과 꿀이 흐르는 가나안 땅(출 3:8), 자유롭고 평화롭고 은혜로운 시온의 영광이 빛나는 동산(사 60:1)으로 이는 분명 하나님이 함께하시고 축복해 주시는 곳임에 틀림이 없다.

이 시온동산은 내가 찾은 것이 아니라 하나님께서 예비하시고 인도하신 곳이었고, 내가 개발한 것이 아니라 하나님께서 친히 모든 일을 진행하셨고, 돈으로 마련된 것이 아니라 하나님의 축복이며 선물이다. 돈도 기술도 능력도 없는 나에게 상상도 못한 일들이 일어났으니 이 모두는 하나님께서 베풀어주신 크고 놀라운 은혜다. 이곳에 와서 정한 기도 제목들이 거의 다 이루어졌고, 찾아오는 사람마다 은혜를 받고 좋아하고, 상담하고 간 사람들도 문제가 잘 해결되었다고 한다.

시온동산은 하나님의 역사가 일어나는 신령한 동산이요, 기도의 동산이며 훈련의 동산, 치유의 동산, 기적의 동산, 은혜의 동산, 축복의 동산 등 여러 가지 명칭이 붙었다. 따라서 다양하게 활용되기를 바라고 지인들에게 알려서 함께 은혜를 나누고 하나님께 영광을 돌려드리기 위하여 시온동산 소식지 '푸른 초장'을 계절에 따라 발간하였다. 하나님을 믿는 분들은 물론이거니와 아직 믿지 않는 분들까지 하나님이 함께하시고 축복하심을 보고 반가워하고 좋아하였다. '푸른 초장'을 통해 은혜 받은 분들과 관심 있는 분들은 동산을 찾아오기도 하고 글과 인쇄비용을 함께 보내주기도 하여 더욱 힘이 났다.

팔공산은 경관이 뛰어나고 넓고 아름다운 명산이지만 600여 개의 사찰과 암자와 곳곳에 굿당이 산재해 있어 온갖 사탄과 악령이 우글거리는 우상의 산이다. 여기에 조그만 진리의 전을 세우고 십자가 불빛을 밝혔으니 이는 마치 갈멜산의 바알과 아세라 선지자 850명과 엘리야의 싸움 같은 영적 전쟁이 시작되었다. 하지만 아무리 조그만 반딧불이라도 빛이 어둠을 이기듯 흑암의 세력이 아무리 많고 강해도 진리가 능히 이길 수 있다는 확신을 가지고 있다.

주일엔 전원교회로 평일엔 수양원 곧 각종 수련회, 제자훈련, 세미나 장소로 활용하고 있다. 실내 공간은 좀 좁고 시설은 좋은 편이 아니지만 깨끗하고 바깥 환경이 아름다워 여러 교회와 신학생들이 좋아하고 많이 찾아온다.

특별히 교육관에 있는 '남강기념관'에는 겨레의 스승 남강 이승훈 선생의 애국정신과 교육정신을 홍보하기 위한 관련 자료와 남강교육상을 수상한 120여 명의 수상자들에 대한 자료가 전시되어 있어 전국 각 지방에 흩어져 있는 수상자들의 가족들과 학교 교사들과 목회자들이 수시로 견학을 오는 명소가 되었다.

이제 시온동산은 아름다운 숲속에 전원교회 겸 수양원과 남강교육관 및 기념관이 있고, 상하수도 시설이 구비되고 주변 도로와 가로등이 정비되어 안팎으로 쾌적한 환경이 조성되었다. 그야말로 '푸른 초장 쉴만한 물가'와 같은 부족함이 없는 곳으로, 심신의 휴양과 영적 충전에 적합한 공간이 되었다. 앞으로도 언제까지나 하나님의 말씀과 성령의 은혜가 충만한 하나님의 영산靈山이 되어 이곳을 찾아오는 모든 사람들에게 기도의 응답과 치유의 기적이 계속 일어나는 축복의 동산이 되기를 날마다 기도한다.

동산의 사계절

　인적 드문 한갓진 동산에는 세월이 더 빨리 흐르는가. 은퇴를 하고 팔공산 기슭에 들어와 동산을 가꾸기 시작한 지도 어언 15년이 지났다. '시온동산(전원교회 겸 수양원)'을 설립하여 운영해 오면서 부지도 확장하고 조경도 하였다.

　새로 심은 나무들은 나이테가 감겨질수록 제 멋대로 모양을 갖추며 우거졌다. 동산 중앙을 흐르는 개울도 축대를 쌓아 폭을 넓히고 다섯 개의 보를 만들었더니 비바람에 씻기고 깎이며 세월의 더께가 쌓여 울창한 숲과 제법 조화를 이룬다. 공기는 비할 데 없이 맑고 깨끗하며, 분위기가 조용하고 아담하다. 청정지역인데다 젖과 꿀이 흐르는 기름진 곳으로 동산을 방문한 사람들이 에덴동산, 물댄 동산 같다고 한다. 이제 시온동산은 그야말로 '푸른 풀밭 쉴 만한 물가'와 같은 은혜의 동산이 되어 심신의 휴양과 영적 충전의 공간으로 널리 활용되고 있다.

　동산의 사계절은 언제 보아도 아름답다. 누구를 기다리는지 철마다 새 옷을 갈아입고 예쁘게 단장을 한다. 동산은 잠시도 쉴 새가 없다. 단비 한 번 소리 없이 내려도 온 동산이 꿈틀거리며 온갖 생명의 기운이 약동하고 바람 한 번 스쳐도 산빛깔이 달라진다. 밤마다 별들의 유혹과 낮마다 구름의 황홀한 입김 탓인가 갖가지 꽃들이 끊임없이 피고 진다. 떼를 지어 지저귀는 산새들도 아랑곳없이 계절은 제 맘대로 가고 온다. 자연의 변화무쌍함과 조화로움이 신묘막측神妙莫測하니 인간의 눈으로 어찌 다 감지할 수 있으랴.

봄이 채 오기도 전에 벌써 동백은 피었고, 목련이 봉오리를 맺자 매화가 먼저 피고 산수유가 따라서 핀다. 양지바른 울타리에 개나리가 노랗게 피면 연분홍 진달래가 뒤질세라 숨어서 피고 과원의 자두와 복숭아가 예쁘게 서로 다투어 핀다. 봄이 와서 꽃이 피는지, 꽃이 피어 봄인지 모르겠다. 과수원 길을 돌아 산으로 오르는 벚나무길로 들어서면 길 양쪽의 벚나무 꽃은 하늘이 보이지 않게 아치를 만들어 환영한다. 온 산을 환하게 하는 벚꽃은 멀리서도 잘 보여 길 가던 사람들이 꽃구경하려고 이따금 차를 몰고 들어온다. 벚꽃이 만발하면 동산의 진입로 양쪽의 철쭉과 영산홍도 알록달록 각색으로 피기 시작한다. 과원의 배꽃, 사과꽃도 마저 피어 온 동산에 수를 놓으면 꽃향기에 취한 벌들은 꿀을 나르느라 정신이 없다. 소리도 없이 환하게 웃기만 하던 천사같이 고결한 백목련이 어느새 하나둘 푸른 잔디밭에 뒹굴면 그제야 자목련은 살포시 입술을 내민다.

봄동산에는 머위, 취나물, 어수리를 비롯해 가죽, 오갈피, 제피와 산초 등 각종 산나물 특히 두릅이 많이 난다. 달래, 냉이, 쑥과 돌나물, 미나리, 민들레 등 자연산 풋것들이 많아 식탁이 신선하다. 산새들의 노랫소리가 도랑물 소리와 봄바람에 감겨 봄꽃 향기와 어우러진 봄동산에 꽃잔치가 한동안 벌어지면 라일락 향기 속으로 짙게 화장한 젊은 여인 같은 꽃 중의 꽃, 붉은 장미가 울타리에 늘어진다. 송홧가루가 희뿌옇게 날리는가 하면 청결한 이팝나무의 하얀 꽃이 청소라도 하듯이 소나무를 더욱 푸르게 한다. 개울 뚝 따라 느직이 감꽃이 빙그레 웃음을 지으면 건너편 언덕에선 아카시아 흰 꽃향기가 은은한 달빛 속으로 풍겨오고 숲속 여기저기에 밤꽃이 꼬리를 늘어트린다.

새싹이 움트는 춘삼월 따라 꽃피는 향기로운 사월이 오더니 잎 피는 초록의 오월이 순식간에 지나고 유월의 잦아지는 신록이 온 동산을 짙푸른 여름 바다로 만든다. 천둥이 치고 소나기가 지나가면 과수원의 열매들은 놀란 듯이 밤새 쑥쑥 굵어져 뙤약볕 무더위에 저마다 고운 색깔로 뽐내듯 익어간다. 이른 아침부터 매미는 목청껏 노래하고 푸른 솔숲 사이에선 잠자리와 백일홍이 숨바꼭질한다. 더위가 한풀 꺾이고 시원한 산들바람이 불어오면 동산은 으레 푸맑은 가을 하늘 아래 평화로운 코스모스 천국이 된다. 감은 하나둘 홍시로 변하고 석류는 속살이 드러날까 수줍어하는데 밤송이는 입을 벌려 흐드러지게 웃는다. 구름 한 점 없는 천고마비의 계절이 한창 무르익으면 금방 또 형형색색 단풍이 불타는가 했더니 갑자기 찬바람에 우수수 낙엽이 구른다. 어느 날 아침 벌써 내린 흰서리에 노랗게 핀 국화는 제 세상을 만난 듯 의기양양하나 나목에 겨우 걸려있는 모과 몇 개로는 가을을 지키기가 힘겨워 보인다.

숲속은 원래 봄, 여름, 가을이 아름답지만 시온동산은 겨울이 제일 멋진 계절이다. 겨울을 더 푸르게 하는 소나무가 많기 때문인가, 소나무의 자태와 운치를 더해주는 큰 바위와 돌들 때문인가. 흰 바위와 푸른 솔이 더불어 있기에 한결 더 고상하고 고결하다. 싱싱한 푸르름으로 돌담을 덮었던 담쟁이 잎들이 시나브로 떨어지고 화단과 바위틈의 꽃과 풀이 이울고 나야 돌담과 괴석은 제 품격을 드러낸다. 어쩌다 눈이라도 내리면 겨울 동산은 아예 작은 설국으로 변한다.

겨울이 깊어갈수록 새싹들의 속삭임이 들려오고, 연둣빛 잎

새 사이로 피어오르는 아지랑이가 얼비쳐 찬바람 부는 창밖을 자꾸만 응시한다. 벌써부터 꽃잔치가 벌어지는 화사한 봄, 녹음이 출렁거리는 여름 바다, 아름답게 물든 가을 단풍-순식간에 동산의 사계절이 파로나마처럼 펼쳐진다. 나는 왜 이렇게 계절의 순환을 그리워할까. 이는 아마도 나이를 속이지 못하는 세월의 무게 때문이지 싶다.

지나온 날들을 돌아보면 내가 걸어왔던 모든 순간이 당연한 것 아니라 은혜였다. 동산에 아침 해가 뜨면 저녁에 노을이 깃들고, 바람에 실려 오는 꽃향기와 햇볕에 익어가는 열매들, 변하는 계절의 모든 순간이 당연한 것 아니라 은혜였다. 은혜, 은혜, 은혜, 시온의 삶은 언제나 한없는 은혜로 충만하다.

동산에는 각종 약초와 수백 그루의 조경수들이 있지만, 함께 더불어 살아가는 가족도 많다. 우리 부부 외에도 개, 고양이, 닭을 합해 20 마리의 동물 가족이 있다. 닭은 새벽 미명에 동산을 깨우고 손님이 오거나 산짐승이 내려오면 개가 짖어 알려주고 고양이는 종일 요리조리 따라다니며 친구가 되어 준다.

동산은 철마다 때마다 향내가 다양하다. 꽃들은 종류와 피는 시기에 따라 제각기 독특한 향기를 지니고 있다. 아카시아는 멀리서도 달콤하고 은은한 향기를 풍기고, 밤에는 천사 나팔꽃의 향기가 취할 정도로 제일 진하다. 비가 내리면 산속에서 흙냄새 풀냄새가 난다. 더운 날 바람이 불면 후끈한 더운 냄새, 추운 날 산꼭대기에서 차가운 바람이 내려 불 땐 매섭기도 하다. 가끔 산 넘어 된장 공장에서 풍겨오는 콩 삶는 냄새는 너무 구수하여 나도 몰래 침을 삼킨다. 산골 숲에 살면서도 새와 나무, 꽃과 풀의 이름을 다 알지 못하여 제대로 이름을 불러주지 못해 안타깝고 미안하다.

동산은 사계절 내내 분주하다. 자연이 사시사철 멋진 풍경화를 그리는 사이 나에게도 해야 할 일들이 꼬리를 문다. 읽고 싶은 책, 쓰고 싶은 글, 만나고 싶은 사람 때문에 온종일 즐겁고 신이 나서 콧노래 몇 번 부르면 하루가 금방 간다. 해가 뜨면 지기 바쁘다. 하루하루가 너무 짧다. 뽀얗게 밤을 새우다가도 새벽닭이 울어 또 하루를 시작한다.

나는 동산을 무척 사랑한다. 산골에서 태어나 산을 좋아한다. 교사 때는 학교를 따라, 목사가 되고 나선 교회를 따라 시골, 도회지, 바닷가 등 많이도 옮겨 다녔다. 은퇴하자마자 대도시에서 산골로 들어와 결국 숲속 개울가에 새 둥지를 틀었다. 이런 고즈넉한 동산을 만난다는 건 쉽지 않다. 전적 하나님의 은혜와 축복의 선물이다. 온 가족이 황무지를 갈아엎으며 눈물과 땀으로 가꾸었다. 동산에서 해마다 가족 캠프를 열고 신앙수련회를 하면서 고기를 구워 먹고 반짝이는 별들과 함께 이야기꽃을 피우며 추억을 수놓았다. 70 평생을 살아오면서 이 동산에서 제일 오래 살았다. 안정된 보금자리에서 보람을 얻고 평안을 누리고 있다. 참 기쁘고 즐거운 동산이며 가족 사랑이 배어있는 행복한 동산이다. 가족 동산은 가족 사랑의 상징이다. 여생을 이 동산에 살다가 이 동산에 잠들 것을 생각하면 가슴이 설레고 느꺼워진다.

나는 날마다 동산을 산책한다. 이른 새벽이나 늦은 밤에도. 별이 총총한 밤엔 별을 따라, 달이 뜨면 달과 함께 동산을 거닌다. 천둥 치고 태풍이 불어도 동산을 돌아야 살맛이 난다.

   참 아름다워라 주님의 세계는
   저 솔로몬의 옷보다 더 고운 백합화

주 찬송하는 듯 저 맑은 새소리
내 아버지의 지으신 그 솜씨 깊도다.

시온의 영광이 빛나는 아침 어둡던 이 땅이 밝아오네
슬픔과 애통이 기쁨이 되니 시온의 영광이 비쳐오네.

이 두 찬송가는 동산의 주제가다. 찬송가를 즐겨 부르며 산을 오르내리면 산새들이 지저귀며 화답을 한다. 나무 곁에 다가가면 악수라도 하는 듯 정답게 인사를 하고 꽃들을 쓰다듬으면 수줍은 듯 미소를 짓는다. 이름 모르는 풀들도 한들거리며 춤을 춘다. 흙도 밟으면 반가운 듯 기운을 주고 돌들은 한번 만져달라고 애교를 부린다. 바위는 아예 같이 놀자고 끌어당긴다. 차마 그냥 지나갈 수 없어 털석 주저앉아 대화를 나눈다. 동산에 있는 모든 것들은 매일 보아도 새롭고, 언제나 반갑게 맞아주니 정이 들대로 들었다.

나는 날마다 동산에서 기도한다. 고희와 망팔을 지나 또 한 고갯마루 턱을 오르도록 내게 가장 익숙한 건 기도다. 굽이굽이 험곡을 지나오면서 터득한 삶의 비결도 기도다. 마귀가 득실거리는 세상을 이길 수 있는 것도 기도 외에는 다른 무기가 없다. 내가 언제나 자유로이 할 수 있는 일은 기도다. 내게 가장 어울리는 일도 기도다. 기도가 나의 가장 귀한 일, 중요한 일이다. 하루하루를 기도로 시작하여 기도로 마친다. 일이 있으면 일을 하면서 기도한다.

낮에는 개울가에서, 산 위에서, 나무 밑에서, 바위에 앉아서 어디서든지 기도하면 된다. 조용하고 깨끗하고 한적하여 기도하기가 좋다. 기도와 찬송이 절로 나온다. 그야말로 기도 동산이다. 밤에는 교회에서, 서재에서, 침실에서 기도한다. 깊은 밤에는 산짐승도 울부짖고 새벽이 오면 닭들도 기도를 부추긴다.

시도 때도 없이 온종일 기도한다. 죽는 날까지 기도하기를 쉬는 죄를 결단코 범하지 않으려고 한다. 나라와 민족의 통일을 위해, 한국교회와 북한 선교를 위해, 학교와 교육을 위해, 미래 세대를 위해, 가족들을 위해, 그리고 이 동산의 가축 한 마리, 나무 한 그루, 풀 한 포기, 돌멩이 하나까지도 빠뜨리지 않고.

하나님이여, 이 동산에 하나님의 뜻이 이루어지는 가을, 하나님의 은혜로 풍성히 열매 맺는 가을이 오게 하여 주시고, 내 인생의 겨울이 오기 전에 추수하게 해 주옵소서.
아버지여, 오늘도 주님이 하신 그 겟세마네 동산의 기도와 같이 내 뜻대로 마옵시고 아버지의 뜻대로 하옵소서.
날마다 내게 주어진 십자가를 지고 주님이 가신 그 길을 따라 갈보리 산, 저 언덕길로 올라가게 하옵소서.

푸른 풀밭 쉴 만한 물가

"여호와는 나의 목자시니 내게 부족함이 없으리로다.
그가 나를 푸른 풀밭에 누이시며
쉴 만한 물가로 인도하시는도다."
(시편 23:1-2)

이 시는 기독교 신자라면 누구나 즐겨 암송하는 가장 좋아하는 성경 구절이다. 인류역사에 최고의 영감의 시인 다윗이 양과 목자의 관계를 노래한 시다. 그는 어려서 양치는 목동이었고 아버지의 양을 지키기 위해 생명을 바쳐 맹수와 더불어 싸우며 책임을 감당했던 훈련과 경험을 가지므로 나중에 하나님이 맡기신 양떼들 곧 이스라엘 백성들을 잘 돌보는 왕이 되었다.

또 블레셋의 거장 골리앗을 쓰러트리고 수많은 전쟁에서 승리를 거둔 장군이었지만, 자기를 죽이려는 사울왕에게 쫓기는 고난과 아들 압살롬의 반란으로 처절한 시련을 겪으면서 자기 또한 하나님 앞에서 유약한 양인 것을 알고 목자 되신 하나님께 피하고 의지하며 기도했다. 그의 기도를 들으신 하나님의 인도와 보호로 승리한 후 그 은혜에 대한 감사와 찬양을 시로 노래했다.

그는 양과 목자의 관계를 누구보다 잘 아는 사람으로서 하나님을 목자로 삼을 때 부족함이 없는 행복을 누릴 수 있음을 고백했다.

성경에는 양에 대하여 500여 회나 언급하고 있으며, 우리 성도를 양으로 묘사하고 있다. 양이 싱싱한 꼴을 뜯고 맑은 물을 마시며 평화롭고 행복하게 살 수 있는 곳이 푸른 초장 쉴만한 물가이다. 그러나 양에게 가장 중요한 것은 환경보다도 목자의 존재 여부다. 목자의 보호와 인도만 있으면 비록 사망의 음침한 골짜기라도 두려울 것이 없다. 목자의 지팡이와 막대기가 안위하시기 때문이다.

목자는 양을 치는 사람으로 구약에서는 하나님(시 23:1), 신약에선 예수 그리스도(요 10:14), 교회시대엔 주의 종들(요 21:15)을 가리킨다. 목자의 가장 중요한 일은 양들을 풀이 있는 곳으로 안내하고 안전하게 돌보는 것이다. 이스라엘은 사막지대라 풀이 많지 않으므로 푸른 초장으로 안내하는 일은 쉽지 않다. 오늘 우리가 사는 세상 현실에도 먹어선 안 될 독초가 많고 맹수 같은 마귀가 우글거린다. 그러나 목자 되신 하나님을 내 인생의 주인으로 삼고 하나님의 인도와 보호를 받고 살면 높은 산, 거친 들, 초막이나 궁궐이나 그 어디나 하늘나라다.

교사생활 20년과 목회 생활 20년의 공직생활에서 은퇴하고 팔공산 남단 무학산 기슭에 시온동산(전원교회 겸 수양원)을 설립하여 15년 째 특수사역(신학교 강의, 노인 봉사활동)을 하고 있다.

시온동산은 환경적으로 심신의 수양과 영적 충전에 적합한 공간이면서 영적으로는 하나님이 임재하시는 영산으로 생명의 말씀과 성령이 충만한 '푸른 풀밭 쉴 만한 물가'이다. '푸른 풀밭'은 영양가 있는 꼴 곧 생명의 양식인 하나님 말씀이 풍성하고, '쉴 만한 물가'는 마실 물 즉 생수인 성령이 충만한 교회를 의미한다. 이곳에서 이른 아침 기도로 하루를 시작하여 말씀의 개천을 파고 낮에는 찬양으로 땀을 흘리며 일을 하다 저녁에는 감사로 글을 쓰는 하루하루가 그야말로 천국생활이다.

70평생을 살아오면서 누구보다 큰 실수와 쓴 실패와 절절한 고난을 경험했고 반면에 또 하나님의 크고 놀라운 사랑과 은혜와 축복을 체험한 사람으로서 남은 때에 마지막 봉사의 삶을 살고자 한다. 교사 출신 목사, 상담사로서 함께 기도하고 말씀을 나누며 조그만 도움과 힘이 되어드리고자 늘 준비하고 기다리고 있다.

누구든지 영혼의 목마름과 외로움을 느끼거나, 삶의 문제나 고난에 지쳐 힘들 때가 있으면 이 기도의 동산, 치유의 동산, 수양의 동산, 훈련의 동산, 은혜의 동산, 축복의 동산, 시온동산(전원교회·수양원)으로 올라오시기 바란다. 사정이 여의치 않을 때는 가까운 교회로 나가셔서 주의 종을 통해 목자 되신 하나님을 만나시기 바란다.

가정이나 직장이나 어디든지 하나님의 말씀과 성령의 임재가 있는 곳, 푸른 풀밭 쉴 만한 물가에서 하나님의 인도와 보호를 받으며 부족함이 없는 행복한 삶을 사시길 간절히 기도한다.

<평론>

수필과 언어가 빚는 성찬(盛饌)

이영호 수필집 『푸른 풀밭, 쉴 만한 물가에서』 평설

우 종 상
(대신대 특임교수, 문학평론가, 문학박사)

1. 들머리.

 만한전석(滿漢全席)이란 만주족의 요리와 한족의 요리를 두루 갖춘 진귀한 음식으로 108가지의 요리를 사흘에 걸쳐 먹는 청나라 황실 음식이라고 한다. 이영호 작가의 수필집 『푸른 풀밭, 쉴 만한 물가에서』를 음미(吟味)할 때 요리의 정수(精髓)인 만한전석이 생각남은 그의 수필 세계가 시사(示唆)하고 의미하는 것이 그만큼 탁월(卓越)하다는 것을 증명하고 있다고 할 수 있을 것이다.

 이영호 작가는 대구교대 출신으로 교사로 재직하면서 주경야독으로 영남대 법학과와 총신대 신대원을 졸업하여 20년간 초·중·고 교사를 역임한 후 목사가 되어 20년간 청소년 중심의 목회를 하다 은퇴를 하고, 현재는 시온동산수양원 원장으로 복음전파와 신앙교육을 위해 진력하고 계신다. 특히 계간〔수필춘추〕지를 통해 등단한 수필가로서 꾸준히 활동하고 계시며 여러 권의 저서도 출간하여 이미 신앙계에서나 문단에서 주목을 받고 계시는 분이다. 이런 작가의 수필 세계를 논한다는 것은 『능엄경(楞嚴經)』 2권의 손가락으로 달을 보라고 가리키는 견지망월(見指忘月)과 같이, 달을 잊어버리고 손가락 끝만 본다는 한자 성어처럼 섣부른 감정에 휩쓸려 어리석은 판단을 하는 잘못을 범하지는 않을지 조심스럽기만 하다.

 중국 춘추전국시대 제자백가의 어록을 모아놓은『갈관자'(鶡冠子)』천칙(天則)편에 다음과 같은 구절이 보인다.
 "일엽장목 불견태산, 양두색이 불문뇌정(一葉障目 不見泰山, 兩豆塞耳 不聞雷霆 : 가랑잎이 눈을 가리면 태산을 보지 못하고, 콩 두 알이 귀를 막으면 천둥소리를 듣지 못한다)"
 이 말은 곧 부분만 보고 사물의 본질을 놓친다는 말로, 지엽적(枝葉的)인 일에 눈이 어두워 문제의 본질이나 전모를 보지 못할 때 쓰이는 말이다.

 그리고 전한(前漢)의 회남왕 유안(劉安)이 편찬한 철학서인『회남자'(淮南子)』에도 비슷한 의미의 뜻인 "축록자목 불견태산'(逐鹿者目 不見太山)"이라는 구절이 보이는데, 곧 사슴을 쫓는 사람은 태산도 보지 못한다는 뜻으로 유사한 의미로 사용된다.
 그의 수필 세계에는 알게 모르게 부지불식간 문학과 신앙의 동심원도 발견할 수 있으며, 서정과 서사의 콜라보레이션(Collaboration)이 절묘한 조화를 이루고 있다고 하겠으며, 작가가 인생의 여정에서 느낀 감정과 생각이 구구절절이 녹아 있다는 것을 쉽게 느끼고 알 수 있다고 하겠다.

 자연과 하나님과 인간관계와 역사와 고향에 대한 그리움과 가족애와 기행의 소회(所懷)와 사랑의 설렘과 이별의 아픔과 죽음의 고통과 사회현상과 소소(小小)한 일상사에서의 단상 등 신과 인간의 존재 조건과 관련성에 관한 다양한 수필의 내용이 작가의 인생관과 균형을 이루어 문학적 중량감을 더해주고 있음을 발견할 수 있을 것이기에 누구나 공통적인 정감을 느낄 수 있지 않을까 생각한다.

 게다가 대상을 고요한 마음으로 침잠하고 응시하면서 사물의 본질적 특성을 관찰하고 음미하는 관조적(觀照的)인 것과 아울러 구체적인 현실에 의하지 않는 추상적인 생각을 나타내는 관념적(觀念的)인 것도 작가의 수필 세계에 융해되어 있음을 발견할 수 있을 것이다.

 시, 소설, 수필, 희곡, 평론 등의 문학은 결국 정신성의 발로라고 한다. 이 말은 작가의 정신과 마음까지도 작품 자체가 증명한다고 할 때, '글은 곧 그 사람이다(Style is the man himself)'라고 한 뷔퐁(Georges-Louis Leclerc, Comte de Buffon)의 말은 시공(時空)을 초월하여 공감을 주는 명언이지 않겠는가?

「낭중지추(囊中之錐)」는 사마천(司馬遷)의 『사기(史記)』 평원군전에 유래한다. 이 말은 곧 '주머니 속의 송곳'이라는 뜻으로, 재능(才能)이 뛰어난 사람은 숨어 있어도 저절로 사람들에게 알려짐을 이르는 말로 쓰이는데, 이영호 작가는 목회자로 활동하면서도 그가 가진 천부적 재능인 문학성이 부지불식간 드러날 수 밖에 없는 천생(天生) 문학가의 숙명을 가지고 있지 않겠는가를 작품을 통해 여실히 증명하고 있다고 할 것이다.
 "말이란 것은 사람의 특징이요, 겨레의 보람이요, 문화의 표상이라고 한다. 특히 우리말은 우리 겨레가 반만년 역사적 생활에서 문화 활동의 말미암던 길이요, 연장이요, 또 그 결과다. 그 낱낱의 말은 다 우리의 조상들이 잇고 이어 보태고 다듬어서 우리에게 물려 준 거룩한 보배이다. 그러므로 우리말은 곧 우리 겨레가 가진 정신적 및 물질적 재산의 총목록이라 할 수 있으니, 우리는 이 말을 떠나서는 하루 한 때라도 살 수 없는 것이다."

 상기(上記)의 말은 『우리말 큰 사전』 머리말에 나오는 말로 말이란 결국 각 개인의 머릿속에 저장되어 있는 추상적 언어의 체계인 랑그(langue)와 특정한 개인에 의하여 특정한 장소에서 구체적으로 사용된 언어인 파롤(parole)의 결합이 바로 언어가 된다고 하겠다. 결국 랑그는 여러 상황에도 불구하고 변화되지 않고 기본을 이루는 언어의 본질적인 모습이며, 파롤은 상황마다 다른 모습으로 표현되는 언어의 모습을 의미한다고 하겠다.

 이영호 작가의 수필에서 특히 유의하여야 할 것은 수필을 구성하는 언어의 특성상 랑그가 각 작품의 의미를 상징한다면 파롤은 전체적이고 총괄적인 작품집의 의미를 상징한다고 할 수 있을 것이다. 이 말은 언어를 마치 음악회로 비유할 때, 랑그가 악보에 해당된다면 파롤은 실제 연주회에 비유될 수 있다는 말이다.

 플라톤(platon)은 대화편 『향연(饗宴)』에서 인간은 가질 수 없는 것, 존재하지 않는 것, 자신에게 가장 결핍된 것에 갈망을 가지고 있다고 하였다. 자신에 대해 작품을 통해 나타내는 것이 문학과 인간의 역할이 아닐까? 물론 작가와 다른 세계를 살고 있는 사람과 공존하고 접점을 찾아간다는 것의 어려움을 극복하고 언어로 여과하여 발표된 것이 작품이라면 그 작품은 정금(正金)과도 같지 않겠는가?

 수필(隨筆)은 일정한 형식을 따르지 않고 느낌이나 체험을 생각나는 대로 쓴 산문 형식의 글이라고 일반적으로 정의한다. 어의(語義) 그대로 "붓 가는 대로, 마음 내키는 대로 쓴 여러 종류의 글"이라는 뜻이다. 위의 정의에서 "붓 가는 대로"라는 말은 까다로운 형식이나 법식을 필요로 하지 않는다는 뜻으로 해석이 된다고 하겠다. 아마 수필처럼 자유분방한 글은 문학(文學)의 다른 장르(genre)에서는 도저히 그 유례(類例)를 찾아볼 수가 없을 것이다. 수필을 두고 흔히 '무형식(無形式)'이 그 형식이요, '무기교(無技巧)'가 그 기교라고 한 말도 수필의 이런 특성을 말한 key word가 된다고 할 것이다.

 청천 김진섭(金晉燮)은 이 점을 특히 강조하여 다음과 같이 정의를 하고 있는데 시사점이 크다고 할 것이다.
 "無秩序, 無制約, 無系統, 無形式, 無技巧의 산만한 文學으로 비문학적인 인상을 주는 글이다."

 흔히 수필은 쓰기 쉬우면서도 쓰기 어려운 글이라고도 한다. 역설적으로 말하면 시나 소설은 까다로운 형식이 필요하기는 해도, 그것에 맞추어 쓰기만 하면 그만이지만, 수필은 이런 형식이나 규격이 없고, 오직 쓰는 작가의 재량(裁量)에 의하여야 되기 때문에 도리어 잘 쓰기가 어려운 문학적 양식이라고 할 수 있지 않겠는가?

 다음으로 "마음 내키는 대로 쓴 글"이란 것은 생각나는 대로를 아무런 부담 없이 그저 그대로 쓴다는 뜻이 된다고 하겠다.

수필 문학의 비조(鼻祖)인 몽테뉴(Michel de Montaigne)가 "수필(隨筆)은 마음의 보행(步行) 그대로의 모습이다."라고 한 말이나, 존슨(Benjamin Jonson)이 "수필(隨筆)은 마음의 산만한 희롱(戱弄)이며, 규칙적이거나 질서 있는 행위가 아니고, 불규칙하고 숙고(熟考)하지 않은 소품(小品)"이라고 한 말이 모두 이를 두고 한 말들이다.

　상기(上記)의 학설들에 반영해 볼 때 이영호 수필 문학의 특성도 가장 수필 문학의 특성을 잘 표출하고 있다고 할 것이다.

2. 몸말.

　"문학적 감성으로 자연의 아름다움과 사회의 현상이나 인생의 고뇌를 글로 담는 것은 쉽지 않다. 감동을 줄 수 있는 좋은 글을 쓴다는 것은 더욱 어렵다. 그만큼 열정과 진액을 쏟는 노력이 있어야 하기에 때로는 부담이 되기도 하지만 나는 글을 쓰므로 복잡한 심사를 평정하고 위안을 받는다. 글을 쓰는 시간이 하루의 휴식이 되고 유일한 낙이 된다."

　위의 말은 작가의 수필집 머리말에 나오는 「수필집을 내면서」의 글로, 그가 글을 쓰는 동기와 목적을 아우르는 마음의 소리가 된다고 하겠다. 글을 창작하면서 마음의 안식을 얻으며 휴식이 되고 즐거움이 된다는 진솔(眞率)한 고백에서 그의 문학적 좌표(座標)가 고스란히 담겨있다고 할 것이다. 창작의 어려움과 숱한 난관을 극복하고 수필에 대한 끝없는 관심과 애정의 안목에서 우리는 그의 식지 않는 활화산과 같은 문학에 대한 뜨거운 관심과 열정을 엿볼 수가 있지 않을까 생각한다.

4부에 「내가 글을 쓰는 이유」라는 수필이 보인다.

"감정을 풀어내고 다스리기 위해 여러 가지를 시도해 보았다. 숲 속 외딴 집에 사는 나는 자신을 간신히 달래어 책상 앞에 주저앉히고, 마음을 진정시켜 다만 몇 줄이라도 글을 쓰게 한다. 글을 써서 가슴속에 쌓이고 뭉쳐진 응어리를 풀어냄으로써 마음을 비울 수 있게도 하고, 호흡도 편안하게 조절을 한다. 글쓰기는 흐트러진 마음을 가다듬고 끓어오르는 심사를 평정하는 신비한 마력을 지니고 있으며 때로는 내게 탁월한 정신치료제 역할을 한다. 그래서 글을 쓰는 것이 긴 밤을 견딜 수 있는 비결이요, 하루를 마저 살아내는 방법이다. 이렇게 자신과 싸우고 버티는 것이 생을 연장해가는 유일한 길이며, 살아 있다는 증거요, 삶을 지탱하는 수단이다. 아니 어쩌면 노년의 꿈이요 낙이다. 그래서 이렇게 글을 쓴다."

그가 일상생활에서 얽매이지 않고 영혼의 자유인으로 어떤 이유에서든 구속받지 않고 자기 위안을 삼을 수 있는 유일한 방법은 바로 글을 쓰는 일일 것이다. 마음속 앙금과 울분의 생각들을 아무런 여과 없이 토로(吐露)하여 카타르시스(catharsis)를 해소함으로써 정신적 안정과 마음의 정화(淨化)를 이루게 된다고 고백한다.

원래 카타르시스는 아리스토텔레스가 『시학(詩學)』에서 비극이 관객에 미치는 중요 작용의 하나로 든 것인데, 정신 분석학에서 마음속의 억압된 기재인 우울감, 불안감, 긴장감 등이 해소되고 정신적 안정을 이루는 심리 요법에 차용(借用)된 것이라 한다.
이영호 작가에게 글을 쓰는 것이야말로 복잡다단한 현대의 스트레스나 사회적 불평등이나 불안정의 해소책이 되지 않을까 생각한다.

성직자인 목사이면서 수필가인 이영호 작가의 문학적 삶과 신앙을 말하려면 전제조건이 되는 단서가 다음 5언 절구(絶句)의 시가 아닐까 생각된다. 백범 김구(金九)가 「야설(夜雪)」을 심중에 항상 품고 다녀 좌우명(座右銘)으로 삼았다고 하는데, 임진왜란 당시 의병장으로 유명한 서산대사 청허당(淸虛堂) 휴정(休淨, 1520-1604)의 작품이라고 알려졌지만, 사실은 조선 후기 순조 때, 임연(臨淵) 이양연(李亮淵, 1771~1853)의 시「야설(野雪)」로 그의 문집『임연당집(臨淵堂集)』에 실려 있다. 답설(踏雪)이 천설(穿雪)로, 금일(今日)이 금조(今朝)로 두 자만 바뀐 채 기록되어 있다. 그는 세종의 다섯째 아들인 광평대군 이여(李璵)의 후손으로, 동지중추부사·호조 참판·동지돈녕부사 겸 부총관 등을 지낸 인물이다. 부질없고 허망한 우리의 삶에서, 눈과 같이 희고 깨끗한 마음으로 한 점 부끄럼 없이 살아야 한다는 평범한 사실을 새삼 인식(認識)하게 되는 시(詩)가 이닐끼 생각한다.

踏雪夜中去(눈 덮인 들판을 걸어갈 때는)
不須胡亂行(모름지기 함부로 걷지 말아라)
今日我行跡(오늘 내가 남긴 발자국은)
遂作後人程(반드시 뒷사람의 길이 되리니)
　－「야설(夜雪)」전문

작가는 복음을 받고 신앙생활을 시작한 후 열심히 교회에 출석하며 하나님을 경외하는 삶을 살았으며, 삶의 목적과 가치를 주님께 대한 사명감과 헌신에 최우선으로 두었다고 생각된다. 어려서부터 교사가 꿈이었던 그는 대학 졸업 후 교직에 봉직하다가 신학을 공부하여 다시 목회자의 길을 걸었다는 것은 바로 남다른 소명(김命)의식이 있었기 때문일 것이다.

아울러 어떠한 역경과 시련에 처하여도 지조와 절의를 굽히지 않고 주어진 사명을 위해 묵묵히 쉬지 않고 정진하였다는 것이 그의 참된 인성이라고 할 것이다. 이영호 작가는 결코 세속적인 명예나 이득을 취하지 않고, 오직 하나님 앞에서 묵묵히 코람 데오(Coram Deo)의 삶을 살았기에 이러한 올곧은 신념은 모든 삶의 풋대에 적용되었다고 할 수 있을 것이다.

 이영호 작가는 그의 내면에 하나님에 대한 끝없는 경외심(敬畏心)과 언어예술인 문학에 대한 남다른 사랑이 내재하였기에 그가 언어예술의 정수(精髓)인 수필(隨筆)을 창작한다는 것은 당연한 귀결이라고 할 것이다.

 "오직 성령이 너희에게 임하시면 너희가 권능을 받고 예루살렘과 온 유대와 사마리아와 땅 끝까지 이르러 내 증인이 되리라 하시니라."(행 1:8)라고 하신 말씀대로 주님의 지상명령인 복음 전파와 선교에 헌신한 그의 숭고한 정신은 뚜렷한 족적(足跡)을 남기고 회자(膾炙)될 것이다.

 작가의 수필집 『푸른 풀밭, 쉴 만한 물가에서』는 이 시대를 살아가는 작가의 작품에서 수필 문학이 주는 언어의 성찬(盛饌)을 만끽할 수 있으며, 아울러 신앙의 바른 이치를 찾아낼 수도 있겠기에, 신성과 인성의 관계를 탐구하고 신앙의 도그마(dogma) 정립에 크나큰 도움이 될 것이라고 확신한다.

 그의 분신과도 같은 이 수필집은 결국 작가의 치열한 삶의 증표이자 삶의 축적으로서 살아계신 하나님 앞에 그의 신앙적인 경험과 삶의 여정을 융합해, 삶의 궤적을 이해하고 고찰할 수 있도록 해준다. 곧 다시 말하면 감상적 측면과 우리 삶에 적용할 실용적 측면을 충족시키는 신앙집의 역할을 한다고 하겠다.

　이영호 수필가는 개혁주의 신앙의 바탕 위에 신앙의 정통과 생활의 순결로 하나님 앞에 부끄럽지 않은 삶을 살아왔다고 생각한다. 그의 혼신(渾身)을 다한 작품들에는 한결같이 마치 하나님 앞에 고해성사(告解聖事)를 하듯 자신을 돌아보고 자신을 권면하고 자신을 철저히 사랑하는 인간으로서 그의 진면목을 발견할 수 있지 않겠는가?

　기독교 교리의 표준이라는 웨스트민스터 대교리문답과 웨스트민스터 소교리문답 제1문은 "사람의 첫째 되고 가장 고귀한 목적은 무엇입니까?"인데, 그 답은 "사람의 첫째 되고 가장 고귀한 목적은 하나님을 영화롭게 하고 그분을 영원토록 온전히 즐거워하는 것이다."라고 한다.

　이영호 수필가는 목사라는 성직자이니 철저하게 하나님 앞에 사람의 사람답고 고귀한 목적에 부합되는 삶을 살아왔다고 자타가 공인할 수 있지 않을까 생각하며 그의 이러한 신념은 결국 작품 속에 융해되어 그의 진면목(眞面目)을 짐작하게 한다.

　브라질의 소설가 파울로 코엘료(Paulo Coelho)의 소설 『연금술사(O Alquimista)』가 자아의 신화를 찾아가는 영혼의 연금술(鍊金術)을 이야기하였다면, 이영호 작가는 수필에서 인간의 내면을 탐구하고 신앙과 삶의 본질적 측면을 노래하고 있기에, 공자(孔子)가 『논어(論語)』 「학이(學而)」에서 <본립도생(本立道生)>이라 하여 근본이 바로 서면 도(道)는 저절로 생겨난다고 한 말의 뜻을 깨닫게 할 수 있을 것이다.

　이영호 작가의 수필집 『푸른 풀밭, 쉴 만한 물가에서』는 명경지수(明鏡止水)와 같이 청징(淸澄)한 수필들이 전 7부에 걸친 방대한 양을 보이고 있다.

 1부 워라밸과 소확행, 2부 아름다운 만남, 3부 아버지 냄새, 4부 우테크와 휴테크, 5부 박사보다 높은 학위, 6부 그치지 않는 비는 없다, 7부 푸른 풀밭 쉴 만한 물가에서 까지 각부에 8편씩 도합 56편의 수필들이 낯선 언어적 향기를 품고 품격 있게 자리하고 있다.

 1부 워라밸과 소확행은 주로 청소년 문제를 다룬 수필로 볼 수 있을 것이다. 그 8편의 수필 중 특히 관심을 끄는 것은 『수필춘추』 96호에 게재된 「워라밸과 소확행」이 아닐까 생각된다.

 "워라밸(일과 삶의 균형)과 소확행(소소하지만 확실한 행복)은 최근 삶의 질에 대한 관심이 높아지면서 생긴 신조어다. 요즘엔 신문이나 신간 서적을 읽지 않으면 며칠 새에 그만 뒷방 늙은이가 되어버린다. 하도 신조어가 많이 생기고 사회가 급변하여 시대조류와 뉴스에 소홀하면 당황하기 쉽다.
 워라밸은 워크라이프 밸런스(work-life balance)의 준말이며, '일과 개인의 삶 사이의 균형'을 이르는 말로 좋은 직장의 요건으로 중요시되고 있다.
 소확행(小確幸) 또한 최근 젊은이들이 직장을 구하는 기준으로 '크고 불확실한 미래보다 작지만 확실한 행복을 선호한다'는 말이다. 요즘 젊은이들은 보수는 많지만 힘들고 언제 퇴출당할지 모르는 기업체보다 보수는 적으나 자신의 적성에 맞고 안정된 공무원을 원하는 추세다. 워라밸과 소확행, 이 두 가지 신조어는 결국 **뼈 빠지게** 일하고 많이 버는 것보다 적게 벌어도 개인의 행복을 우선시하는 주장이라 할 수 있다. (중략)

어려운 시대에 직면한 청년들이 미래에 대한 꿈을 잃지 말고 적극적이고 진취적인 자세로 극복해 나가길 간절히 바란다.
　소소하지만 확실한 나만의 행복도 좋지만, 국가 사회를 위하여 큰 꿈을 가지고 도전한다면 거기에 진정한 삶의 보람과 행복도 있을 것이다."

　위의 말은 수필 「워라밸과 소확행」 모두(冒頭)의 기술과 결미(結尾)의 진술로 청년실업이 늘어나고 젊은이들이 취업하기가 어려운 시대를 적절히 반영한 표현이라고 생각한다. 이런 구조적 사회현상을 통하여 통렬히 청년실업이 가져다주는 해악(害惡)을 수필로 묘사한 것은 작가의 예민하고 날선 시각을 나타낸 것이 아닐까?

　이와 같이 수필은 그 제재가 무척이나 다양하여 신변잡기로부터 사회 제반 현상까지 아우를 수 있다는 것을 역발상으로 나타내 문학적 수준까지 끌어낼 수 있다는 것을 증명하고 있다고 하겠다. 사회현상을 적시하고 나아가 문제 해결을 제시한 것은 그가 오랜 시간 학교와 교회에서 겪은 제반 현상 해결책의 제시가 아니겠는가? 아마 그런 연유로 수필작가 신인상에 dominate하게 되었다는 것에 이견(異見)은 없을 것이다.

　심사평에서 심사위원들은

　"이영호의 <워라밸과 소확행>은 최근에 유행하고 있는 신조어를 화제로 하여 존재사태에 대한 사유의 깊이를 보이는 작품이다. '언어는 존재의 집'이라는 언명에 충실한 이 작품은 시대적 변화와 함께 현재적 삶과 유관한 존재인식에 대한 다소 낯선 인식의 변화에 초점을 맞추고 있다. (중략)
　요즘 젊은이들의 의식의 변화와 삶의 태도에 대한 화자의 삶의 통찰과 사유의 깊이가 이 수필의 진정성을 더하고 있다. 무엇보다 이 수필은 일상성과 유관하면서 그 유의미화에 초점을 맞추고 있다는 데에서 장점을 취할 수 있다. 정련된 문장, 사유의 깊이가 앞으로 더욱 좋은 수필을 낳으리라 판단하여 선에 넣는다."

고 신인상 수상에 합당한 이유를 논하고 있다. 결국 소재와 제재와 주제가 진부하지 않고 신선하고 참신하였기에 좋은 수필이라고 말할 수 있을 것이다.

1부에서 또 눈에 띄는 작품의 하나가 『수필춘추』 107호에 게재된 「우보만리」가 아닐까 한다.

「나는 "너무 빨리하려고 서두르지 말라, 너무 잘하려고도 하지 말라. 하루하루 감사한 마음으로 즐겁게 하라. 무엇이 중요하며 무엇을 먼저 해야 하는가? 우선순위를 지켜 조금씩 천천히, 꾸준히 하라"면서, '우보만리(牛步萬里 : 우직한 소처럼 천천히 걸어서 만 리를 간다. 곧 포기하지 않고 꾸준히 하면 목표하는 바를 이룰 수 있다)란 말로 권면했다. (중략)
 나는 이미 찾아온 기회(명문대)를 포기하지 말라고 했다가 딸에게 책망을 들었다. 자기 스스로 판단하고 선택하도록 가만히 두라는 것이다. 그래서 오늘은 '호시우보(虎視牛步 : 범처럼 노려보고 소처럼 걷는다. 곧 예리한 통찰력으로 꿰뚫어 보며 성실하고 신중하게 행동하라)라는 말을 해주었다.」

위의 말은 외손자에 대한 작가의 유별난 사랑과 관심을 표현한 구절이다. 외손자가 미국서 고등학교와 대학을 졸업한 뒤 군 복무와 대학원 과정을 곁들여 한 학기라도 공백이 없도록 고심하는 것을 보고 할아버지로서 권면할 말과 대학원을 미국과 독일 어디에서 하느냐의 문제를 두고 딸과 의견충돌로 최상의 합일점을 찾는 과정으로 작가의 가족애에 투철한 특별한 사랑이 내재한 심적 상태를 알 수 있다.

그리고 이영호 작가의 학창시절 문학 소년으로서 대외 경연회에 입상했던 시(바람, 가을, 옹달샘, 불)에 대한 애착과 2부의「샘」, 3부의「아버지 냄새」7부의「푸른 초장 쉴 만한 물가」같은 수필을 볼 때 산골과 가난과 농부 등 고향에 대한 향수와 천진한 동심을 문학적 소질과 함께 평생 간직하고 살아온 것 같다. 특별히 소년 시절의 추억에서 매개체가 되는 것이 소가 아닐까, 작가의 요람 시절에 소는 아마 유일한 동반자가 아니었을까를 짐작할 수 있는 것이 다음 구절이다.

"나는 소 먹이러 가는 것이 너무 즐거웠다. 왜냐하면 소 등에 올라타고 산비탈 길을 오르는 것이 너무 멋있고 재미있었기 때문이다."

이어서 소에 대한 그의 진솔한 술회가 계속된다.

"소에게는 배울 점이 많다. 소걸음은 느림의 상징이다. 그러나 그 느림이 게으름은 아니다. '우보만리'라는 말처럼 소걸음으로 만 리를 걸어내는 우직한 뚝심을 배울 수 있다. 또 소의 눈은 참으로 선하다. '눈은 마음의 창'이라는 말대로 눈은 마음에 담긴 생각을 나타낸다."

작가가 가축인 소를 얼마나 사랑하는지를 여실히 보여주고 있는 구절이다. 가축에 대한 사랑은 곧 작가의 가족애와 연관이 될 것이며 나아가 친구나 동리 사람이나 교인들에 대한 한없는 사랑과 직간접적으로 관련이 있지 않겠는가?

"교사와 목사로 40여 년 청소년 사역을 하면서 청소년들에게 꿈을 심고 가꾸는 비전 메이커로서 목양의 삶을 살아왔다. 이제 앞으로 남은 때에 후손과 제자 중에서 글로벌 리더를 양육하는 마지막 꿈을 이루기 위해 나 또한 우보만리로 걸어가야겠다고 다짐을 한다."

　작가는 우보만리를 논하면서 자기의 꿈과 소박한 소망을 피력하고 있다는 것은 그의 인생행로를 예측할 수 있지 않겠는가? '글로벌 리더를 양육'하기 위한 이영호 작가의 대장정이 궁금해지기까지 한다.

　현학적(衒學的)인 어구지만 '호시우보(虎視牛步)는 원래 호시견 우보행 (虎示見 牛步行) 이라는 구절에서 유래하였지만 줄여서 호시우보행(虎視牛步行) 또는 호시우행(虎視牛行) 또는 우보호시(牛步虎視)라고도 말한다.
　고려 불교의 중흥을 가져왔을 뿐만 아니라 우리 불교계에 지금도 막대한 영향을 끼치고 있는 보조국사 지눌(知訥 : 1158-1210)의 부도(浮屠)가 승보사찰인 순천 조계산의 송광사에 지금도 전해져 오는데, 보조국사 지눌(知訥)의 부도비에는 다음과 같은 비문이 쓰여 있다.

"국사는 오직 도만을 위하고, 남의 칭찬이나 비방에는 그 마음을 움직이지 않으셨다. 또 그의 성품은 인자하고 너그러우셔서, 후배를 지도할 때에, 성질이 패류한 사람이 있어 그 뜻을 거슬리더라도, 그를 가엾이 여겨 껴잡아 주고, 그칠 줄 모르는 정리는 사랑스런 아들을 대하는 어머니 같았다. 스님은 또 위의(威儀)를 잘 거두어 항상 우행호시(牛行虎視)로 지내시면서, 힘드는 일과 운력하는데 있어서는 항상 대중에 앞서 솔선하였다."

　이영호 작가가 외손자에게 권면한 '호시우보(虎視牛步)'는 결국 '호랑이 같이 날카로운 시각으로 앞을 내다보고 소처럼 우직하게 한 걸음씩 나아간다'는 뜻으로 쓰였기에 그의 외손자에 대한 지극한 사랑과 권면을 짐작하게 하며 아울러 이영호 작가가 가지고 있는 생활 철학의 편린(片鱗)을 엿보게도 한다.

그리고 사물에 대한 예리하고 섬세한 작가의 시각과 사물에 투영된 생각을 잘 반영하고 있는 작품이 바로 2부에 나오는 「거울」이 아닐까 생각한다.

거울은 빛의 반사를 이용하여 물체의 형상을 비추어 보는 물건이다. 평면 유리 한 면에 수은(水銀)을 발라 만든다. 우리나라에서 가장 오래된 거울은 청동기시대에 제작된 동경(銅鏡)이라고 한다. 거울의 용도는 사람의 용모를 비추어 보는 것에 외에도 다양하다. 무당에게는 점을 치는 도구로, 통치자에게는 통치권의 상징물로 이용되었다. 어떤 사람들은 거울을 반으로 쪼개어 증표로 삼기도 했다. 거울과 관련된 여러 가지 속신(俗信)들도 생겨났다.

조선 후기의 판소리계 소설인 『춘향전(春香傳)』에 이몽룡은 정인(情人)인 춘향과 이별할 때 비단 주머니인 금낭(錦囊) 속의 명경(明鏡)을 꺼내주며, "대장부의 평생 마음 명경빛과 같은지라, 몇 해가 지나도록 변하지 아니할 것이니, 깊이 간직하고 내 생각이 날제마다 날 본 듯이 열어보라."고 말하고 있다. 이밖에, 부부가 이혼하거나 사랑하는 연인이 헤어질 경우 거울이 깨졌다(破鏡)고 말하는 관습도 있으며, 거울은 여성의 전유물이 아니라 남성에게도 긴요한 생활 용구이었기에, 군자의 맑은 마음을 깨끗한 거울에 견준 사례가 이를 뒷받침한다고 볼 수 있을 것이다.

한자 성어에 "명경지수(明鏡止水)"가 있다. 『장자(莊子)』의 덕충부편(德充符篇)에서 유래한 이 말의 뜻은 '맑은 거울과 고요한 물'이라는 말이다. 아울러 이 말은 잡념(雜念)과 가식(假飾)과 헛된 욕심(欲心)없이 맑고 깨끗한 마음이라는 뜻으로도 사용된다.

인류의 역사와 그 궤적(軌跡)을 같이하는 거울의 역사는 인류의 역사와 밀접한 관계를 맺고 있다고 한다. 고대에는 물의 반사나 광물의 표면을 이용해 자신의 모습을 확인하는 방식이 사용되었다. 가장 초기의 거울은 약 6,000년 전 메소포타미아 지방에서 만들어진 것으로 추정되며, 이들은 주로 동물의 가죽이나 금속판을 연마하여 제작되었다. 그러나 이러한 간단한 반사 장치는 인류에게 큰 의미가 있었다. 사람들은 그것을 통하여 자신의 모습을 확인하고, 외적 표현에 대한 인식을 시작하게 되지 않았겠는가?

"거울은 우리 생활에 없어서는 안 될 소중한 발명품이다. 나는 잠자리에서 일어나면 불을 켜고 먼저 거울을 본다. 얼굴이 부스스하고 때로는 눈곱이 끼어 있다. 세수를 하고 헝클어진 머리를 빗고 옷을 갈아입는다. 그리고는 다시 거울을 보며 얼굴과 몸을 가다듬은 후에 기도로 하루를 시작한다. 만약 거울이 없다면 어떠할까? 자신의 모습을 제대로 볼 수 없으니 바른 몸가짐을 하기 어렵고 따라서 다른 사람에게 단정하고 아름다운 모습을 보이지 못하여 실수하기 쉽다."

상기 구절은 수필 「거울」 모두(冒頭)에 나오는 구절이다. 여기서 우리는 작가 성격의 단면을 유추할 수 있을 것이다. 세수 후 몸을 단정히 한 후에 기도로 하루를 시작하는 습관적 생활을 알 수 있게 한다. 그가 생각하는 거울의 용도는 단정하고 아름다운 모습을 통해 타인에게 실수를 하지 않는 도구가 아닐까?

"거울은 어디까지나 그 목적이 자신을 보자는 데에 있다. 다른 사람이나 책이나 역사적 사건을 보면서 나를 보는 것이 거울이다. 하나님은 이스라엘 백성들에게 40년간의 긴 훈련과정을 만들어 가나안으로 인도하셨다. 이스라엘 백성들은 광야 노정에서 악을 즐겨 행했다. 어떤 사람들은 우상을 숭배하고, 어떤 사람들은 음행하다 하루에 이만 삼천 명이 죽고 또 어떤 사람들은 주를 시험하다가 뱀에게 멸망을 당했다. 그들에게 일어난 이런 일은 우리의 거울(본보기)이 되고 우리를 깨우치기 위하여 기록되었다고 했다.(고전 10:1-11) 우리를 깨우치기 위해 기록해 주신 이 성경말씀을 다시 한 번 거울로 삼아 그 속에서 언제나 내 모습, 내 믿음, 내 운명을 보며 더욱이 나를 사랑하시는 하나님을 볼 줄 알아야겠다."

직가의 맺음말에 비추이 볼 때 작가는 거울이 존재하는 참된 목적은 '자신을 보자는 데 있다'고 하였으니 곧 거울은 그에게 있어 필수불가결(必須不可缺)한 도구인 것을 밝히고 있다. 거울과 이영호 작가의 유착은 우리에게 많은 시사점을 주고 있지 않겠는가? 거울에 투영된 작가는 실제의 작가와 다르지 않다는 안도감을 느낄 수 있을 것이다. 실상과 허상의 공유에서 우리는 모두가 스스로를 반성할 필요가 있다는 것을 인지할 수 있지 않겠는가?

문학과 생활의 일치점이 바로 이영호 작가의 실체가 되며 그의 생활 철학이 되며 아울러 신앙과 생활이 균형을 유지하고 있다는 것을 쉽게 발견할 수 있을 것이다.

언어가 빚는 보석(寶石)과 같은 작가의 남은 작품들은 스페이스(space) 제약상 생략하기로 하여 아쉬움이 많이 남는다.

3. 갈무리.

 수필(隨筆)은 인생에 대한 지은이의 체험을 개성적인 문체로 표현하는 문학이라고 정의를 한다. 그리고 수필 문학의 특성은 대체로 다음과 같이 정의할 수 있을 것이다.

 첫째, 작가 자신의 심경을 직접 드러내는 고백의 문학이라고 한다. 따라서 작가의 삶에 대한 태도나 대상에 대한 관점과 정서 등이 적나라하게 드러난다고 말한다.
 둘째, 수필은 형식이 없는 자유로운 산문이다. 즉, 글의 구성에 특별한 제약 없이 자유롭게 사고와 상상력을 동원하여 쓴다고 한다.
 셋째, 수필은 누구나 쓸 수 있기에 문학을 전문으로 하지 않는 사람에게도 개방된 문학이라고 할 수 있을 것이다.
 넷째, 수필은 삶에 대한 진지한 사색의 결과를 서정성을 바탕으로 표현하는 문학이다. 그리고 유머와 위트가 동반되어 멋과 운치가 곁들여진 문학이라고 한다.
 다섯째, 수필은 인생이나 사회, 역사, 자연 등 모든 영역을 제재로 할 수 있는 문학이라고 특성을 규정할 수 있을 것이다.
 이영호 수필가의 수필도 상기(上記)한 수필 문학 특성의 범주(範疇)에서 벗어나지 않는 문학적 특성을 쉽게 인지(認知)할 수 있을 것이다.

 이영호 수필가는 「내가 글을 쓰는 이유」에서 작가가 글을 쓸 수밖에 없는 근원적 이유를 제시하고 있다.

 "작가는 이렇게 글쓰기로 삶의 위로와 어루만짐을 받으며 위기에서도 마음의 불행을 오히려 예술적 성취로 치환시키기 위해 생명을 다하는 순간까지 모든 것을 쏟아 부어 오로지 글을 쓴다."

고 하였다.

그리고 평론(Criticism)은 그리스어 Krinein에서 연유한 것인데, 원래는 "분리(分離)한다, 분별(分別)한다, 판단(判斷)한다"는 뜻을 내포한 말이다. 다시 말하면 예술 작품이나 문화 현상 등에 대하여 그 가치, 우열, 미추(美醜)를 논하여 평가하는 것으로 곧 작품 자체를 해석하는 행위라고 할 것이다. 결국 독자가 작가와 작품을 올바로 이해할 수 있도록 최선의 환경을 조성하여 주는 것이 평론(評論)의 역할이 아닐까 생각한다.

조조(曹操)는 편두통으로 고통 받을 때, 후한(後漢) 말의 정치가 진림(陳琳)의 글을 읽어 아픔을 잊었다고 한다. 이렇듯 우리가 이영호 수필가의 작품을 통하여 즐거움과 기쁨을 얻는다면, 문학의 존재 이유와 본질적 가치가 정립(正立)된다고 생각한다.

대체로 좋은 글은 다음과 같다고 하겠다.
첫째, 평이(平易)하게 쓰는 글이다. 이영호 수필가의 수필은 모두가 현학적(衒學的)이며 형이상학적이고 난해한 글이 아니라, 쉽고 평이한 문장으로 쓴 글이라고 하겠다.
둘째, Simple하고 간결(簡潔)하게 쓰는 글이다. 이영호 수필가의 수필 문장은 중문이나 복문이 아니라 간결한 단문 위주의 글이라서 읽기에 부담감을 주지 않을 것이다.
셋째, 주제(主題)가 잘 표출된 글이라서 좋은 글이 된다고 하겠다. 그의 수필들은 주제가 선명히 드러나서 작가가 무엇을 말하고 있는가를 쉽게 알 수 있는 글이라서 좋은 글의 조건에 부합된다고 하겠으니, 이영호 작가는 좋은 글을 쓸 줄 아는 수필가라는 것을 그의 수필들이 무언중에 증명하고 있다고 하겠다.

 이영호 작가의 수필집은 그의 삶의 증표이자 삶의 축적으로서 살아계신 하나님 앞에 그의 신앙적인 경험과 삶의 여정을 융합해, 삶의 궤적을 이해하고 고찰할 수 있도록 해준다. 곧 다시 말하면 감상적 측면과 우리 삶에 적용할 실용적 측면을 충족시키는 바로미터(barometer)의 역할을 한다고 하겠다.

 끝으로 "여호와는 나의 목자시니 내게 부족함이 없으리로다. 그가 나를 푸른 풀밭에 누이시며 쉴 만한 물가로 인도하시는도다."(시 23:1-2) 라고 노래한 인류 최고의 영감의 시인 다윗처럼 그는 양과 목자의 관계를 누구보다 잘 알고 실제 삶 속에서 체험한 사람으로서 양과 같은 우리 인생은 하나님을 목자로 삼을 때 부족함이 없는 진정한 행복을 누릴 수 있음을 고백하고 있다.

 따라서 그의 수필집 『푸른 풀밭, 쉴 만한 물가에서』는 문학적 도구인 언어를 통해 영혼의 목마름을 채워 주는 동기가 되며, 아울러 우리와 함께하시는 하나님을 우리의 삶과 생활 속에서 만나는 모멘트(moment)가 되기에, 살아계신 하나님께 영광을 올려드리는 도구가 될 것이라고 확신하게 한다.

 Soli Deo Gloria!

푸른 풀밭
쉴 만한 물가에서

지은이　이영호
펴낸이　황보 현
펴낸곳　동양미디어

주　소　대구 북구 대현로1
초판인쇄　2025년 6월 16일
초판발행　2025년 7월 1일
전　화　053-944-0009
등록번호　제5-56호(1999.4.9)
ISBN　979-11-89027-50-6

정　가　18,000원

· 이 출판물은 저작권법에 의해 보호를 받는 저작물이므로 무단 복제할 수 없습니다.
· 잘못된 책은 교환하여 드립니다.